CHINA LEGAL EDUCATION RESEARCH

教育部高等学校法学类专业教学指导委员会
中国政法大学法学教育研究与评估中心　主办

中国法学教育研究
2020年第2辑

主　　编：田士永
执行主编：王超奕

中国政法大学出版社

2020·北京

声　明　1. 版权所有，侵权必究。
　　　　2. 如有缺页、倒装问题，由出版社负责退换。

图书在版编目（CIP）数据

中国法学教育研究.2020年.第2辑/田士永主编.—北京：中国政法大学出版社，2020.11
ISBN 978-7-5620-9745-7

Ⅰ.①中… Ⅱ.①田… Ⅲ.①法学教育－中国－文集 Ⅳ.①D92-4

中国版本图书馆CIP数据核字(2020)第231987号

出 版 者	中国政法大学出版社
地　　址	北京市海淀区西土城路 25 号
邮寄地址	北京 100088 信箱 8034 分箱　邮编 100088
网　　址	http://www.cuplpress.com（网络实名：中国政法大学出版社）
电　　话	010-58908289（编辑部）58908334（邮购部）
承　　印	北京九州迅驰传媒文化有限公司
开　　本	650mm×960mm　1/16
印　　张	19
字　　数	250 千字
版　　次	2020 年 11 月第 1 版
印　　次	2020 年 11 月第 1 次印刷
定　　价	72.00 元

目录 CONTENTS

法学教育

何 平
行业法律协同育人模式的探索与实践
　　——以武汉理工大学为例……3

刘坤轮
新冠病毒疫情下法学专业教育教学信息化问题研究……12

王顺安
论创建社区矫正法学的必要性与可行性……26

郭旨龙
论法律人的公益道德教育与实践……69

宗婷婷
新时代法律硕士教育的制度性困境与创新逻辑……85

蒋志如
法科教师可以努力的限度
　　——以黄药师对傻姑的武功教育为中心的考察……95

课堂与教学

冯 涛 刘崇亮 卫 磊

《法律实证研究方法》的教学评价及改进

——上海政法学院的案例……123

刘英博

德法融合教学理念的理论探索及现实应用

——以"思想道德修养与法律基础"课教学为
出发点……143

李 文

全英文金融法学教学的思考

——以中国政法大学研究生通选课为例……156

王国龙

翻转课堂在法理学教学中的有效运用及其角色定位……164

苏 宇

以"立德树人、德法兼修"为视角，
法科类院校研究生第二课堂建设研究……187

张 玮

地方财经类院校本科经济法总论教育：
问题、成因与案例教学设计……206

法律职业

卢钰洁

仲裁员法律职业属性与其定位问题研究……221

百花园

孙道萃　王　凯
我国法律援助经费保障制度研究
　　——以中央专项彩票公益金法律援助项目为例……233

曾彬彬
高等教育中外合作办学机构党委的理论基础及其功能定位……254

徐　航
高等学校在线教学及其评价指标建构……269

王超奕
高校办学工作中的思想政治工作重要性分析……278

林　华
论学位撤销的时间要件和程序要件……287

Legal Education

He Ping
Exploration and Practice of the Model of Cooperative Education of Industry Law—A Case Study of Wuhan University of Technology ……3

Liu Kunlun
Research on Informationization of Education and Teaching of Law Majors in the Epidemic of COVID-19 ……12

Wang Shun'an
The Necessity and Feasibility of Establishing Community Correction Law ……26

Guo Zhilong
Public Moral Education and Practice of Legal Professionals ……69

Zong Tingting
Institutional Dilemma and Innovation Logic of Juris Master Education in the New Era ……85

Jiang Zhiru
The Limits of Law Teachers' Efforts—An Investigation Centered on Huang Yaoshi's Wugong Education on Silly Gu ……95

Curriculum and Teaching

Feng Tao, Liu Chongliang, Wei Lei
Teaching Evaluation and Improvement of "Empirical Legal Research Methods" —Case Study of Shanghai University of Political Science and Law ……123

Liu Yingbo
Theoretical Exploration and Practical Application of the Teaching Idea of the Integration of Morality and Nomocracy—Taking the Teaching of "Ideological and Moral Cultivation and Basic Law Education" as the Starting Point ……143

Li Wen
Thoughts on the Teaching and Learning of Financial Law in Full English—In the Case of Postgraduate Optional Course at China University of Political Science and Law ……156

Wang Guolong
The Effective Application and Role Positioning of Flipped Classroom in Jurisprudence Teaching ……164

Su Yu
Research on the Construction of the Second Classroom for Postgraduates in Law Colleges from the "Perspectives of Cultivating Morality and Cultivating Morality and Law" ……187

Zhang Wei
General Education of Economic Law for Undergraduates in Local Finance and Economics Colleges: Problems, Causes and Case Teaching Design ……206

Legal Profession

Lu Yujie

A Study on Legal Professional Attribute and Position of Arbitrator ······221

Spring Garden

Sun Daocui, Wang Kai

Research on China's Legal Aid Funding Guarantee System—Taking the Central Special Lottery Public Welfare Fund Legal Aid Project as an Example······233

Zeng Binbin

Grounds of Communist Party in the Sino-foreign Jointly Running School with High Education Institutions and Its Functions ······254

Xu Hang

Online Teaching in Colleges and Universities and Its Evaluation Index Construction ······269

Wang Chaoyi

An Analysis of the Importance of Ideological and Political Work in the Work of Running a University······278

Lin Hua

The Time Requirement and Procedure Requirement of Revoking Academic Degree······287

法学教育

Legal Education

行业法律协同育人模式的探索与实践
——以武汉理工大学为例　何　平
新冠病毒疫情下法学专业教育教学信息化问题研究　刘坤轮
论创建社区矫正法学的必要性与可行性　王顺安
论法律人的公益道德教育与实践　郭旨龙
新时代法律硕士教育的制度性困境与创新逻辑　宗婷婷
法科教师可以努力的限度
——以黄药师对傻姑的武功教育为中心的考察　蒋志如

行业法律协同育人模式的探索与实践

——以武汉理工大学为例

◎何 平*

摘 要：基于与湖北省教育厅共同合作完成"荆楚卓越人才"协同育人计划，结合武汉理工大学在 20 多年法学教育的经验以及目前自身的各种培养条件，提出了一系列措施以期待培养出适应和支撑湖北经济社会发展的高素质应用型人才。

关键词：行业法律 协同育人 应用型

"荆楚卓越人才"协同育人计划，于 2016 年 8 月由湖北省教育厅首次启动，旨在建立校企、校地、校所、校校以及国际合作的协同育人机制，加快培养适应和支撑湖北经济、社会发展的高素质应用型人才。在此背景下武汉理工大学积极响应号召，在总结 20 多年办学经

---

* 何平，湖北潜江人，现为武汉理工大学法学与人文社会学院副院长，副教授，法学博士。

验以及自身条件的基础上,努力探索与实践,进行了以下的改革建设措施。

一、师资队伍改革措施

(一)加大双导师制的实施力度

对我校已经实施的双导师制进行全面评估,提高具有建材建工、交通、汽车三大行业背景的校外导师比例,形成专职教师与校外导师之间、不同背景的校外导师之间的合理结构;除发挥校外导师在理论和实践教学中的优势外,加大校外导师参与人才培养的深度,力争3年以后校外导师能够全程参与我校人才的培养工作。

(二)实行兼职教师岗位动态聘任制

积极拓展校外兼职教师的来源渠道,建立校外备选兼职教师数据库。在有计划地增加兼职教师岗位的同时,通过岗位动态聘任制保证兼职教师质量。对于首次聘任的兼职教师,主要从业务素质和工作态度两个方面进行考评;对于再次聘任的兼职教师,主要从工作态度方面进行考评。通过对兼职教师工作的全面评估,实现兼职教师队伍流动基础上的稳定。

(三)形成长效的双向交流机制

积极开展与法律实务部门、其他院校、三大行业管理部门及企业的交流活动。借助已建、待建的实践教学基地,积极开展校企联合的博士后培养工作,并通过"请进来、走出去"两种路径,采取法务论坛、合作研究、人员互聘、座谈调研等多种方式,促进理论教学和实务处理的有机衔接。

(四)建设具有特色的教师团队

在总结我校知识产权教师团队成功经验的基础上,对我校现有教师力量进行有效整合,成立4~6个以司法实务、三大行业法律实务、知识产权法律实务为主攻方向的教师团队。各教师团队由专职教师和兼职教师共同组成,除完成教学实践任务外,将承担与我校卓越法律人才培养目标相对应的特色课程教材和案例教材的编写工作、法律数据库建设工作以及实践教学基地建设工作等。

（五）实施专职教师持续提升计划

结合我校博士化工程建设，鼓励法学专业的专职教师在职攻读博士学位；借助国家、学校的力量，推荐教师到国内外法学院、研究机构进修；为教师参与国内外高水平的学术研讨会提供资助；加强和立法、行政机关，特别是三大行业主管部门联系，推荐教师参与行业立法活动；强化法律执业培训，参与法律实务；不断增加专职教师担任人民陪审员和仲裁员的数量。

（六）完善以需求为导向的人才引进计划

在分析现有师资力量的基础上，考虑人才培养的需求，重点引进国内有一定影响力的法学专家、有海外留学背景的高素质青年教师，有计划引进国内高校培养的高素质青年教师；同时，加大柔性引进人才的力度，设立卓越人才基地建设专家顾问团，启动校外人才参与基地建设计划。

二、实践基地改革措施

（一）校内实践基地的建设措施

1. 法律实务实训中心的建设措施

①投入资金更新机房电脑设备，建成安全、高效、实用的信息系统中心和数据库中心。②拓展司法技术实验室的技术范围，随着三大行业法律实务问题研究的深入，需要对物质、痕迹、声像资料等涉及工业、交通、建筑等方面的法律问题和技术问题进行研究。③加强实训基地与其他学院和兄弟院校实验基地的合作，实现资源共享。

2. 建材、交通、汽车三大行业法律实务中心的建设措施

①加大中心建设的力度和合作的广度和深度，力求将这种合作转化为输出，包括研究成果的输出和培养人才的输出。②积极

探索"订单式法律人才培养模式",在促进我校法学专业学生就业的同时,为社会输送更多的应用型、复合型法律人才。③深入对三大行业企业的研究,了解企业的运作模式与项目需求。④以课题立项的形式推动研究中心的建设,充分发挥三大行业法律实务研究中心的示范与辐射作用。⑤以三大行业的发展路径为方向,以政府部门提供的可靠信息与数据为引导,广泛吸收法学专业学生加入三大行业实务研究中心。

3. 法律服务中心的建设措施

①对法律服务中心的建设投入更多的资金,实现法律服务的社区化、网络化。②通过建立网站互动平台,实现现有的校内实践基地和校外实习基地的法律资源共享。③深化与校残联的合作,切实维护残疾大学生的合法权益,充分发挥"残疾大学生就业论坛"的社会影响力。④加强基层组织与保障弱势群体的机构合作,关注弱势群体的权益保护。⑤以法律服务中心为依托,为课程学习的理论问题提供实践机会。⑥扩大法律服务中心人员容纳量,拟将中心每年接纳学生实践人数扩展到全体学生的30%。

4. 法律论坛、法律沙龙的建设措施

①增加"法律实务讲座"的比重,使之成为常态化、特色性的学术交流活动。②拓展"明道讲坛"的辐射范围,邀请和吸引更多的国内专家和国外学者前来讲学论道,担任兼职教授。③增加"博士论坛""学海交流"的举办频率,为交流专业学习中的所思、所悟提供更多的机会。④通过有影响力的传媒将学术对外推广,把法律论坛、法律沙龙的学术交流活动社会化、国际化,将其发展成具有特色的"品牌"学术活动。

(二)校外实践基地的建设措施

第一,建设校外实习基地管理中心,成立小组负责项目实施过程中的领导、协调和统筹工作,督促按期全面完成项目建设内容和任务。

第二,切实保障与建设校外基地相配套的资金落实到位,设立专门的账户来处理建设资金的使用和管理，并定期公开。

第三，在校外实习基地建立多媒体教室，配备电脑、多媒体影音设备等数字化器材，方便对学生进行培训与教学管理，保证学生的实践环节高质量完成。

第四，为保证实践基地建设的有序进行，学校与合作单位签订规范的合作培养协议，明确合作的目标及双方的权利义务。实现单位保证提供足够的实习岗位，确保学生的实践环节顺利完成。

第五，发挥人才聚集优势，积极参与实践基地单位的业务素质培训规划和实施工作，为合作单位提供每年50人左右的法律实务培训，并以职业教育和研究生教育为依托，为基地单位培养高层次实务人才。

第六，学校与实践单位建立网络资源共享平台。利用学院内部丰富的法学图书、电子信息资料系统，为实践基地单位提供便利的查询条件，实习基地通过适当方式为法学院系的理论教学与实践教学提供案例来源，双方互利互惠。

（三）加强实践教学基地制度建设

第一，加强组织领导和管理。各教学实践基地实行主任负责制，适量选派思想品质好、专业理论水平高、专业技术能力强的人员担任实践基地的管理人员和指导教师担任负责人。建立定期检查指导工作制度，解决实践基地建设和管理工作中的实际问题，建立实践基地的组织管理机构。

第二，建立科学、有效、严格的队伍建设和人员管理制度，有明确的岗位职责及分工细则。特别是实训指导教师要达到规定的学历和实务水平，以保证实践教学工作质量的不断提高和实践基地建设的不断加强。

第三，建设科学、健全、严格的实践教学制度，建立健全规范教学文件。要深化教学改革，不断开发新的实训项目，更新教学内容。

第四，以课题立项的形式推动实习基地的建设，注重建设成果的转化与推广，全面促进我校实习基地的建设和应用型、复合型人才的输出。

第五，定期召开实习基地教学工作会议，加强各基地之间、学校与实习基地之间的交流，深入探讨应用型、复合型人才培养模式。

第六，及时检查和总结表彰，不断提高实习基地建设水平。学校每学年定期召开实习基地负责人座谈会，听取实习单位的意见，不断总结和交流实习基地建设的经验，对建设实习基地成绩突出的小组和个人进行表彰。

三、课程信息化建设

规划建设优质网络课程资源。拓展学生学习的视野平台，构建学生学习的多元知识平台，将课堂讲授—图书馆阅览—网络课堂—第二课堂四种知识平台全面结合起来。从一师一堂教学模式向一师多堂、主讲教师与辅导教师相结合的课堂教学模式转变。推动校内外名师名课共享。

依托网络资源开展课程教学改革。注重专业必修与选修课之间教学内容的衔接与协调，以及实践课程与理论教学内容的衔接，在教学方法上将重点放在加强互动教学、行业案例教学和法律诊所教学等。

加大精品课程建设的支持力度。完善《知识产权法学》国家精品资源共享课程的更新工作，探索法学课程的慕课和翻转课堂体系。争取将《法理学》课程建设成为湖北省精品课程，支持将《创新与创业管理》建设成为国家精品视频公开课程，积极申报本科和研究生校级精品课程。

积极拓展虚拟仿真实验教学资源。法学虚拟仿真实验教学是课程信息化建设和实验教学示范中心建设的重要内容，可以培养法学专业学生的动手能力、创新能力和综合素质，同时也是从理论走向实践的一种卓有成效的实践模式。在现有的信息化建设的基础上，有必要购置一批优质的虚拟仿真实验教学软件（包括仿真教学、综合系统、学习工具、案例文书以及职业测评等）。

四、教学内容创新

在教学内容上，学校既重视法学专业的基本知识技能，又重视服务司法机关、政府部门、三大行业和基层社会的法律实践能力。

首先，理论教学内容方面。强调课堂教学内容联系三大行业与基层社会法律实践，要求有关课程教师在理论教学中引入行业案例，将建材、交通、汽车三大行业的法律实践嵌入课堂教学环节，培养学生运用法学理论分析行业中法律实际问题的能力。同时，利用案例引导学生关注基层社会，分析基层社会纠纷产生的原因，掌握处理纠纷的方式和途径。目前，已经在刑法、民法总论、行政法、经济法、知识产权法、商法、物权法、合同法、侵权责任法等课程中，明确要求一定比例的行业案例教学内容。故在听取校内专家和兼职教师意见的基础上，在培养方案中设计了行业概况与法律环境、行业法律实务等特色鲜明的课程（见表1）。

表1 专业特色课程

课程名称	学　分	课　时	建议开设学期
建材行业概况及其法律环境	2	32	5
建材行业法律实务	2	32	6
交通行业概况及其法律环境	2	32	5
交通行业法律实务	2	32	6
汽车行业概况及其法律环境	2	32	5
汽车行业法律实务	2	32	6

其次，在实践教学方面的内容创新。包括审判、检察、仲裁、调解、代理、辩护、调查取证、合规审查、ADR等法律职业能力培养。开设了专业见习、模拟法庭、模拟仲裁、专题辩论、法律咨询、专业实习、毕业实习、法律诊所、学年论文和毕业论文等实践环节课程。以上实践课程均由教师组织学生分步有序进行：

第一步，由校内法学专业教师指导学生在校内法学实践中心完成基本技能训练，培养法学专业的职业的基本认知。

第二步，由校内外教师共同指导学生在校外实践基地培养职业综合能力。

第三步，校内外教师指导学生在校内实践平台和校外基地接受与三大行业有关的法律实务训练，积累行业法律执业经验，大部分学生可以参与三大行业法律实务的真实业务，提升行业法律实务水平。

此外，法学专业还开设"行业法律调研"实践课，由学生在三大行业的生产管理一线进行法律调研，了解三大行业的法律实际需求。

五、完善协同育人机制

进一步拓展人才培养的参与机制。积极加强对外联系，吸收社会优质学习资源，实现从单纯校内教师教学培养模式向引进社会优质教育资源培养模式转变。为开拓学生视野和接受社会名家教育，可以进一步探索构建系统化的"名家论坛""法官论坛""律师论坛""博士论坛""名案论坛"等多种形式，大力引进社会课程资源，拓展法科学生的培养渠道。

加大实习实训与实验室建设。一是积极争取学科发展经费，建设现代化的模拟法庭，确保"模拟法庭"活动开展的经常性和参与的广泛性。二是依托我校三大行业背景办学，新增法学专业实践基地5~7个。三是积极推进"社区法律诊所"建设。以群众需求为导向，开展法制宣传，免费提供法律咨询。同时，建立长效机制，落实值班制度。基层法律服务工作者每周至少两天轮流到社区开展接诊、出诊、会诊、辅诊、义诊的"五诊"服务。目前，法律诊所与武汉市洪山区司法局、洪山区残联建立精准的合作法律助残服务模式，共同建立法律诊所平台，三方已经达成合作意向，同意派有经验的专业人员进行互聘。

探索交叉复合型人才培养路径。以知识产权法为突破口，在本科阶段增设"知识产权"双学位，以《知识产权法学》国家精品资源共享课程为基础，建设"知识产权"公选课/个性课系列课程群。在本科阶段，提高具有理工科背景学生的培养比例，在管理学、经济学和汽车运用工程等学科下设知识产权研究方向，每年联合培养3~5名本科生。此外，强化与湖北省知识产权局、国家知识产权局专利局湖北审查协作中心等单位合作，建立联合人才培养基地3~5个，探索并规范校政合作和校企合作等知识产权高端实务人才联合培养模式。

新冠病毒疫情下法学专业教育教学信息化问题研究*

◎刘坤轮**

摘　要：2019年底，新冠疫情暴发，对我国政治、经济以及社会的正常运转都造成了很大的问题。对于高等法学教育而言，如何应对疫情所带来的挑战，并借此挑战进一步完善法学专业信息化教育教学水平的提升，就变成了法学教育界面临的最紧迫问题。对于这一问题，本文通过浏览网页的方式，以40所全国较为知名的法学院校作为分析样本，通过考察这些法学院在疫情期间所采取的教育教学方法，审视疫情期间的教育教学质量保障体系建设问题，提出我国未来法学专业教育教学的信息化建设与完善，需要从基础调研、资源建设、基础设施建设、师资培训、质量保障体系建设等几个方面着力，加强学科重组与文理交叉，把新技术融入法学

---

* 基金项目：2019年北京高等教育"本科教学改革创新项目"："学训一体 实践前置：创新德法兼修法治人才培养机制"。
** 刘坤轮，中国政法大学法学教育研究与评估中心副主任，副教授，硕士生导师，中国政法大学钱端升青年学者。

专业课程体系中，努力做新文科建设的排头兵。

关键词： 新冠病毒疫情　法学教育　线上教学　信息化　质量保障

一、引言

2019年底，新冠疫情暴发，对我国政治、经济以及社会的正常运转都造成了很大的问题。对于高等法学教育而言，如何应对疫情所带来的挑战，并借此挑战进一步完善法学专业信息化教育教学水平的提升，就变成了法学教育界面临的最紧迫问题。对于这一问题，本文通过浏览网页的方式，以40所全国较为知名的法学院校作为分析样本，通过考察这些法学院在疫情期间所采取的教育教学方法，审视疫情期间的教育教学质量保障体系建设问题，既梳理出法学专业教育信息化教学的特点和优势，同时也对面临的困难和问题系统整理，为疫情结束后法学专业教育教学的信息化建设提供建议，也为疫情结束后，针对性地加强我国法学专业教育的信息化建设水平提供智力支持。

这里选取的40个样本为：安徽大学法学院、北京大学法学院、北京航空航天大学法学院、北京师范大学法学院、大连理工大学法律系、东南大学法学院、对外经贸大学法学院、中国人民公安大学法学院、广东财经大学法学院、广东外语外贸大学法学院、广西大学法学院、广州大学法学院、贵州大学法学院、海南大学法学院、河北大学法学院、华东政法大学、暨南大学法学院、辽宁大学法学院、南京大学法学院、南开大学法学院、中国人民大学法学院、厦门大学法学院、山东大学法学院、上海财经大学法学院、上海海事大学法学院、上海交通大学凯原法学院、上海政法学院、中国社科院大学文法学院、塔里木大学法学院、武汉大学法学院、西安交通大学法学院、西南财经大学法学院、西南政法大学、烟台大学法学院、中央财经大学法学院、扬州大学法学院、浙江工商大学法学院、浙江师范大学法政学院、郑州大学法学院以及中山大学法学院。[1]

二、法学专业教育教学信息化疫情应对方式

新冠疫情暴发以来，为做好疫情防控，降低疫情对高等法学教育的影响，教育部及时发布了《关于在疫情防控期间做好普通高等学校在线教学组织与管理工作的指导意见》（以下简称《意见》），根据该《意见》的指导精神，教育部高等学校法学类专业教学指导委员会积极行动，号召全国法学院系积极部署，全力以赴做到"停课不停学，学习不延期"，在疫情面前打好"教学攻坚战"。从收集的40个法学院系的资料信息来看，对于这次新冠病毒疫情，全国法学院系均谨慎对待，通过提前通知与部署，科学组织了各自院校的教育教学工作，及时采取了云课堂、雨课堂、QQ课堂、微信课堂、直播、录播、腾讯会议等多种方式，积极开展线上教学和远程教学，并对学生居家学习和教师线上教学的状态及时关注，努力降低新冠疫情对法学专业教育教学的影响。具体来说，各个法学院系的疫情应对措施，主要包括如下几个方面：

（一）提前部署，明确学生不返校

针对疫情，全国法学院系按照教育部疫情应对《意见》的指导精神，在教育部高等学校法学类专业教学指导委员会的引导下，积极应对。依据所调查的40所法学院校的样本来分析，各个法学院系都在第一时间根据教育部的工作安排，对疫情防控期间的法学专业的教育教学工作做了提前部署。

各个法学院系采取多种方式，均在第一时间将延迟开学的通知发送给所有师生。如清华大学法学院、辽宁大学法学院、武汉大学法学院、中国政法大学、华东政法大学、中南财经政法大学法学院、西南政法大学以及西北政法大学等都在第一时间向所有

---

[1] 相关信息可参见各个法学院官方网站，篇幅所限，这里不再一一标注。

法学专业师生致信，告知疫情防控工作的重要性，以及学院应对疫情工作的具体措施。为确保通知到人，北京大学、人民大学、中国政法大学等各个代表性法学院系，要求师生联系工作责任到人，确保疫情期间延迟开学，停课不停学等工作通知，到达所有师生，并要求所有师生明确回复。

多数法学院系第一时间印发了春季学期延迟返校后的本科教学应对方案。目前为止，在40个调查样本中，除2所院校因联系原因，没有找到公开的新冠疫情防控期间教学工作方案外，其他法学院系的官网或官方微信上，均能找到关于新冠疫情防控期间的教育教学工作方案，占调查数量的95%。北京大学、清华大学、中国人民大学、中国政法大学、北京师范大学、中央财经大学、对外经贸大学等研究型法学院系，除了明确了"学生不返校""停课不停学"的工作指导方针外，还根据本校研究型大学的办学特点，分别针对法学本科教学特点和研究生教学特点，制定了专门的教学实施方案，实施分类应对的办法。

（二）科学组织，停课不停学

在疫情应对方面，各个法学院系基本上秉持有理有据的方针。各个法学院系均结合自身的办学特点和办学条件，稳步推进疫情预备、疫情期间、疫情恢复防控以及恢复正常教学活动的工作方案。同时根据不同学生的特点，分阶段、分类别安排学生的上课、毕业、实习等教育教学工作。

分阶段实施疫情期间教学工作。由于对新冠疫情何时结束无法预期，一些法学院系就根据疫情发生、发展的规律提前制定了分阶段的教育教学工作方案。比如中国人民大学法学院就将疫情防控期间的教育教学工作划分为四个阶段，分别为组织和准备工作阶段、延期开学阶段、正式返校防控阶段和恢复正常阶段。并根据阶段划分，明确各个阶段法学专业教育教学工作的方式和重点内容，例如在延期开学期间，学生以自主学习和预习课程为主开展学习，法学院通过建立教学班微信群、网络平台，由教师或教学团队指导学生制定学习计划，推荐和推送（电子）教材、参考书、在线课程、数字化课件、线上教学资源，阅读书目等学习资料，组织线上答疑讨论等互动活动。清华大学法学院根据疫情准备线上培训、线上直播、线上互动等环节，分别召开多次教学工作会议，系统推进疫情防控期间的本科教学工作。北京航空航天大学法学院将2月24日至教务处通知恢复一般课堂教学之前设置为延期开学阶段，在此阶段中，法学院要求本院教师采用线上方式进行网络授课，学生则采取线上听课和自主学习等方式进行教育教学工作，以此实现延期开学网络授课与学生正式到校后恢复一般课堂教学两阶段相衔接。中山大学法学院印发《中山大学法学院2019—2020学年春季学期延期开学期间本科教学工作安排》，将2019—2020学年春季学期教学工作分为三个阶段：第一阶段为原计划开学时间；第二阶段为延期开学期间；第三阶为学生返校后，各门课程回归正常教学，并分别对各个阶段的教育教学工作做了相关规范性指导。

（三）形式多样，多维度推进线上远程教学

疫情防控对所有法学院系来说，都是一个全新的事务，需要各个法学院系结合本校具体办学情况，结合师生特点，展开适当形式的教育教学工作。在疫情防控期间，40个法学院系开展了多种形式的远程教学工作，如北京大学法学院针对专业选修课和专业选修课的不同特点，要求老师采取不同的远程授课方式。必修课程可采取直播授课、录播授课、慕课授课、研讨授课以及智慧教室授课五种方式之中的任何一种或多种。专业选修课既可以选择以上五种方式，也可采用可以通过视频会议、微信群、电子邮件等多种方式开展网络教学。中国政法大学则推出了"平台录播+资料推送+讨论答疑"的线上授课模式与课堂教学的改革，系统提升了疫情应对期间的法学专业智慧教学形式。

延期开学期间，学生依据学校、学院和教师安排开展自主学习，教师可为学生学习提供线上指导，组织开展线上交流和研讨。同时各门课程任课教师和教学团队继续开展开学后的教学准备和课程建设。任课教师可通过微信、QQ、邮件等多种方式与学生进行线上交流，按照开课课程既定的教学方案布置阅读文献，为学生合理安排课程作业或任务，并督促学生按时、按质、按量地完成学习任务。

教学力量强的一些法学院系，还结合自己的办学优势，开放公开课程，为全国法学院系进行公益授课。如北京大学法学院举办了北大"法学阶梯"入门讲座系列，并向全国开放授课视频。辽宁大学法学院举办了"同心战疫、润物有声系列讲座"。上海政法学院举办《公益在线实习/法律实务课程直播》系列网上开放课程。西南政法大学、华东政法大学、中南财经政法大学共同发起了"法学大家公益系列讲座"，并进行网上直播，积极推进疫情期间的法学专业教学工作。

(四) 学生本位，关注学生实际困难及心理健康

新冠疫情的暴发，对法学专业教育教学工作的影响，不仅是技术层面的，更多的还包括心理层面。越是这个时期，大学越要关心学生因家庭困难、技术条件限制所造成的上课问题，尤其是因这些问题所导致的心理疾病。在这方面，40个法学院系中，出现了一些较好的做法。

关注技术原因导致的社会隔阂问题。中国是一个区域发展高度不均衡的国家，高校学生来自全国经济水平差异巨大的不同地区，不同的经济社会条件可能导致远程教学的实施受到各种限制，并存在因技术问题产生学生之间社会隔阂的现象。针对这一问题，一些法学院系积极关注学生学习实际情况，针对性的采取了一系列差异化措施，关注学生家庭条件和实际居住条件，严防因为疫情应对造成一些学生无法跟上教学安排的现象发生。如郑州大学法学院在疫情应对方案中，专门制定了学生在边远山区因通信信号原因无法实现网络学习的弥补办法，要求学院老师关注到每一个学生，解决学生因家庭条件和居住环境所造成的无法进

行网上学习的问题,实现对学生学习的人文关怀。海南大学学工办则积极联络学生,了解学生在线学习条件,给家庭困难的学生购买流量,并帮助任课教师开通辅助教学 QQ 群、微信群等。

关注学生心理健康问题。疫情防控期间的教育教学工作不仅关涉教育教学本身,更关涉到学生的心理健康,关涉到立德树人在特殊时期的贯彻落实问题。因此,对于法学专业教育教学来说,技术问题尽管重要,但学生的心理健康问题更需要关注,因此,各个法学院系都有责任通过各种方式关注学生疫情防控期间的心理健康,确保不出现引起舆情的心理健康问题。在这一方面,一些法学院系所采取的应对措施值得推荐,比如面对疫情防控期间学生长期停课在家,容易产生心理健康问题的现实情况。中国政法大学等高校开通网上心理健康咨询,通过网上疫情防护健康讲座等形式,关注学生心理健康,并对疫区学生制定了专门的指导方案,帮助疫区学生克服困难,及时疏导心理存在问题学生的心理健康问题,助力学生的全人格培养。

(五) 多管齐下,理论与实践并重

从类型上来划分,法学专业课程不仅包括理论教学,还包括实践教学。在实践教学方面,从环节上来划分,除了课堂教学外,还有论文设计、实习实训等环节。因此,不同年级的方向专业在疫情防控期间所面对的问题并不一样,这种差别不仅体现在课程的数量方面,更体现在课程的类型和所处的学习阶段方面。对此,在 40 个样本中,一些法学院系也针对这些差别,做出了不同的安排,多管齐下,实现理论与实践并重,实现各个阶段学习都有所安排。

对于实践类课程,一些法学院系利用自身技术优势进行虚拟仿真等展开线上同步进行。在这方面,虚拟仿真、在线全真等实验设施具有明显优势。比如为了实现疫情期间的实践教学与理论教学同步推进,河北大学法学院充分利用国家虚拟仿真实验教学项目共享平台,开展线上实验教学。上海政法学院举办了《公益

在线实习/法律实务课程直播》，对在线实践教学工作展开系统探索。中国政法大学通过虚拟仿真、智慧教室等信息化手段，对实习实践教学进行线上辅助，实现实践教学的信息化运行。辽宁大学法学院通过虚拟仿真实验教学项目开展实验教学，明确需要动手实操的实验环节安排在返校后进行。大连理工大学法律系与知识产权实务部门建立了若干实习实践基地，拥有稳定的实践导师团队，可以通过实习实践基地的教学平台，实现知识产权实务课程的远程在线授课。

对于毕业论文和毕业设计等，则采取线上指导、延期提交等多种方式予以应对。相对而言，学习环节方面的问题要更容易处理一些，比如通过以上阶段性的工作安排，也就可以解决一些处于不同阶段的学生学习问题。比如华东政法大学 2012 年就开发了本科生毕业论文管理信息系统，毕业论文课程一直在线开展且运行良好，受疫情影响不大。针对这次疫情，学校又出台了"在线答辩"和"学院统一装订"的应对措施，对于毕业实习，原则上要求暂停毕业实习，对无法完成毕业实习的，学校出台了学分折抵方案，允许学生通过修读实践实务类课程，参加科研社会实践、学科竞赛等折抵毕业实习。广东外语外贸大学法学院要求毕业论文一律在线指导，指导老师通过微信、QQ 或其他方式指导学生毕业论文，对即将毕业仍未实习的学生，通过仿真实习、远程实习、线上课程、讲座等形式为学生提供实习实践教学，学生可提交行业职业研究报告、综合课程设计等形式多样的报告代替实习报告。

三、法学专业教育教学信息化质量保障体系

质量是现代大学教育的生命，疫情期间的教学质量保障问题，直接关涉到疫情防控期间法学专业教育教学的根本，但疫情防控期间的特殊性，使得这一期间的教学质量监控面临各种困难，不采取对应的举措，一个环节出现问题，教育教学质量就可

能出现塌陷式下滑。因此，为保证线上教学和网上教学的教学质量，各个法学院系都高度重视，对标线下教学，做了大量针对性的完善工作，确保线上教学质量保障体系的运行和完善。从调研的40所法学院校所采取的质量保障措施来看，在线上教学质量保障体系建设方面，各个法学院系基本做到了领导重视、组织保障、监督有力、反馈及时、改正迅速。具体方式如下：

北京大学法学院、清华大学法学院、中国人民大学法学院、中国政法大学、华东政法大学、中南财经政法大学、西南政法大学和西北政法大学也开展了线上教学和远程教学的质量保障工作，通过线上督导、线上评估、线上评教等措施，切实保障疫情期间法学专业课程的教学质量。

首先，领导重视，积极进行组织保障工作。针对疫情期间法学专业的教学工作，根据教育部的指导精神，一些法学院系专门成立疫情应对教学工作领导小组，统筹安排、周密部署线上教学工作，并制定了疫情期间线上教学质量保障方案和课程审核方案等制度性依据。比如广东财经大学法学院成立了由党政领导、教学督导组成员、系主任、专业负责人、课程负责人、教学秘书和辅导员组成的25人检查小组。检查人员分为7组，并保证全院每一个教学班至少有一名检查小组成员，对教学质量进行监督和评价，检查小组成员做到当天听课当天反馈教学评价。郑州大学法学院专门印发《法学院（知识产权学院）疫情时期本科生线上授课督查方案》，成立专门的领导小组进行在线强化督查，由专家小组及时对授课情况进行督查，并建立汇报制度，将学院的情况及时上报至学校，同时要求授课老师和学生及时汇报教学中存在的问题。

其次，完备环节，实现质量保障体系的闭环运行。对标与线下教学的实质等效，一些法学院系建立了线上课程资源审核机制、线上教学监测机制及优秀课程引导机制，对线上课程加强事先审查、事中监管和事后评价。同时，完善教师—学院—学校—

学生等环节的教学环节把控,制订线上教学应急预案,实时监控线上教学过程,对出现的平台、设备、安全、运行等各类问题及时处理。比如安徽大学法学安排教学督导员每天均随机挑选在线课堂旁听,检查教师及同学上课情况,提出反馈意见,各年级辅导员每天也实时跟进学生上课情况,并与教师及教办保持密切沟通,及时处理各种问题。

最后,全程跟踪,及时反馈课堂教学效果信息,并督促积极改正。各个法学院系通过采取在线抽查、信息报送、平台监控等方式对疫情期间在线课程建设及教学开展情况进行全程跟踪监督,通过组织校领导、学院领导和教学督导进行在线听课等方式,全面获取线上教学质量信息,并及时反馈责任系所和老师,同时要求反馈对象提供改进报告,对存在问题的线上课程进行及时整改,确保线上教学高质量运行。例如东南大学法学院通过学院院长、书记、副书记、副院长、教研室主任及督导老师不定期进行在线督导听课、教师自评、学生反馈等形式及时掌握线上教学情况,强化线上教学的过程监督,对发现的问题及时反馈和改正,保证在线学习与线下课堂教学质量实质等效。

四、法学专业教育教学信息化的优势

法学专业属于人文社科专业,尽管在技术运用方面具有一定的劣势,但由于理论课程较多,实践课程较少,在疫情期间线上教学方面,具有比较优势。从 40 所法学院系在疫情防控期间的教育教学工作安排来看,法学专业的线上教学工作,主要存在如下优势:

第一,技术要求不高,支撑较为容易。法学专业主要课程为理论课程,试验实践类课程较少,容易通过各种技术支持实现网上教学工作。理论课程的教学在一些建设有录课教室、智慧教室等信息化教学教室等技术先进的法学院系实现集中录制,也可以由教师自己通过雨课堂、腾讯会议、钉钉、微信、QQ 等多种方

式进行。

第二，现有资源较为丰富，成本较低。现有网上法学类在线课程较多，教学资源丰富，方便教师和学生学习。学生随时随地都可以上课，不仅有直播还有录播，上课不再受到距离和时间的影响，知识获取方式更为灵活，内容更多样化。北京大学、中国人民大学、华东政法大学、西南政法大学、中南财经政法大学等在疫情期间还开发了系列公益课程，同时或分时面对各大高校学生，教学成本较低。

第三，一些综合性院系、理工类院系法学院技术共享优势明显。综合性院系和理工类一般具有较强的技术能力，很多设有自己的远程教学平台和软件，如浙江大学的"学在浙大"教辅平台和"浙大钉"教学平台。很多大学很早就有文理交叉的办学定位和办学战略，如东南大学很早就着手培养"法学+理工科"的"高境界、高人品、高素质"卓越法治领军人才。通过与土木、交通、医学、计算机等学科交叉，获得技术支持，在线开放课程已形成"工程法学课程群"，包括《工程法原理》《工程公法》《交通法》《工程争议解决实务专题》等课程，同时，已推出《医事与法律的对话》在线开放课程，致力推动发展交叉融合的新文科。

第四，法学专业国际化程度具有比较优势，整体引进外语课程优势凸显。相对于其他人文社会科学，法学专业的国际化程度较高，能够开设双语课程和国际课程的教师较多。同时，一些院系通过国外项目的整体引进，外语教学优势凸显。比如中央财经大学法学院联合美国马里兰大学法学院共同建立覆盖美国和欧洲6所大学法学院的特色国际合作办学项目"中美欧学生交换与联合培养项目"，烟台大学法学院通过中美合作办学项目，引进了美方1/3优质课程资源。

五、法学专业教育教学信息化的主要困难和问题

当然，并不是所有的法学院系都具备充分的线上教学条件，

疫情防控工作对于法学专业教学所带来的困难是客观存在的，对此，我们也无需避讳，认真总结经验教训，为未来法学专业教育教学信息化提供智力支持，才是当前重要的任务。通过梳理比较各个法学院系开课类别、开课方式等差别，我们大体可以看到，疫情对于法学专业教育教学工作所造成的影响，本文认为，法学专业的信息化教育教学工作，面临着如下几类困难和问题：

第一，课程类型问题。法学专业的理论课程通过多种线上教学的手段基本实现，但实践类课程通过线上教学的形式完成较为困难。多数法学院系没有足够的虚拟仿真类实验室，因此实践类课程多采取延期进行的方式处理。

第二，技术问题。一些法学院系技术支持方面存在困难，不足以支撑大规模的在线课程。一些年龄较大的教师网络授课的思想准备和技术准备不够充分，对网课软件运用不够熟练，教学效果与之前的课堂教学可能存在差距。

第三，课程资源和配套设施问题。法学专业课程专业核心课程，尤其是实践课程，缺乏优质在线资源，专业教材和教辅资料尚未电子化而实体书籍又难以获得，影响教学效果。一些法学院校专业实验设施配套不足，缺少智慧教室、录课直播间等现代化的信息技术设施，影响在线教学的效果。

第四，课堂效果问题。线上教学的交流和反馈机制不同步，互动不流畅，互动手段单一，互动效果不理想，师生之间及学生之间的实时交流受到影响，无法达成对话、讨论、争论的教学效果，对案例类课程影响较大。

第五，学生学习问题。缺乏校园学习环境，没有课堂气氛，学生居家学习氛围较差，有些偏远地区的学生缺乏网络或者网速较慢，学生的学习状态无法及时跟踪掌握。

第六，质量保障问题。教学检查和教学督导工作开展容易受到排斥，无法保证实质等效。有些法学院系反应，学生是否听课无法知道，一些学生没有教材，难以保障教学质量。有些学生家里网络不好或者没有网络，直接影响教学质量。

六、法学专业教育教学信息化的完善路径

新冠疫情给法学专业教学提出了巨大挑战，但是同时也是加强法学专业信息化教育的重要契机。在新文科建设的背景下，文理交叉、创新创业、技术融合已经成为文科发展无法选择的未来趋势。作为人文社会科学的排头兵，法学专业教育与其他自然科学的融合也是时代所学，专业交叉、学科交叉，不仅仅是顶层设计的总体方向，也是新法学引领新文科建设潮头的必由路径。今年公布的《普通高等学校本科专业目录（2020年版）》中，法学专业从以往的三个变成了七个，其中信用风险管理与法律防控的增设专业，就代表了国家层面对于法学专业与其他专业，尤其是自然科学专业融合的期待。对此，在新冠疫情的影响下，法学专业更要积极行动，牢牢抓住这一机会，加强学科重组与文理交叉，把新技术融入法学专业课程体系中，努力做新文科建设的排头兵。而当前首先要做的，就是总结疫情防控期间的教育教学经验，全面强化法学专业的信息化教育教学水平。

本文认为，未来法学专业教育教学的信息化建设与完善，需要从以下几个方面加强：一是继续线上教学需求和问题的基础调研，通过调研，精准定位教师、学生的线上信息化教学需求，找到师生的关注点，进一步完善在线教学方式。二是加强网络教学平台和课程资源建设，通过开发建立课程学习资源库，教材资源库、教辅资源库等方式，提供多种形式教学资源，拓宽学生学习、师生互动渠道，充分发挥网络在线学习的优势。三是加强基础设施建设，提升线上教学技术支持能力，通过建设虚拟仿真实验室、引入仿真操作体系，完善线上实践课程教学体系，构建线上教学实训平台。四是加强法学专业教师信息化教学技术培训，围绕技术运用、X线上教学方法、混合式教学理论、教学设计、网络教学平台及社交媒体在混合式教学中的应用等内容开展培训，

不断提升法学专业教师的信息化教学水平。五是加强线上教学质量保障体系建设,通过对制度规范、组织保障、全程监控、反馈评估等环节的改进,不断完善法学专业线上教学质量保障体系。

论创建社区矫正法学的必要性与可行性

◎王顺安*

21世纪以来,中国刑事司法改革、刑事立法和刑事法学研究的亮点很多,社区矫正便是其中耀眼的领域之一。

社区矫正的概念与理念皆是舶来品。"社区矫正"的英文为"community corrections""community-based corrections",前者意为在社区进行的矫正,强调与监狱行刑不同的执行场所,注重的是与监狱监禁性相对应的非监禁性,即不剥夺自由而开展的行刑与矫正活动;后者意为在社区并利用社区开展的各项矫正活动,注重的不仅是非监禁性,而且还强调充分利用社会资源参与对犯罪人的各种行刑、处遇及其教育帮扶活动。社区矫正概念主要在英美法系国家使用,在欧洲、日本等国家和我国台湾、香港地区,亦有称为"社区刑罚""社区制裁与措施""社会内处遇""社区处遇""更生保护"

---

* 王顺安,中国政法大学刑事司法学教授。

"更生服务"等。社区矫正的理念很多，核心的是行刑社会化和恢复性司法。行刑社会化主要是针对传统的监禁刑及其监狱行刑的封闭性，不仅不利于罪犯的再社会化和利用社会资源参与到狱内罪犯的改造项目，而且还容易导致罪犯交叉感染和形成不利于回归社会的监狱人格，因此倡导对不需要、不必要收监执行的被判短期监禁刑罚的轻微罪犯和经过监狱较长时间的监管矫正、已悔改有据不存在再犯可能的不需要也是不值得继续关押的罪犯附条件提前释放予以再社会化的一系列行刑与矫正的理论、思想和观念，其理念的形成与实践转换的历史有一百多年。恢复性司法的历史则比较短，源起于20世纪末的英美法系国家的恢复性司法运动（Restorative Justice），主要是针对传统刑事司法对犯罪与刑罚的不正确认识与做法而展开理论与实践相结合的新型刑事司法改革。其认为犯罪根植于社会，与社区紧密相连，犯罪不仅是对国家和社会的间接危害，更是对被害人和社区的直接损害，刑罚的目的不仅在于惩罚报应，更在损害修复。刑事司法不应该是对犯罪人、被害人和社区"有害的公正"，而应该是对犯罪人实施的犯罪行为所造成的各种国家、社会、社区、家庭、自然关系和被害人的损害结果的最大化的修复、弥补和赔偿，追求的是一种"无害的正义"。

社区矫正是工作化、城市化和现代化的产物，诞生在19世纪中叶的英美国家，盛行于20世纪末的世界各国，得益于互联网信息社会的科技支撑。社区矫正源于假释，盛于缓刑，成熟于社区服务刑。由于社区矫正依托社区开展行刑与矫正工作，不剥夺自由，不需要更多的纳税人财富的投入，有利于犯罪人保留工作、学籍和家庭生活，降低了行刑成本，提高了矫正效果，避免了监狱烙印和交叉感染，充分体现了现代刑罚适用与执行制度的人道文明、公正谦抑和有利于行刑社会化、促进犯罪人顺利融入社会的预防性、恢复性司法理念的实现。同时与监狱行刑相比，社区矫正成本更低、矫正效果更好、重新犯罪率更低，因此成为当今世界各国刑罚适用和刑事执行制度的发展趋势，也是世界各国刑事立法的重点，更是犯罪学与刑事司法教育的亮点。

一、社区矫正法治建设呼唤着社区矫正法学的诞生

基于社区矫正的优点及其在世界各国蓬勃发展的趋势，考虑到联合国《公民权利和政治权利国际公约》《囚犯待遇最低限度标准规则》等诸多国际性文件所倡导的将监禁作为最后一种迫不得已的手段使用，对于"囚犯的待遇不应侧重于把他们排斥于社会之外，而应注重他们继续成为组成社会的成员"的要求，[1]同时也为了适应我国社会政治经济发展的要求，改变我国刑罚结构和刑罚适用偏重于剥夺自由的监禁刑罚及监狱行刑的落后面貌，提高教育改造质量，降低刑罚执行成本，减少和预防重新犯罪，充分体现社会主义制度的优越性和人类刑罚文明和刑事执行制度进步的要求，2003年7月，最高人民法院、最高人民检察院、公安部、司法部联合发布了《关于开展社区矫正试点工作的通知》，决定在北京、上海、天津、山东、江苏、浙江6省（市）开展社区矫正试点工作，从而拉开了探索与创建中国特色社区矫正制度的帷幕。[2]

2004年5月9日，司法部印发了《司法行政机关社区矫正工作暂行办法》。2004年底，社区矫正工作被列为我国司法体制和工作机制改革的内容之一。2005年初，最高人民法院、最高人民检察院、公安部、司法部又联合印发《关于扩大社区矫正试点范围的通知》，决定将河北、内蒙古、黑龙江、安徽、湖北、湖南、广东、广西、海南、四川、贵州、重庆12个省（自治区、直辖市）列为第二批社区矫正试点地区，从而涵盖东、中、西部的18

---

[1] 参见张苏军：《在社区中矫正：中美社区矫正制度比较研究》，载《中国监狱学刊》2012年第4期。

[2] 参见王顺安：《社区矫正：现代刑罚人道文明的重要体现》，载《光明日报》2019年12月15日，第7版。

个省（自治区、直辖市）都作为社区矫正试点工作的探索者。由于社区矫正符合我国现阶段经济社会发展要求，符合人民群众对社会和谐稳定的现实需要，所以在 2009 年 9 月经中央认可并批准后，最高人民法院、最高人民检察院、公安部、司法部联合发布了《关于在全国试行社区矫正工作的意见》。2011 年 2 月，第十一届全国人大常委会第十九次会议审议通过了《中华人民共和国刑法修正案（八）》[以下简称《刑法修正案（八）》]，明确规定对判处管制、缓刑以及假释的罪犯依法实行社区矫正。2012 年第十一届全国人大第五次会议通过的新修《中华人民共和国刑事诉讼法》（以下简称《刑事诉讼法》）规定了暂予监外执行纳入社区矫正，第 258 条明确规定，"对被判处管制、宣布缓刑、假释或者暂予监外执行的罪犯，依法实行社区矫正，由社区矫正机构负责执行。"同年修订的《中华人民共和国监狱法》（以下简称《监狱法》）第 27 条规定，"对暂予监外执行的罪犯，依法实行社区矫正，由社区矫正机构负责执行。原关押监狱应当及时将罪犯在监内改造情况通报负责执行的社区矫正机构。"第 33 条中规定，"对被假释的罪犯，依法实行社区矫正，由社区矫正机构负责执行"。同年，最高人民法院、最高人民检察院、公安部、司法部为了依法规范实施社区矫正，将社区矫正人员改造成为守法公民，根据新修刑法、刑事诉讼法等有关法律法规，结合社区矫正工作实际，联合制定与发布了《社区矫正实施办法》。从此，社区矫正试点从纯刑事政策阶段进入到拥有刑事实体法刑法和刑事程序法刑事诉讼刑事执行法之一的监狱法规定的法律制度新阶段。

2012 年底党的十八大之后，加快了社区矫正法的立法步伐。2013 年党的十八届三中全会通过的《中共中央关于全面深化改革若干重大问题的决定》明确提出，要"健全社区矫正制度"。2014 年 4 月 21 日，习近平总书记在听取司法部工作汇报时明确指出，"社区矫正已在试点的基础上全面推开，新情况新问题会不断出现。要持续跟踪完善社区矫正制度，加快推进立法，理顺工作体制机制，加强矫正机构和队伍建设，切实提高社区矫正工作水平。"[1] 2014年8月27日，最高人民法院、最高人民检察院、公安部、司法部为落实习近平总书记的讲话精神，联合发布了《关于全面推进社区矫正工作的意见》。2014年9月26日，司法部联合中央综治办、教育部、民政部、财政部、人力资源社会保障部共同发布了《关于组织社会力量参与社区矫正工作的意见》。2014年10月23日，党的十八届四中全会通过的《中共中央关于全面推进依法治国若干重大问题的决定》又明确规定，"加快保障和改善民生、推进社会治理体制创新法律制度建设……制定社区矫正法。"2016年8月30日，最高人民法院、最高人民检察院、公安部、司法部又再次联合发布了《关于进一步加强社区矫正工作衔接配合管理的意见》。2018年重新组建的司法部及其领导班子更加重视社区矫正工作，认真贯彻落实习近平总书记重要指示精神和党中央国务院决策部署，同年12月26日，司法部发布了《关于推进刑罚执行一体化建设工作的意见》。2019年1月，司法部办公厅印发了《关于加快推进全国"智慧矫正"建设的实施意见》。

2019年12月28日，第十三届全国人大常委会第十五次会议审议通过了《中华人民共和国社区矫正法》（以下简称《社区矫正法》），并于2020年7月1日起施行。从2003年试点到2019年《社区矫正法》颁布，社区矫正在中国大地上走过了极不平凡的17年。根据司法部首任社区矫正管理局局长姜爱东的总结，"17年来，社区矫正工作从无到有，经过试点试行、由点到面、从小到大，直至在全国全面推开。截至2019年11月，全国累计接收社区矫正对象478万，累计解除411万人，每年列管120多万人，为维护社会和谐稳定，推进平安中国、法治中国建设，促

---

[1] 司法部社区矫正管理局编：《社区矫正法律法规与工作制度汇编》，法律出版社2014年版，第92页。

进司法文明进步发挥了重要作用。"〔1〕又根据负责社区矫正立法工作的全国人大常委会法工委刑法室主任王爱立的总结，"社区矫正法作为规范社区矫正制度的专门法律，为社区矫正工作的开展提供了全面的法律依据，该法是我国社区矫正法制建设的最新成果，是中国特色社会主义刑事法律体系的重要组成部分，体现了我国司法理念和司法制度的进步，对于推进和规范社区矫正工作，促进社区矫正制度的良性发展具有重要意义。"〔2〕

"徒法不足以自行。"在依法开展社区矫正工作中，尊法懂法执法司法守法的社区矫正工作者最为关键，而尊法懂法执法司法守法的人才培养和正确的社区矫正理念政策和法律意识的获得，必须通过正规的大专院校的教育与培养，教育与培训就必须要有优秀的教师和优质的教材。为此建议国家教育部门和主管社区矫正工作的司法部，尽快组织社区矫正法学统编教材的编写与落实。

其实，在相对漫长的社区矫正法的立法过程中，立法机关与实务部门在社区矫正的性质任务、社区矫正的适用范围、社区矫正机构的设置及功能、社区矫正工作人员的警察身份、社区矫正对象的称谓及其法律地位等关键问题上还存在着分歧，不仅理论与实践专家意见暂未统一，而且就诸如此类问题在国家机关各部门之间亦反复纠结，最后全国人大法工委立法部门对有些问题（如社区矫正的概念和性质）也没有在法律中作出明确规定。长达七八年的社区矫正工作，除了社区矫正引进与试点工作相对时间不太长，经验不够丰富外，更主要的是对社区矫正的历史发展、本质特征及其运行规律还没有研究到位，对中国特色的社区

---

〔1〕 姜爱东：《以学习贯彻社区矫正法为契机 全力推进社区矫正工作高质量发展》，载王爱立、姜爱东主编：《〈中华人民共和国社区矫正法〉释义》，中国民主法制出版社2020年版，第379页。

〔2〕 参见王爱立：《加强社区矫正工作法制建设 健全完善中国特色社区矫正制度》，载王爱立、姜爱东主编：《〈中华人民共和国社区矫正法〉释义》，中国民主法制出版社2020年版，第364页。

矫正制度还归纳总结与研究升华得不够，同时社区矫正因其开放性所涉及的实务问题和法律关系，远不是监狱及监狱法能够比拟的，由此就已经深深感受到社区矫正不简单，理论研究与指导十分重要。于是在社区矫正理论与实践问题还没有完全搞明白之前，最好的办法就是搁置争议，采取立法技术的"留白"方式处理，同时对有利于提高社区矫正质量的具体方式方法，社区矫正法仅规定了基本制度框架，留下了广阔的空间，期待社区矫正理论与实践的进一步探索，尤其是社区矫正法学理论研究的深入和对若干重大疑难问题透彻研究后，再作立法修改，不断地补充与完善。

根据司法部社区矫正管理局和全国人大常委会法工委刑法室在社区矫正法通过后的立法过程回顾，随着社区矫正工作的发展和法治建设的要求，社区矫正立法工作早就提上了重要的议事日程。"制定社区矫正法"连续多年被列入中央政治局常委会工作要点，并连年被列入全国人大常委会立法工作计划和国务院立法工作计划。司法部认真贯彻落实中央部署，积极推进社区矫正立法。在认真调研论证的基础上，2013年2月司法部就将《社区矫正法（草案送审稿）》报送国务院。原国务院法制办会同有关单位成立社区矫正立法工作协调小组及审查工作专班，集中研究修改，并于2016年12月在官网上公布了《社区矫正法（草案）》，向社会公开征求意见。但由于该稿对一些基本问题尚未弄清，且内容较简单，只有6章55条，操作性较低，受到了理论与实践部门的一致否定，致使已经写入党的十八大报告中的"制定社区矫正法"的决策规划搁置。2018年党的十九大之后，司法部在新一届部党组的高度重视和领导下，配合推进《社区矫正法》的立法工作，多次召开社区矫正立法研讨会，加强《社区矫正法》立法调研，研究修改《社区矫正法（草案）》，积极协调社区矫正立法中的关键问题，进一步明确解决社区矫正中存在的一些重大问题,立法工作不断地向前推进。[1] 全国人大常委会高度重视社区矫正立法工作,多次邀请专家学者和实际部门的同志参加立法座谈会、疑难问题咨询。如对社区矫正的性质问题,"大多数意见认为,社区矫正对象包括四类人,这四类人的法律地位、义务都有所不同,简单将社区矫正笼统定性为刑罚执行不准确,也缺乏法律依据"。"不少意见认为,将社区矫正定位为刑罚执行,未能正确理解刑罚理论的一些基本概念和制度,某种程度上反映了理论研究深度不够;用于指导实践,容易出现脱离'罪刑法定原则'的工作偏差,是'画地为牢''法外施刑'等错误做法的思想根源。"[2] 全国人大法工委的领导亲自并组织专家先后赴贵州、云南、浙江、安徽等地调研社区矫正工作。2019 年 6 月 17 日,十三届全国人大常委会第三十二次委员长会议决定,将《社区矫正法(草案)》交付全国人大常委会审议。第十三届全国人大常委会先后于 6 月、10 月和 12 月三次召开会议,审议《社区矫正法(草案)》,其间立法部门还多次邀请理论与实务部门的专家参加《社区矫正法》的立法问题与风险评估座谈会,甚至在最后定稿之前还就名称问题、用警问题和撤缓撤假撤暂后的风险防控及拘留或逮捕强制措施的选择问题等征求意见。由此可见本次社区矫正民主立法与科学立法的深度与广度,同时也反映出我国社区矫正及刑事执行理论研究的重要性以及其中还存在一些薄弱、有待加强的方面。

二、社区矫正法学以社区矫正法为研究对象

(一)社区矫正及社区矫正法的由来

社区矫正是因监禁刑及其执行弊端而生的,假释是针对长期

---

[1] 参见姜爱东:《〈社区矫正法〉具有里程碑意义》,载《人民调解》2020 年第 2 期。

[2] 王爱立主编:《〈中华人民共和国社区矫正法〉解读》,中国法制出版社 2020 年版,第 8 页。

监禁刑的不足而采取的附条件提前释放制度，缓刑是针对短期监禁刑的缺陷而采取的附条件缓起诉、缓判决、缓执行制度。社会服务或社区劳役是针对短期监禁刑和羁押强制措施的问题而采取的一种有利于损害修复的非监禁刑罚方法或替刑措施。

最早的社区矫正项目是假释，属于监狱行刑社区化的结果，更是长期监禁刑罚累进处遇制度的最后一环。最早尝试假释的，是1840年英属澳大利亚诺福克监禁地区的行政长官亚历山大·麦克诺基，其目的是为了改善监狱的恶劣环境和罪犯因纯粹监禁而频生是非的现象，组织罪犯通过对劳动绩效考核的结果予以点数制奖励，最后允许出狱劳动的一种监管处遇措施，后被爱尔兰法务大臣罗伯夫顿所借鉴并改造成为三级累进处遇制度中最后一个环节的附条件提前释放制度。最早起源于英国的假释的称谓是"conditional release on license"，是一种监禁刑的累进处遇制度，所附条件是劳动。后被美国广泛适用与改造，成为社区矫正核心内容的假释，其英文称谓是"parole"，是决定假释及其以后监督的合称。中文假释一词来源于日本刑法的用法，其含义"与真释放（刑满释放，赦免释放）相对"[1]，属于真出狱、假刑满，要跟进所附条件的保护观察及其执行。第一个假释制度的立法，是在美国著名的刑罚改革家、著名的埃尔米拉教养院院长布兰克韦的倡导和主持下，"纽约州议会于1876年制定了《埃尔米拉教养院法令》（Elmira Reformatory Act），这既是第一个不定期刑的立法，也是第一个假释制度的立法。"[2]

公认的最早的社会参与性缓刑，是于1841年美国波士顿鞋匠约翰·奥古斯塔斯在城市法院保释酗酒青少年而发展起来的一种附条件缓期判决制度，实质就是英美法系国家率先适用的附条件缓期宣判制度，所附条件就是民间担保人和志愿者的财保、人保及考验期内的社会危害性和人身危险性的消除或抑制。"所谓

---

[1] 柳忠卫：《假释制度比较研究》，山东大学出版社2005年版，第1页。
[2] 柳忠卫：《假释制度比较研究》，山东大学出版社2005年版，第54页。

的缓刑（相当于我国的保护观察），就是指刑的裁定和刑的宣判予以缓期，并将犯罪人交付监督而说的。"在大陆法系的欧洲国家如比利时、法国和德国则强调对短期监禁刑罚生效刑事判决的附条件缓期执行，更多的是强调官方甚至是警方负责对所附条件的监督管理。此项工作和制度后被日本在模仿德意志等大陆法系国家的过程中，"仅仅采用了缓期执行制度"，最终发展成为独具东方色彩的"附加处分的保护观察与赔偿损失"。[1] 第一部缓刑法是在1878年的美国马萨诸塞州议会通过并实行，"其内容是让波士顿市长任命一位付薪水的缓刑官（最早是一位名叫亨利·C.荷门威的警官），并规定缓刑是为了让人们能够不受惩罚而得到改造。"[2]

社区服务或社区劳役，是指由法庭判决犯罪人到社区中进行一定时间无偿劳动或者服务的一种替代短期监禁刑罚的非监禁刑措施。一般认为，现代意义上的社区服务或社区劳役刑罚是在英国产生的。理由是在1970年英国的刑罚制度咨询委员会在一份题为"非监禁刑与准监禁刑"的报告中，首先提出了"社区服务"的建议，旨在实现不同的刑罚目的。具体而言：①可以作为弊端丛生短期监禁刑罚的替代措施；②有利于弥补犯罪所造成的损害，对被害人和社区进行赔偿或补偿；③可以作为财产刑执行困难者的易科方法；④可以体现对犯罪人的惩罚，发挥刑罚必不可少的公正报应及其威慑效果；⑤可以对初犯偶犯一次改过自新的机会，有益于犯罪人就业就学，防止家庭破裂等。社区服务或社区劳役的性质是介于监禁刑罚和缓刑制度之间的一种非监禁刑措施。最早的社区服务或社区劳役立法，是1972年英国立法机关通过的《刑事司法法》中明确规定的"社区服务令"。根据该项法律规定，社区服务令的主要内容是：①判处社区服务令的犯

---

[1] [日]菊田幸一：《犯罪学》，海沫等译，群众出版社1989年版，第235页。
[2] 左坚卫：《缓刑制度比较研究》，中国人民公安大学出版社2004年版，第9页。

罪人必须年满16周岁或者更大；②犯罪人必须被判决犯有可以受到短期监禁刑罚处罚的犯罪；③适用于除谋杀罪以外的犯罪类型；④在判处社区服务令之前，法庭必须考虑由缓刑官或者社会工作者准备的社会调查报告，相信这名犯罪人适合被判处社区服务令并且有适合劳动的岗位与工作；⑤社区服务的内容是在1年内的闲暇时间内必须完成40小时至240小时的劳动内容；⑥犯罪人的社区工作在社区服务组织者的监督下进行；⑦如果犯罪人不参加工作，或者不按照规定工作，新违反了社区服务令，就有可能被送回法庭。[1]

（二）社区矫正法的立法模式

除上述社区矫正的核心假释、基础缓刑和新发展社区服务或社区劳役的单独和附属性立法外，社区矫正规范呈现出以下三种模式：[2]

第一，制定专门的社区矫正法律，即制定与颁布有关社区矫正工作的专门性法律规范。世界上第一个专门性的社区矫正法律规范，公认的是美国明尼苏达州在1973年由州议会通过的美国联邦制特色的《明尼苏达州社区矫正法》，用于在该州范围内规范地方政府的社区矫正计划、社区矫正机构和工作人员（缓刑官、假释官和矫正社工）的职权、审前风险调查评估、社区矫正项目的发展、对犯罪人适用非监禁措施和为犯罪人提供服务的内容，以及资助县级地方政府积极开展社区矫正运作的程序及其权利义务关系。到1996年，美国相继有28个州通过了社区矫正或类似于社区矫正的地方性法规。如阿拉巴马州社区矫正法、俄勒冈州社区矫正法。

第二，制定专门的刑事执行法律，将社区矫正作为非监禁刑

---

[1] 参见吴宗宪：《社区矫正比较研究》（下），中国人民大学出版社2011年版，第587页。

[2] 参见刘强：《国（境）外社区矫正法律规范的现状及思考》，载《中国监狱学刊》2004年第1期。

和非监禁替刑措施与监禁刑、财产刑、资格刑、生命刑（绝大多数国家已废除）及其他刑事制裁措施等一起规范，形成统一的刑事执行法典。除德国《刑罚执行法》、加拿大《矫正与有条件释放法》、澳大利亚《矫正服务令》以外，目前最完整规范的刑事执行法法典是俄罗斯联邦《刑事执行法典》和丹麦《刑事执行法典》。

第三，制定社区矫正某一领域的单行社区矫正法律规范。这主要是在一些国家和地区根据替刑制度和非监禁刑罚的发展需要，在不同时期分别制定的带有综合性的社区矫正某一领域的法律法规，并非专门性的社区矫正法或专门性的刑事执行法。例如，新西兰《假释法》，德国《不剥夺自由刑罚执行方案》，日本《缓刑人执行保护观察法》《犯罪者预防更生法》《更生事业保护法》《日本保护司法》，还有我国香港地区的《社会服务令条例》《罪犯感化条例》，我国台湾地区的"更生保护法""少年事件处理法""少年及儿童保护事件执行办法""保安处分执行法"等。[1]

（三）《中华人民共和国社区矫正法》是世界上首部主权国家制定的社区矫正法典

从目前的世界各国社区矫正法律规范的立法及其表示形式上看，2019年12月28日，中国第十三届全国人民代表大会常务委员会第十五次会议通过的《中华人民共和国社区矫正法》，是迄今为止地球村独一无二的国家级专门性的社区矫正法，而且是在占世界近五分之一人口的大国制定的非监禁性刑事执行法律规范，一下子将全人类的刑事执行由监狱监禁行刑旧时代带入社区非监禁行刑与矫正新时代。

---

〔1〕 参见刘志伟等：《中国社区矫正立法专题研究》，中国人民公安大学出版社2017年版，第3页。另见刘强主编：《各国（地区）社区矫正法规选编及评价》，中国人民公安大学出版社2004年版。

1. 我国的社区矫正法是对极具中国特色的狭义的社区矫正予以立法规制的法律

从世界各国的社区矫正及其法律法规所涉范围的广狭程度来分析，可分为最狭义、狭义、广义和最广义四类，[1]此种分类及观点被全国人大法工委刑法室的立法专家所认可，进一步完善为以下四种情况及内容：

（1）最狭义的社区矫正。认为社区矫正就是对社区刑罚的行刑与矫正活动，其目的是为了克服监狱监禁与矫正工作的缺陷与不足。例如，美国学者大卫·杜菲从刑事政策的角度，认为社区矫正是或者应该是刑罚的一种，称之为"社区刑罚"。具体包括社区服务、家庭监禁、复合刑罚（split sentence）、间歇监禁（intermittent confinement）等。持此类观点的国外专家，如弗农·福克斯等将传统的缓刑和假释都排斥在"社区刑罚"之外，认为社区矫正是对传统矫正体系的改革，仅限于法院定罪量刑并被判处非监禁刑罚，在社区并充分运用社区资源以增补、协助和支持传统犯罪矫正的功能。"由于缓刑和假释是监禁刑变通执行方法，是监禁刑的延伸，属于'传统项目'，而不是使犯罪人重新回归和立足社会的革新措施，因而不属于社区矫正的范畴"。显然，"这一类型的定义将社区矫正限定为各种'社区刑罚'的执行活动，其'社区性'在于执行的刑罚本身就是开放式而非监禁性刑罚"。[2]尽管纯非监禁刑罚种类和方法很少，但力图倡导并推动原本不是刑罚方法的措施，通过立法化而成为非刑罚种类和方法，如英国的社区服务，此种观念与做法主要在英美法系国家呈现，非常类似于古典刑法学派在18世纪中叶将古罗马时期绝对不能作为刑罚对待的监狱"监禁"标定为刑罚，以便通过倡导更文明且容易体现罪刑相适应量刑原则的理念，予以否认野蛮不人

---

[1] 详见王顺安：《社区矫正研究》，山东人民出版社2008年版，第13页。
[2] 王爱立主编：《〈中华人民共和国社区矫正法〉解读》，中国法制出版社2020年版，第14页。

道且难以分割细化的肉刑和死刑一样，以便成为取代成本高昂且矫正效果不好的监狱监禁刑罚，使之成为新型的刑罚方法，但远没有古典刑罚学派那样坚守或机械地坚持罪刑法定和罪刑相适应等刑事法律最基本的原则，将刑罚概念游离于刑法和刑事政策甚至犯罪学之间，表现出一种泛刑罚化趋势。部分受英美法系影响的学者有借题发挥之嫌，其认为社区矫正就是最狭义的社区刑罚执行、非监禁刑执行或者非监禁刑罚执行。但其内容都超出了非监禁刑罚的内涵和外延，将缓刑、假释和暂予监外执行等刑罚适用制度、替刑措施和刑罚变更执行制度都纳入其中，使刑罚泛化，导致对刑罚概念和种类的冲击，一定程度上突破了罪刑法定基本原则的底线。

（2）狭义的社区矫正。认为社区矫正就是对罪犯的非监禁性行刑与矫正活动，其目的就是为了避免监狱行刑的弊端，提高教育改造质量，有利于矫正罪犯心理和行为恶习，促使其顺利回归社会。狭义的社区矫正除包括了最狭义的"社区刑罚"执行外，还包括了对"监狱行刑"的短期监禁刑罚的替刑措施和长期监禁刑罚的变更执行制度，即传统项目的缓刑和假释。我国社区矫正法规定的四类适用对象就属于狭义的社区矫正范畴，又由于此四类对象都是经过审判机关定罪量刑后的已决犯，所以在缓刑种类上，不包含在侦查和起诉环节的审前转处、缓起诉和针对未成年人的附条件不起诉，也不包括在审判环节的缓判决、缓宣告，仅只是缓执行，即附条件的对原判刑罚的缓期执行制度。目前，缓执行的社区矫正对象占我国在矫的总人数的90%以上。假释的种类在我国刑法中仅规定了附条件的提前释放制度，是一种经过努力才可能获得的刑事奖励措施，而不是达到监禁刑服刑期间就必须给予提前离开监狱获得再社会化机会的法定附条件提前释放的罪犯权利，因此适用得比较少，大约占矫正总人数的1%左右。暂予监外执行是中国特有的针对怀孕女犯、年迈且丧失自理能力的老年犯和身患严重疾病不能在监执行的病残犯，基于人道主义考虑，暂时离开监狱保健康复和保外就医，依法仍然属于特殊的刑罚变更执行场所的制度。管制刑是中国特有的短期非监禁刑罚，没有强制社区服务或社区劳役的要求与义务。因此，我国目前的社区矫正对象是针对已决罪犯的短期监禁刑的附条件暂缓执行、长期监禁刑罚的非监禁化执行和社区刑罚执行的集合。

（3）广义的社区矫正。认为是在整个刑事诉讼过程中的非监禁刑罚和非监禁处遇措施的总和。从刑事诉讼各环节来看，包括侦查预审环节为避免看守所羁押的各种转处制度和非羁押保释措施、检察起诉环节的附条件缓起诉和附条件不起诉制度，在审制环节的羁押变更性非监禁取保候审制度、附条件缓判决和缓宣告制度，在执行环节的非监禁刑罚的执行、附条件原判刑罚的缓期执行、暂予监外执行和附条件提前释放的假释执行。具体的社区矫正对象，不仅包括已决犯的罪犯，而且还包括未决犯的犯罪嫌疑人和被告人。对此可借用犯罪学的词语，概括性称之为"犯罪人"。联合国《非拘禁措施最低限度标准规则》（即《东京规则》）就是采用的广义社区矫正，具体是指：在刑事司法执行工作的各个阶段，适用于所有受到起诉、审判或执行判决的人，采用口头制裁、有条件撤销、身份处罚、经济处分和罚款、没收或征用令、对被害者追复原物或赔偿令、中止或推迟判决、缓刑和司法监督、社区服务令、送管教中心、软禁以及在判决后处置准假和中途管教所、工作或学习假、各种形式的假释、宽恕、赦免等方式，以求在罪犯的个人权利、受害者的权利，以及社会对于公共安全和预防犯罪的关注之间达到妥善的平衡。[1]

（4）最广义的社区矫正。此类社区矫正是指一切在社区开展的针对犯罪人的非监禁预防性措施、各种形式的行刑矫正项目，以及监督管理和教育帮扶活动。其内容包括广义的社区矫正之外，还包括犯罪前的针对未成年人虞犯、未达到刑事责任年龄的

---

[1] 王爱立主编：《〈中华人民共和国社区矫正法〉解读》，中国法制出版社2020年版，第16页。

犯罪少年、社区吸毒戒毒戒酒戒赌人员的社会帮教、刑满释放人员回归社区后的安置帮教、更生保护和预防再犯的各种措施与活动。世界第一个地方性社区矫正法，即美国于1973年通过的《明尼苏达州社区矫正法》就将社区矫正的范围扩大到刑满释放人员。日本的更生保护法也将更生保护的对象扩及所谓实施了"非行"的人。我国的一些学者也呼吁将已经废除的劳动教养、收容教育、收容遣送、收容劳动，以及还在适用的治安拘留、司法拘留、少年收容教育、强制隔离戒毒、涉暴恐刑满未改造好人员的安置教育措施等的对象，都应采用非监禁化替代或补充措施，统一纳入社区矫正系统，以体现法律面前人人平等、罪责刑相适应和人道主义的基本原则，并发挥社区矫正工作的系统化规模式的效果和效应。

中国社区矫正法依据刑法、刑事诉讼法仅规定了管制刑、缓刑、假释和暂予监外执行作为适用对象，属于典型的狭义社区矫正。主要考虑估计还是社区矫正机构及工作者队伍的待建构性及承受能力不足的问题，待体制机制和队伍建设日趋成熟之后，根据治理犯罪和预防犯罪的需要，尤其是获得刑法和刑事诉讼法在非监禁刑种刑制及其适用执行程序上的刑事法治的支持，完全可以循序渐进地扩大适用范围，充分发挥社区矫正的系统功能与作用，由狭义社区矫正走向广义社区矫正。

2. 我国社区矫正法的性质属于刑事执行法，但又具有对社区罪犯刑事执行活动予以监督管理和教育帮扶的属性

认识与界定社区矫正法的性质，必须认识与界定社区矫正的性质，而社区矫正的性质又是一个争议很多且长期困扰立法的核心问题。从2003年社区矫正试点工作开始起，官方就将社区矫正试点工作定性为刑罚执行制度的改革，社区矫正的性质是"非监禁刑罚执行活动"。因此有学者一再强调社区矫正的刑罚惩罚性，以便体现刑罚的公正报应和威慑儆戒，这不仅有利于保障社区安全预防再犯，而且更有利于社区矫正刑罚执行机构的体制机

制改革和工作人员专门化警察化职业化的队伍建设。明确动机与目的的行为，自然也赢得司法行政机关上下的一致认可与拥护，在司法部和原国务院法制办提交的社区矫正法草案送审稿和向社会公开征求意见稿，乃至2019年6月提交给全国人大常委会会议审议的一审草案的第1条，都开宗明义地规定了"为了正确有效地执行刑罚"这一社区矫正立法的目的与法的性质。但是，也有不少专家学者和实际部门的专门人员认为，我国社区矫正的适用对象早在2003年的社区矫正试点工作开始以前就存在，即由公安机关派出所具体负责执行的五类人员（管制刑犯、剥夺政治权利刑犯、缓刑犯、假释犯和暂予监外执行犯），2011年《刑法修正案（八）》和2012年修订的《刑事诉讼法》将剥夺政治权利刑犯仍交回公安机关负责执行，由司法行政机关负责执行的社区矫正对象缩小为四类人员。在这四类人员中，仅只有管制刑是典型的非监禁刑罚，而缓刑和假释是短期监禁刑罚（3年以下有期徒刑和拘役刑罚）的附条件缓刑执行原判刑罚的考验制度、是长期监禁刑罚附条件提前释放跟进监督考察制度，暂予监外执行则是基于人道主义对不适合继续在监狱内服刑的老弱病残孕罪犯暂时交付监外执行的刑罚执行场所的变更制度。因此不能笼统地提"刑罚执行"，尤其是缓刑，在我国《刑法》第76条明确规定，"对宣告缓刑的犯罪分子，在缓刑考验期限内，依法实行社区矫正，如果没有本法第77条规定的情形，缓刑考验期满，原判的刑罚就不再执行，并公开予以宣告。"然而，司法部社区矫正管理局和若干社区矫正方面专家在此问题上纠结，认为中国刑法规定的缓刑就是刑罚执行或社区刑罚执行，在草案审议并已经删除"执行刑罚"内容之后，仍然坚持并不断撰写文章予以认证。究其原因，除秉持学术争鸣和敢于亮剑以外，更多是希望，"在具体社区矫正工作中，更强调强化社区矫正对象的罪犯身份；加强和体现社区矫正的惩罚性；主张普遍适用强制性的教育改造措施，如社区劳动、电子手铐、集中学习、原则上不得外出等。同时,为保证上述措施的落实,防止社区矫正对象不配合,建议设置专门的社区矫正警察予以震慑。"〔1〕经过全国人大常委会立法机关与全国人大代表和专家学者的反复研究与调查分析,最后认定"社区矫正对象包括四类人,这四类人的法律地位、义务都有所不同,简单将社区矫正笼统定性为刑罚执行不准确,也缺乏法律依据。如社区矫正对象中,管制属于刑罚执行,但占比很小,而占绝大多数的缓刑,是刑罚的暂缓执行,符合条件的,原判刑罚就不再执行,二者的性质、制度设定的目的、理论基础都完全不同"〔2〕,由此盖棺定论。那么,社区矫正不完全属于刑罚执行,而应该属于什么性质的执行活动呢?笔者早在2005年就将社区矫正视为刑事执行的重要组成部分,专列一章纳入独著的《刑事执行法学通论》一书之中。〔3〕在整个社区矫正立法过程中,始终不渝地倡导社区矫正的刑事执行说,并为社区矫正立法的刑事执行化而鼓与呼。〔4〕既然中国特色的社区矫正制度是属于刑事执行制度,那么对属于刑事执行性质的社区矫正制度的全面规范化法制化的社区矫正法,理所当然地属于刑事执行法的性质和未来刑事执行法典的重要组成部分。

刑事执行法是全面调整刑事执行机关及其工作者与刑事被执行人之间刑事制裁(刑罚、非刑罚方法和替刑措施、预防性保安保护处分)执行与监管矫正关系的法律规范的总称。目前世界上

---

〔1〕 王爱立主编:《〈中华人民共和国社区矫正法〉解读》,中国法制出版社2020年版,第8页。

〔2〕 王爱立、姜爱东主编:《〈中华人民共和国社区矫正法〉释义》,中国法制出版社2020年版,第8页。

〔3〕 详见王顺安:《刑事执行法学通论》,群众出版社2005年版,第427~556页。

〔4〕 详见李卓谦等:《专家学者热议社区矫正法草案:社区矫正的定义、机构、矫正对象的概念等存争议》,载《民主与法制时报》2019年7月18日,第6版;又见王顺安:《社区矫正:现代刑事人道文明的重要体现》,载《光明日报》2019年12月15日,第7版;又见李卓谦:《社区矫正进入依"法"新时代——王顺安:"社区矫正法"出台具有划时代意义》,载《民主与法制时报》2020年1月5日,第4版;又见王顺安:《从刑罚执行到刑事执行—谈对社区矫正性质的认识》,载《河南司法警官学院学报》2020年第2期。

最规范完整的刑事执行法典是俄罗斯国家杜马 1996 年 12 月 18 日通过、联邦委员会 1996 年 12 月 25 日批准、时任俄罗斯联邦总统鲍·叶利钦 1997 年 1 月 8 日签发、于 1997 年 7 月 1 日起施行的《刑事执行法典》。我国长期没有刑事执行法,但早在 1954 年由当时的政务院制定并发布了《中华人民共和国劳动改造罪犯工作条例》,1994 年才颁布了《监狱法》,当时由劳改机关和监狱执行被判处监禁刑和死刑缓期 2 年执行生命刑的刑罚及其监管改造的罪犯,占整个刑事执行的 95%左右,而如今不到三分之二。2019 年 12 月 28 日颁布的《中华人民共和国社区矫正法》是我国第一次全面规范社区矫正工作的法律,其出台必定改变我国的刑罚结构并推动更加人道、文明、经济、高效的非监禁的社区矫正制度的发展,构成完整的刑事执行法律体系,为我国可以尽快制定一部包括死刑、财产刑、资格刑等一切刑罚刑种刑制、非刑罚方法和中国化的预防性保安保护处分等执法内的《中华人民共和国刑事执行法典》奠定了坚实的基础。

根据刑事执行法学理论揭示,刑事执行法是与刑事实体法(《刑法》)、刑事程序法(《刑事诉讼法》)相并列的,共同构成一个国家仅次于宪法的刑事法,属于刑事法之下的刑事基本法。从宪法和立法法角度上,刑事执行法是公法、刑事法、刑事基本法部门法执行法强制法。社区矫正法与监狱法等一起构成刑事执行法的两大核心内容,在秉持了刑事执行法的共性特征如公法刑事法执行法强制法外,与监狱法相比较而言,既具有监管教育法的共性,又具有非监禁性、社区性、社会参与性、刑罚和非刑罚等执行复合性的个性,与监狱法一起构成的不是由国家司法行政机关领导的刑罚执行一体化体系,而是既有共性又有相异性、彼此取长补短共同完成将罪犯改造成为守法公民的刑事执行一体化体系。这既是社区矫正法的性质,也是社区矫正法所处的地位。

3. 社区矫正法的立法根据

社区矫正法的立法根据,一个是宪法依据,另一个是政策及实践依据。

（1）宪法依据。根据《社区矫正法》第1条的规定，社区矫正法是"根据宪法"制定的。宪法是国家的根本大法，也是任何现代国际制定法律的依据。在社区矫正立法过程中，最早的司法部起草《社区矫正法（草案送审稿）》第1条规定，"为了正确有效执行刑罚，对非监禁的罪犯实行社区矫正，预防和减少犯罪，维护社会和谐稳定，根据宪法，制定本法"，但在2016年《社区矫正法（征求意见稿）》和2019年6月《社区矫正法（草案立法一审稿）》中，则取消了"根据宪法"的规定。在立法审议过程中，不少代表和专家建议增加"根据宪法、刑法和刑事诉讼法，制定本法"的内容，待2019年9月二审时，仅规定了"根据宪法，制定本法"。原因是一切法律都应该根据宪法来规定，绝对不允许有违宪的法律规范，当然要强调社区矫正立法的宪法根据与违宪责任。而刑法和刑事诉讼法是作为刑事执行法性质的社区矫正法的上位法，社区矫正法是根据刑法和刑事诉讼法规定的管制刑、缓刑、假释和暂予监外执行的内容而落实的刑事执行工作，具体是根据人民法院的生效判决、裁定和决定的内容来做具体执行与变更执行工作，由于此方面的刑事执行内容，刑法和刑事诉讼法都做了具体的规定，社区矫正法既无权也不便再做重复性规定，以便保持各法律之间的职能定位，规定的仅是若干必要的法律与实务之间的衔接，因此一些专家建议仅明确规定"根据宪法"即可，言下之意，作为刑事执行法的社区矫正法当然要以刑法、刑事诉讼法为依据，其根据的刑法、刑事诉讼法的内容，同样不能违宪。严格来说，社区矫正法的立法依据除了宪法、刑法、刑事诉讼法以外，最需要的立法依据是直接的上位法刑事执行法，这才是可以在根据宪法以外，直接写上的法律根据，但可惜中国现在还没有制定。

（2）政策依据。政策是指党和国家在一定历史时期基于社会政治经济等形势和问题作出的政治决策和对策。由于现代化过程中社会变迁带来的犯罪变化加剧,与犯罪做斗争的刑事政策及调整就显得异常的重要。21世纪以来,基于我国犯罪形势的新变化和构建和谐社会的新要求,刑事基本政策从严打方针改变为宽严相济。所谓宽严相济刑事政策,是指根据不同的社会形势、犯罪态势与犯罪的具体情况,对刑事犯罪在区别对待的基础上,科学、灵活地运用从宽和从严两种手段,做到"该宽则宽,该严则严,从宽济严,以严济宽,宽严适度,宽严合法",其目的是打击和孤立极少数,教育、感化和挽救大多数,最大限度地减少社会对立面,促进社会和谐稳定,维护国家长治久安。[1] 宽严相济刑事政策,不仅是司法政策,贯穿于刑事司法的全过程,而且还是最基本的刑事政策,贯穿于刑事立法、刑事执法、刑事司法和刑事执行的每一个环节。在实践中当宽严相济的刑事政策发展到较为成熟的阶段,就迅速地予以立法化,以体现依法治国的基本国策要求和化解政策与法律的紧张关系及冲突。在2011年的《刑法修正案(八)》和2012年的修订的《刑事诉讼法》就是在此基础上,从刑事实体法和刑事程序法的角度,将社区矫正纳入其中。2019年12月28日《社区矫正法》的出台,是在刑事执行领域落实宽严相济刑事政策的具体体现。从整体上看,尽可能将"不需要、不具备和不再需要"关押于监狱和看守所之中,由监禁到非监禁,从身陷囹圄到获得自由,实质上就是从宽。反过来,将过去由公安机关派出所作为重点人口粗放性管理的五类人员,交给司法行政机关予以严格管理,落实法律所规定的各项监督考察责任与义务,防止漏管脱管和一切违法犯罪行为的再发生,实际上就是从严。一宽一严,张弛有度,宽严相济,宽严合法,使原本没有实行社区矫正的五类罪犯在社区执行过程中的高再犯率,迅速下降到常年保持在0.2%以下的极低再犯率。因此,负责社区矫正立法工作的全国人大常委会法工委刑法室主任王爱

---

[1] 参见张春英、张学锋:《加强司法保障 维护司法权威》,载《法制日报》2005年12月7日,第1版。

立在社区矫正法全票通过以后答记者问时，非常强调地指出，"社区矫正是贯彻党的宽严相济刑事政策，推进国家治理体系和治理能力现代化的一项重要制度"。[1]

（3）实践依据。法不仅是政策的规范化，而且还是实践经验的制度化。法来于实践经验的总结，反过来又指导与规范实践活动。刑事执行工作尤其是社区矫正工作，是一个非常强调实践经验和改革创新不断完善的工作。要想法律接地气，好用且极具操作性，符合客观规律性的发展趋势与需求，成为善法，便于善治，就必须广泛调查研究，将近20年中国特色社区矫正的好经验、好做法、好制度，吸收到社区矫正法之中，使之成为名实相符的中国特色社区矫正法律制度。本次社区矫正的立法原则就是总结与升华社区矫正试点工作以来的宝贵经验并将其法制化，同时坚持问题导向，注重解决社区矫正工作中的突出问题。所以负责全国社区矫正工作的司法部社区矫正管理局局长姜爱东深有感触地归纳总结出的社区矫正法亮点之一就是"社区矫正法尊重基层首创精神，注重将社区矫正工作实践中一些成功有效的做法固定下来，上升为法律制度"。一是将各地建立的党委政府统一领导、司法行政部门组织实施、相关部门协调配合、社会力量广泛参与的领导体制和工作机制予以吸收，明确规定全国地方人民政府设立社区矫正委员会。二是将各地利用现代科技手段较广泛适用的手机信息化核查和电子定位装置等智慧矫正的做法写进法中，为运用现代信息技术加强对社区矫正对象的监督管理和教育帮扶提供了法律依据。三是总结与规定了矫正小组具体开展社区矫正监管帮扶模式，把矫正小组作为组织社会力量参与社区矫正工作的重要抓手，坚持专群结合，在社区并充分利用社区资源开展监管帮教工作的这一中国特色，有利于打造与践行共建、共

---

[1] 王爱立：《加强社区矫正工作法制建设 健全完善中国特色社区矫正制度》，载王爱立、姜爱东主编：《〈中华人民共和国社区矫正法〉释义》，中国民主法制出版社2020年版，第364页。

治、共享的社会治理新模式和社会治理体系及治理能力现代化的新要求。[1]

4. 社区矫正的宗旨目的和任务

（1）宗旨目的。任何法律都会在开头便点明本法律的立法宗旨或立法目的，而且几乎将立法宗旨与立法目的混用，认为二者是一回事。全国人大常委会法工委刑法室编撰的《〈中华人民共和国社区矫正法〉释义》和《〈中华人民共和国社区矫正法〉解读》两本书都是在"立法宗旨"名义下，对《社区矫正法》第1条的立法目的的解释，没有区分宗旨和目的，也没有点明各目的之间的关系。根据《社区矫正法》第1条的规定，立法专家们认为有三大方面的立法宗旨或立法目的：一是为了推进与规范社区矫正工作；二是为了保障刑事判决、刑事裁定和暂予监外执行决定的正确执行；三是提高教育矫正质量，促进社区矫正对象顺利融入社会，预防和减少犯罪。笔者严格依法将立法目的分为五大方面：一是推进和规范社区矫正工作；二是保障刑事判决、刑事裁定和暂予监外执行决定的正确执行；三是提高教育矫正质量；四是促进社区矫正对象顺利融入社会；五是预防和减少犯罪。五大目的中，一二和三四五分开，可以分为两个层次的核心目的或者称为真正的宗旨：第一层次的核心目的或真正的宗旨是"保障刑事判决、刑事裁定和暂予监外执行决定的正确执行"，即非监禁的刑事执行，这是社区矫正法的核心与命门，也是上文中所论述到的社区矫正法的性质。推进和规范社区矫正，就是为了保障正确实施非监禁的管制刑判决、短期监禁刑判决后的缓刑宣告、长期监禁刑的假释裁定和暂予监外执行的决定内容的正确执行，并为此提供法律保障及监督管理和教育帮扶措施。第二层次的核心目的或真正意义上的宗旨是"预防与减少犯罪"，这是世界上

---

[1] 姜爱东：《以学习贯彻社区矫正法为契机 全力推进社区矫正工作高质量发展》，载王爱立、姜爱东主编：《〈中华人民共和国社区矫正法〉释义》，中国民主法制出版社2020年版，第384~385页。

所有国家适用刑罚或更广泛的刑事制裁等最后最严厉的暴力性措施和强制性手段的归宿点，也是刑事法律（刑法、刑事诉讼法、刑事执行法）共同的最终的目的或宗旨。提高教育矫正质量和促进社区矫正对象顺利融入社会，都是实现这一终极目的或宗旨的途径、桥梁和手段。在这两个层次中，第一层次是具体的、直接的、现实的根本目的或基本宗旨，是不能打折扣的社区矫正的本质工作和核心任务，第二层次是抽象的、间接的、未来的终极目的或最高宗旨，是受多种因素影响且难以评估的、尽可能最大限度追求的整个刑事法治、刑事司法系统、刑事执行环节的共同工作或终极任务，从某方面而言，更是社会治理的目的或宗旨及其考核指标。

（2）基本任务。根据《社区矫正法》第 2 条第 2 款的规定分析，社区矫正的任务有二个：一是对社区矫正对象的监督管理；二是对社区矫正对象的教育帮扶。监督管理任务是基础、是平台、是保障、是社区矫正机构及其工作人员的日常工作，是依法保障非监禁刑事执行程序和形式，体现的是法定职责和应尽义务。教育帮扶是手段、是方法、是教育、是感化、是福利、是特色、是可以通过政府购买社工服务和组织社会力量、志愿者等参与的工作，是矫正犯罪心理及其恶习，提高教育矫正质量的直接措施和基本手段，体现的是因人而异的个性化教育和社会化的共建、共治、共享。"教育帮扶"在 2004 司法部印发的《司法行政机关社区矫正工作暂行办法》被分为两个独立的任务：一是教育矫正；二是适应性向帮困扶助。强调的教育矫正及其福利救济。2012 年"两院两部"《社区矫正实施办法》将其合二为一，开始注重监督管理。

除上述两个基本任务之外，社区矫正是否还有其他的任务呢？显然，《社区矫正法》中不够明显，但在司法部的《社区矫正法（草案送审稿）》中，其立法目录就体现了更重要的、更核心的"刑罚执行"任务，该草案送审稿将社区矫正法分为六章，

第一章为"总则"、第二章为"社区矫正机构"、第三章为"刑罚执行"、第四章为"监督管理"、第五章为"教育帮扶"、第六章为"附则"。整个大纲及内容是模仿《监狱法》而制定的，体现的是非监禁刑罚执行法律规范，注重强调与监狱法相衔接的"刑罚执行一体化"建设。显然，"刑罚执行"是核心任务，监督管理和教育帮扶是作为两大手段为其中心任务服务的。由于在2019年全国人大常委会二审环节中不少人大代表和专家学者指出占90%的缓刑不是刑罚种类，对其视为非监禁刑和社区刑罚，强调惩罚，追求与监狱一体化的警察行刑监管，有违罪刑法定和罪责刑相统一的基本原则和侵犯人权之嫌，与国家社会治理现代化的法治化、人性化、社会化和淡化警察国形象，追求法治国、文化国，化消极因素为积极因素，努力构建和谐社会的理念与目标相悖，故而根据宪法、刑法、刑事诉讼法的规定，删除了此章节。尽管不认为将四类对象不加区别的认定为刑罚执行并将其删除是正确，但是不对四类对象的刑事执行作出具体规定则是错误的做法，由此而导致的结果是易造社区矫正法仅只是监督管理法或教育帮扶法或监管教育帮扶法，而忽视了法背后所包含的刑事执行法的本质属性和刑事执行的根本性与最核心的基本任务与要求，单独到章的"监督管理"和"教育帮扶"，尽管是看得见、摸得着的基本任务，但更多的是因刑事执行这一本质属性和根本任务而生的并为其服务的手段性任务。事实上社区矫正法也充分体现了这一点，只不过是分散性规定且有意避免与刑法、刑事诉讼法存在重复性规定，于是在第1条规定社区矫正的核心目的与真正宗旨是"保障刑事判决、刑事裁定和暂予监外执行决定的正确执行"，第2条第1款在叙述社区矫正适用范围时，又重复规定了对四种社区矫正对象的刑事执行，并完全移植《刑事诉讼法》第269条的规定，"对被判处管制、宣告缓刑、假释和暂予监外执行的罪犯，依法实行社区矫正"。看起来，本条是社区矫正的法律依据和适用范围，但更为重要的是进一步规定与强化了刑法尤其是刑事诉讼法所明确规定的社区矫正对四类不同性质罪犯的刑事执行任务，这种刑事执行任务的实现政策与执行模式是"依法实行社区矫正"，类似于我国刑法、刑事诉讼法、监狱法规定的对有期徒刑、无期徒刑和死刑缓期2年执行的"两个半"刑罚执行及实现的政策与模式——依法实行劳动改造。

5. 基本原则和目标。

现代法治追求良法善治，赋予了所有法律都必须遵守的基本原则：法治原则、人权人性原则、公正和效率相结合原则。刑事法律有三大基本原则：罪刑法定原则、罪责刑相适应原则、法律面前人人平等。

为了使社区矫正法规定的宏观立法目的、立法宗旨和基本任务得以实现和顺利完成，《社区矫正法》第3条规定了本法相对特殊的基本原则和目标。基本原则有三条：一是坚持监督管理与教育帮扶相结合的原则，这是将第2条中社区矫正的两项基本任务和基本矫正手段辩证统一起来，不能片面强调某一方面。二是坚持专门机关与社会力量相结合的原则，尽管此原则是我国公安政法工作长期坚持的一项原则，但用在社区矫正工作中更贴切、更有新意。同时，与监狱行刑和矫正相比，社区矫正在社区并利用社区资源参与对罪犯的监管矫正工作这一特点，是监狱无法比拟的区别点。这也是社区矫正非监禁性和社会参与性的特征之所在。三是采取分类管理、个别化矫正的原则，这是在立法审议过程中，根据各方面的意见和建议，最后增加到社区矫正法之中的。这主要是针对在社区矫正中普遍存在的对四类对象不予以区别的集中教育活动和根据风险评估展开的分级处理中存在问题，尤其是将占有90%以上的缓刑犯，视为社区刑罚的服刑人员予以惩罚性监管，这严重违背了刑法的规定，有违宪违法之嫌。从现行刑事法律的规定来看，社区矫正的四类对象是四种性质的罪犯，其法律性质不同，法律地位也就各异，相应的法定权利和义务就存在特殊性，如果不将此类问题搞清楚，不加以区分、区别的实施心理学意义的危险分类与管理,就容易出现侵权违法的问题,如缓刑犯和假释犯,看起来经过漫长监狱管教出来的假释犯听话易管理,其实其犯罪性质及其社会危害性比缓刑犯大得多,其出狱回归社会所遇到的麻烦也大得多,所以我们不能将二者混同管理,在国外缓刑和假释常常是由不同的机构执行,缓刑官和假释官也不是同一个序列,其任职资格、要求及其职能也存在差异。我国刑法也明确规定了缓刑由考察机关负责,假释由监督机关负责,考察与监督的含义和性质是不一样的。同时,如果将四类对象经常召集起来开展集中教育和公益劳动,不仅突发事件的风险很高,而且也会出现类似于监狱管理过程中的交叉感染、"囚友"式矫友现象。因此,应坚持根据四类对象不同的分类管理和"一把钥匙开一把锁"的个别化矫正。除接矫和解矫等必不可少的集体管理和教育外,一律照个别化矫正、个案处遇来办。

至于社区矫正微观目标,除与监狱法规定的"守法公民"内容相同之外,存在许多的不同。一是《监狱法》第3条规定的目标是"将罪犯改造成为守法公民",而《社区矫正法》第3条规定的目标是"帮助其成为守法公民",由"改造"理念到"矫正"理念就是很大的进步,更何况社区矫正法中不断没有用过一次"改造"一词,甚至也很少用"矫正"一词,在此用的是"帮助",更加强调平等、自愿和互助,尊重人格,体恤人心。二是增加了如何帮助社区矫正对象成为守法公民的一种新方法、新模式,那就是针对需求障碍和犯罪心理,尤其是针对犯罪动机、犯罪机会的形成机制和不良诱因及其可能导致重新犯罪的相关因素,进行有针对性的干预、支持和消除,此规定借鉴了欧美发达国家的社区情景预防理论和需要评估、风险管控等社区矫正预防再犯的做法。[1]

---

〔1〕 详见翟中东:《社区性刑罚的崛起与社区矫正的新模式——国际的视角》,中国政法大学出版社2013年版,第5、6章。

6. 社区矫正法律关系

法是调整人们的行为或社会关系的规范，是以国家强制力为最后保证手段的规范体系，具有规范性强制性。法律规范是法律关系产生的前提，法律关系是根据法律规范建立的一种社会关系，其实质是特定法律关系主体之间的权利和义务关系。权利和义务是法的最核心内容和要素，法的运行和操作的整个过程和机制（如立法、执法、司法、守法、法律监督等），无论其具体形态多么复杂，但终究不过是围绕权利和义务这两个核心内容和要素而展开的：确定权利和义务的界限，合理分配权利和义务，处理有关权利和义务的纠纷与冲突，保障权利和义务的实现，对违法行为行使权利义务的责任认定及其法律制裁。

既然法律关系是根据法律规范在特定法律主体之间形成的具有权利义务内容的社会关系，那么刑事执行法律关系是指根据刑事执行法律规范在刑事执行机关及其相关单位和个人与犯罪人等之间形成的权利义务关系。社区矫正法和监狱法都属于刑事执行法，其调整的法律关系都可以纳入刑事执行法律关系，社区矫正法律关系属于社区矫正法调整的特定法律关系主体之间的非监禁刑事执行法律关系，监狱法律关系属于监狱法调整的特定主体之间的监禁刑事执行法律关系。

社区矫正法律关系在中国的研究还有待开垦，笔者指导的哈洪颖博士不畏艰难地将其列为博士论文研究，通过《社区矫正法律问题研究》的写作犁下了第一垄地。哈洪颖博士认为，社区矫正法律关系是刑事执行法律关系的一种独特形态，是在社区矫正实践中依据社区矫正法律规则调整和规范社区矫正主体即国家、社会和社区矫正人员之间的权责义务关系的过程，蕴含着主体、客体与内容之间的配置组合。与监狱法律关系相比，在社区矫正法未颁布出台之前，处于实践中的社区矫正法律关系呈现出地域性、法律依据多元与分散、主体众多且权责界限不清等鲜明特征。以司法行政机关社区矫正机构为中心，以社区矫正主要参与主体为切入点，可以将实践中的社区矫正法律关系细分为平权型、隶属型、合同型、惩治型等关系类型。平权型法律关系以司法行政机关社区矫正机构为核心，其主要应对和协调的是与司法行政机关平级的其他公权力主体如法院、检察院、公安、民政等部门以及跨区域的同级社区矫正机构之间因社区矫正工作而发生的各种关系。各行为主体之间的地位平等、关系松散，不存在权力支配与责任对应关系。为妥善处理和协调社区矫正工作中区域内公权力主体间的平权型法律关系，建立各级党委和政委领导下的社区矫正委员会负责统筹协调和指导本行政区域内的社区矫正工作就显得非常必要。合同型法律关系主要以社区矫正小组、政府购买专业社工组织提供的服务、单位和个体自愿承担社会责任等合作形式体现出来。这三种合作形式在社区矫正实践中由于权利和义务相对具体，加之没有外在力量的干预，在推进社区矫正工作中有序发展与良性运行等诸多方面发挥了积极的推动作用，体现了社区矫正的社会性和优越性，契合了社区矫正的本质特征及其发展规律。但现实社区矫正工作中，仍存在优质矫正社工的有偿服务买不到、无偿服务难持续，东西部和城乡社区及社会服务性组织发展不充分、不平衡等现实困境，亟待政府培养和落实社区矫正法规定的"国家鼓励有经验和资源的社会组织跨地区开展帮扶交流和示范活动"。隶属型法律关系主要体现为中央—省（自治区、直辖市）—地市—区县等四级司法行政机构自上而下的业务指导与管理关系，这种法律关系以条条组织框架为依托，以部门间的纵向指导管理为特征，直接参与和推动了中国社区矫正工作从无到有、从试点到全面试行、从全面试行到常态化运行的发展进程。实践证明社区矫正工作主体的司法体制改革，由公安管理到司法行政管理是正确的，但司法所及司法助理的人财物资源配置远不及派出所及社区民警，且倒金字塔式的司法行政机关社区矫正机构的人员配置也会带来诸多困难，必须尽快落实社区矫正规定的区县社区矫正机构设置也和高素质社区矫正工作队伍建设，这是做好社区矫正工作的组织与人员保障。惩治型法律关系呈现的是社区矫正机构与社区矫正对象之间的行刑与矫正关系。这种法律关系是社区矫正法律关系的核心。在社区矫正实践过程中，社区矫正机构拥有法定的刑事执行权力，肩负着对社区矫正对象的监督管理和帮育帮扶的工作重任。人们在对这种惩治型法律关系的认识过程中，曾存在两个明显的认知误区即所谓法律关系的"准监狱化"与"福利化"误区。[1] 之所以存在这些问题，就是没有搞清楚中国特色社区矫正的法律性质，混淆了刑罚执行与刑事执行、刑事执行与社会工作的关系，没有深入研究社区矫正对象、适用范围及其刑事法律关系。

由于刑法、刑事诉讼法确定的中国特色社区矫正适用的四类对象性质各异、法律地位及其权利义务都有所不同，社区矫正法在调整社区矫正机构与社区矫正对象的法律地位及其权利义务时，就形成了管制刑、缓刑、假释和暂予监外执行等法律关系。

管制刑法律关系属于典型的非监禁刑罚执行关系，当然要体现出社区矫正机构单向性的管制刑罚的惩罚属性，注重于监督管理，延伸的才是教育帮扶，以及在法律关系主体之间追求的互动性的惩罚与被惩罚、监管与被监管、矫正与被矫正、感化与被感化关系，但毕竟被判管制刑的罪犯是属于轻微犯罪，故不能惩罚过头，采用"准监狱"的模式对待，一切依法刑罚执行即可。

缓刑法律关系因缓刑在中国刑法目前的规定中，仅只是附条件暂缓原判刑罚的不执行，而执行的是所附条件的考察内容及其考验期，但缓刑期间仍然存在着撤销缓刑收监执行的可能性，具有一定的自由限制性和潜在刑罚兑现的恐吓威慑性，又是因犯罪行为及所判短期监禁刑而生，属于生效刑事判决的宣告缓期执行，因此属于刑事执行，由此产生的是短期监禁刑罚的替刑措施的非刑罚化、非监禁化的暂缓原判刑罚执行的缓刑考验法律关

---

[1] 参见哈洪颖：《社区矫正法律关系问题研究》，中国政法大学研究生院 2016 年 3 月。

系。社区矫正机构与缓刑犯之间的法律关系，不是短期监禁刑罚惩罚与被惩罚关系，而是监督管理与被监督管理关系，以及有针对性的教育矫正与被教育矫正关系和因未收监而存在较少需求的帮困扶助与被帮困扶助关系，但更多地存在着缓刑犯对被害人和社区之间的损害修复关系、未成年人就学就业不受影响的特殊法律保护关系。

假释法律关系是因长期监禁刑罚监狱服刑的罪犯符合变更执行场所而附条件提前释放予以社区矫正再社会化而产生的刑事执行法律关系，假释犯的身份是监狱服刑人员，但离开了监狱监禁状态，在真正的正常社会的社区接受社区矫正机构的监督考察，由"监狱人"变为"社会人"，以便更好地融入社会预防再犯。由于是长期在监狱监禁，所以假释犯的人格可能存在"监狱人格"的问题及回归社会后就业、就学、家庭、住房、交友等诸多问题，相对于缓刑犯而言，再犯风险大、需求问题多，即便比缓刑犯老实听话，害怕撤销假释又被收监执行，但毕竟原判刑期长犯罪恶害大，所以在注重过渡性适应性帮困扶助为主的前提下，同时兼顾严格的监督管理，以防在社区里的再犯罪问题发生，因此其法律关系是监督管理与教育帮扶并重的刑事执行关系，属于长期监禁刑罚累进处遇的最后一段处遇措施，尽管不能强调刑罚惩罚，但必须重视严格监管，待假释期满，没有漏罪、新罪、严重违反社区矫正监管秩序，"就认为原判刑罚已经执行完毕，并公开予以宣告"，这就是所附条件兑现后的事后追认的刑罚执行，否则会被撤销假释，收监重新执行剩余刑期或者根据刑法的规定将剩余刑期与新罪漏罪合并在一起数罪并罚。因此，在假释期间不是真正的刑罚执行法律关系，而是特殊的刑事执行关系，不能追求与强调对假释犯的刑罚惩罚，而是在预防性严格监管的前提下，消除可能重新犯罪的因素，监管帮扶，更生保护。

暂予监外执行法律关系，在我国刑事诉讼法中被明确规定为基于人道主义考虑的带有福利色彩的暂时甚至长期离开监狱在居住地社区保外就医和女犯度过怀孕期、哺乳期的刑罚变更执行制度。因此暂予监外执行属于刑罚执行法律关系，肯定存在刑罚本质特征的惩罚与被惩罚关系。但是，对于年迈生病的老人、病入膏肓、丧失自理能力的病残犯和处于怀孕期、哺乳期女犯，无法兑现刑罚的惩罚甚至过于严苛的监管和教育，更多的是人性化监督、科学化管理和福利性帮扶，由此需要医疗卫生和民政福利等诸多部门的配合，带来的法律关系最为复杂。也正因为如此，国外对保外就医人员采取刑罚中止，在此期间不算刑期，也不需要社区矫正和保护观察，仅对属于暂予监外保外就医罪犯予以适度管控即可。[1]

此外，社区矫正法律关系的主体、客体以及权力（利）和义务、法律事实、法律责任与法律制裁等，都是要深入研究的核心内容，只有将法律关系研究透彻，才能依法建构社区矫正机构及其相关组织，才能更好地理顺社区矫正委员会、司法行政机关、社区矫正机构、司法所和矫正小组之间的纵向关系，才能更好地衔接社区矫正机构与人民法院、人民检察院、公安机关（看守所）、监狱和民政、教育、人力和社会资源、医疗卫生等部门之间的横向关系，才能界定社区矫正工作人员与司法所司法助理员、矫正小组成员、矫正社区工作者、志愿者等内部之间和社区矫正对象外部之间的关系，才能区分社区矫正决定机关的内部结构及其职责和社区矫正执行机构在交付执行、收监执行的工作衔接，才能明晰社区矫正机构与社区矫正对象之间的单向和双向刑事执行关系及其各自的权力（权利）和责任义务，哪些该为哪些不该为，若不正确地履行职权、行使权利、践行义务，则会承担哪些法律责任并受到哪些法律制裁等，都是关系到社区矫正法能否正确被认识和贯彻落实的大问题。

---

[1] 参见邵雷：《中外监狱管理比较研究》，吉林人民出版社2015年版，第100页。

三、社区矫正法学的学科体系与学科地位

(一) 社区矫正法学的学科体系

社区矫正法学是以社区矫正法为研究对象的知识体系,不仅要研究社区矫正法本身,而且还要研究藏在社区矫正法背后的理论和应用过程中的实践问题。因此,社区矫正法学体系应包括以下内容:

(1) 社区矫正法学的基础理论;

(2) 社区矫正与社区矫正法的历史;

(3) 社区矫正的刑事执行及其程序;

(4) 社区矫正的监督管理;

(5) 社区矫正的教育帮扶;

(6) 社区矫正的考核奖惩;

(7) 社区矫正的法律责任;

(8) 社区矫正的检察监督;

(9) 未成年人及老弱病残特殊人员的社区矫正;

(10) 中国台港澳地区和中外社区矫正及社区矫正法的比较研究。

上述内容在文献资料研究与实证调查报告积累到一定程度时,皆可以作为社区矫正法学科建设的子学科开展更加深入细致的研究与分析。但目前最重要的就是对社区矫正法学课程体系设计并撰写出版社区矫正法学的教义学教材。我认为最简便快捷的办法,就是以社区矫正法的体系内容为核心来设计教材体系。具体构想如下:

第一章　社区矫正法学概述

第二章　社区矫正及法的历史

第三章　社区矫正法的立法目的、任务和基本原则

第四章　社区矫正法律关系

第五章　社区矫正机关

第六章　社区矫正工作人员

第七章　社区矫正对象

第八章　刑事执行

第九章　监督管理

第十章　教育帮扶

第十一章　未成年人社区矫正特别规定

第十二章　社区矫正检察监督

第十三章　法律责任

（二）社区矫正法学的学科地位

首先，社区矫正法学因有独立的社区矫正法作为研究对象，又有西方近百年和中国近二十年来社区矫正理论、制度和实践作为依据，社区矫正法学完全可以作为一门独立的新型法学学科。

其次，社区矫正法学是一门专门研究非监禁刑事执行法律规范及实践规律的学科，与专门研究监禁刑事执行法律规范及实践规律的监狱法学相对应，取长补短、相辅相成甚至有后来居上之势。监狱法学早已是一门独立的法学学科，那么社区矫正法学也应理所当然地成为一门与监狱法学并列的法律学科。

此外，一个国家完整的刑事法学应与完整的刑事法体系相对应。完整的刑事法是由刑事实体法即刑法、刑事程序法即刑事诉讼法和刑事执行法即监狱法、社区矫正法及其他刑事执行单行法等构成，我国刑事执行法学已经有了较成熟的刑法学、刑事诉讼法学和正在成长的监狱法学，既然世界上第一部适用主权国家全境的社区矫正法在中国（除台港澳地区外）率先制定并公布了，那么就应该及时跟进并率先编撰出版社区矫正法学，并为丰富与完善刑事执行法学做好铺垫，最后通过理论研究的成长壮大，倒逼刑事执行法典的上马。

社区矫正法学是一门独立的刑事执行法学的子学科，与社区矫正学和社区矫正法研究紧密相连，但不完全是一回事，若不注意便非常容易混淆。社区矫正学是对社区矫正理论与实践及其变化发展规律研究的知识体系，其研究对象与方法不局限于社区矫正法和社区矫正法学,更多的用社会学和社会工作学方法研究的学术成果,其发展趋势是用多学科综合性理论深入分析与研究社区矫正工作及现象的全部知识体系。社区矫正学与社区矫正法学的关系,类似于监狱学与监狱法学的关系。

社区矫正法研究,是纯粹对社区矫正法的立法背景、立法宗旨及内涵与外延的归纳总结,仅限于法学方法论的应用,属于纯规范解释的学科。社区矫正法学则是一门以社区矫正法为研究对象,同时又对其理论、制度和实践问题的研究,在方法论上,不仅应用法学研究方法,同时还会应用历史学比较法学及实证循证等调查研究方法。社区矫正法与社区矫正法学的关系,类似刑法与刑法学的关系,当然我这里说所说的刑法学是狭义的,如果按照德国刑法学大师李斯特的观点,整体刑法学或全体刑法学,监狱法学和社区矫正法学,甚至刑事诉讼法学等也被其一网打尽。

四、创建社区矫正法学的必要性和可行性

(一)创建社区矫正法学的必要性

1. 社区矫正法治建设的需要

需要是一切的原动力,更是科研和创新之源泉。法治建设包括立法、执法、司法、守法和监督等环节,新理念、新要求、新方针是科学立法、严格执法、公正司法、全民守法。就从科学立法而言,本次社区矫正法的颁布是我国第一个此领域的立法活动,尽管全国人大常委会最后审议投票是获得了全票通过,但整个立法过程艰难困苦,耗时较长,其核心原因是中国开展社区矫正试点工作时间不长且经验不足,国外可资借鉴的立法例也不多,在我们之前没有一个单独由主权国家制定的适用于全国范围内的社区矫正法,但最主要的是理论研究得不够深入,包括社区矫正性质和社区矫正法律关系尚未完全搞清楚,甚至没有明确社区矫正的概念。在2016年国务院法制办公室公开征求《社区矫正法(草案)》意见后,大家见到征求意见稿后相当失望,出现

不少否定的声音,几乎没听到正面的评价,好在此后卧薪尝胆、广泛调研并多方请求专家学者论证或集体攻关解决重大疑难问题,采取利益平衡和立法技术回避矛盾,为此赢得2019年最好、最靓丽、最人性化的立法和法治建设亮点评价,但仍然存在无赖地留置争议和诸多无法令人满意、待解决的立法问题,离"科学立法"的要求还有相当的距离。因此,负责立法工作的全国人大常委会法工委刑法室主任王爱立非常清醒地认识到,社区矫正法"获得全票通过,常委会立法中只有少数法律有此殊荣。但作为亲历者,我们深知,这一结果并非意味着这部法律没有缺憾,须知立法往往是一个不断磨合和妥协,最终向次优解冲刺的过程。我们理解,全票更表达的是常委会组成人员向长期以来致力于社区矫正工作方方面面的人士辛勤努力的致意;是对社区矫正工作实践呼唤专门法律的急切期盼的回应;也是相关部门和决策者从深入推进全面依法治国大局出发,勇于寻求最大公约数的选择。归根结底,充分体现了立法者对社区矫正工作在法治轨道上继续健康发展的期望"[1]。同时,社区矫正立法时着重"注意处理好确立社区矫正基本法律制度与为今后发展创新留有余地的关系。由于社区矫正在我国开展的时间不长,草案对社区矫正机构设置、监督管理和教育帮扶的方式方法等作了原则性、基础性规定,为社区矫正制度今后的发展留下空间"[2]。由此可见,社区矫正法要想达到"科学立法"的目标,未来还有很长的路要走。在追求不断完善社区矫正法的"科学立法"的路上,就必须要有社区矫正法学的理论支撑。如果理论上不去,疑难问题不解决,社区矫正法要想不断完善走向科学的梦想是不可能实现的。

---

[1] 王爱立、姜爱东主编:《〈中华人民共和国社区矫正法〉释义》,中国民主法制出版社2020年版,第1页。
[2] 傅政华:《关于〈中华人民共和国社区矫正法(草案)〉的说明》,载王爱立、姜爱东主编:《〈中华人民共和国社区矫正法〉释义》,中国民主法制出版社2020年版,第315页。

2. 社区矫正工作和高素质人才培养的需要

（1）社区矫正各机关各部门各环节都需要学习与掌握社区矫正法。社区矫正从来不是一个独立的系统，而一个涉及方方面面的复杂系统。从工作流程的纵向来看，社区矫正涉及检察起诉环节的以检察机关为主的认罪认罚从宽的量刑建议及审前调查评估，审判环节的人民法院对管制刑的判决、针对短期监禁刑判决的缓刑宣告和附条件提前释放的假释裁定、暂予监外执行决定，羁押和监禁期间公安机关、监狱管理局作出的暂予监外执行的决定，在社区矫正执行阶段的公检法司等刑事司法机关都必须参加的交付执行和撤销社区矫正的收监执行，以及矫正期满后的刑满释放和安置帮教工作，涉及司法行政、监狱和公安、民政、劳动、教育及医疗卫生等社会各部门。从社区矫正工作机构来看，涉及社区矫正委员会、司法行政机关、社区矫正机构、司法所、矫正小组。由于社区矫正是一项严肃的刑事执行工作，涉及刑事执行权的应用、监督管理和教育帮扶等日常工作的落实，难以想象若没有社区矫正法的理论知识将如何完成对社区矫正对象的刑事执行工作，更无法完成各自在社区矫正工作中的职责与任务。至于更加专业的审前调查报告和风险评估，则就更难胜任。

（2）社区矫正高素质人才培养的需要。良法善治是现在法治的基本要求，徒法而不能自行，有了良好，必须要有学法、懂法、遵法、守法的高素质的专业人才去执法、去用法、去发挥法律最大的引导规范和教育塑造的功能。社区矫正是一项开放性非监禁的刑事执行工作，涉及面广，风险责任大，素质要求高，不是一般的人可以胜任的。除了对生效刑事判决、裁定、决定依法落实外，还要对禁止令、职业禁止、禁止家庭暴力和赦免令能予以落实，以及落实新罪、漏罪和严重违反监管法律法规的人员提出撤缓、撤假、撤暂的建议，如果不学法、懂法、用法或者法律职业水平不够，便极容易违法担责。为了提高教育矫正质量，促进社区矫正对象顺利融入社会，预防与减少重新犯罪，社区矫正法提出了分类管理、个别化矫正，有针对性地消除社区矫正对象可能重新犯罪的因素，帮助其成为守法公民的新理念、新要求、新目标，而要做到这一点，没有专门培训所获得的职业素养、知识储备和执法能力，是根本就不可能发现问题、分析问题、解决问题的。因此，《社区矫正法》第16条规定，"国家推进高素质的社区矫正工作队伍建设。社区矫正机构应当加强对社区矫正工作人员的管理、监督、培训和职业保障，不断提高社区矫正工作的规范化、专业化水平。"高素质的人才培养，必须要有精品教材，以及掌握了社区矫正法学真谛的教师，否则事倍功半，甚至南辕北辙。

3. 社区矫正法学学科建设的需要

20世纪末以来，以美国为代表的英美法系国家十分重视社区矫正问题研究和社区矫正学科建设。2003年以来，美国马里兰大学犯罪学与刑事司法系、美国联邦监狱管理局、英国英格兰及威尔士国家缓刑服务机构、英国苏格兰刑事司法中心、加拿大温哥华刑法改革与刑事政策国际中心、澳大利亚犯罪学研究所等多次组团与中国司法部共同举办社区矫正国际研讨会和各种类型的社区矫正研究与培训项目，上海社区矫正社工组织还组织人员前往新西兰大学培训，此类中外交流与培训工作，对刚起步的中国社区矫正试点工作有很大的启发与借鉴作用，从中我们也看到了社区矫正的理论与实践研究已经超越了监狱管理的传统项目研究。为了配合国家对社区矫正的试点工作人才的需求，中央司法警官学院从2002年开始起，在原有监狱学、教育学（矫正教育方向）专业基础上，增设了社会学（社会工作与社区矫正方向），[1] 2014年劳动教养废除后，此领域的老师整体转向社区矫正和戒毒工作研究，不少院校专门设置了社区矫正专业。但是，从出版的教材来看，绝大多数都是应急性的社区矫正理论与实务的培训教

---

[1] 章恩友：《发挥行业优势 坚持特色发展：中央司法警官学院行业特色办学的实践探索》，载《中国监狱学刊》2012年第4期。

材，数量虽多，但质量尚待提高，最主要的是缺乏更深层次的法教义学类型的社区矫正法学的引领。在社区矫正法出台之前，也有不少相关教材，如《社区矫正概论》《社区矫正理论与实务》等，但没有见到一本纯粹以社区矫正法律法规为研究对象的社区矫正法学。社区矫正法的颁布，正好为社区矫正法学学科的建设奠定了坚实的基础，如果教育部司法部能够与时俱进地将社区矫正法学列入大学专业目录，官方能够组织社区矫正法学统编教材的编写，并相应地成立中国法学会社区矫正法学研究会，那么我坚信社区矫正法学研究的春天会迅速到来！

（二）创建社区矫正法学的可行性

第一，社区矫正法的出台为社区矫正法学的创建提供了最大的可能性。法学是对法现象及问题研究的知识体系，某一独立或者相对独立的法律诞生，为某一独立或者相对独立的法学创建创造了条件。早在1951年初，根据新中国成立初期剿匪、镇压反革命、三反五反、取缔黑社会组织邪教组织、铲除黄赌毒等社会丑恶现象的等一系列维护新政权和社安秩序的打击犯罪运动，定罪量刑判处了数以百万计的罪犯，除罪大恶极的枪决外，绝大多数都判处徒刑，但当时的监狱收押人数有限，遂接受苏联顾问的建议，学习苏联劳动改造罪犯的政策，组织百万罪犯屯垦开矿，因地制宜开展劳动改造，在很短的时间内解决了国家困难，避免了罪犯坐吃闲饭的同时还在劳动中获得了改造，于是在1954年由当时的政务院制定与颁布了《中华人民共和国劳动改造条例》，中国人民大学和北京政法学院最早开设了劳动改造法学的课程并撰写了早期的《劳改法学》教材，粉碎"四人帮"后，劳动改造事业获得了蓬勃的发展，中央在保定建立了中央劳改劳教干部管理学校即现在的中央司法警官学院前身，全国各地也建立了司法警官学校，普遍开设了劳改专业与劳改法学课程。1987年时任司法部教育司司长的余叔通教授还亲自主编了由法学教材编辑部编审的高等学校法学试用教材《劳动改造法学》（法律出版社1987

年版),这是新中国第一本统编教材,为全国培养劳改人才与师资队伍发挥了很好的作用。1994年《监狱法》颁布后,中国政法大学邵名正教授、兰洁教授,中国人民大学力康泰教授等又先后出版了《监狱学》,为监狱法治建设培养了不少优秀人才并带动了教育部认可的监狱学专业的诞生,形成了极具中国特色的监狱法学。从世界各国社区矫正的发展趋势来看,西方发达国家的社区矫正对象总人数早已超过了监狱在押罪犯的数量。如英国社区矫正对象占全部罪犯的70%以上,美国占68%,加拿大占80%以上,澳大利亚在社区实施矫正项目的罪犯基本上是监禁罪犯数量的2倍左右。[1] 我国从2003年开展社区矫正试点工作以来,从最早期的社区矫正对象的几万人,发展到2019年底的70多万人,累计接收社区矫正对象478万,累计解除411万,每年列管120多万人,为维护社会和谐稳定,增进平安中国、法治中国建设,促进司法文明进步发挥了重要作用。[2] 在社区矫正国家级层面立法上,中国后来者居上,制定了世界第一部适用全国范围内的社区矫正法,为社区矫正法学的虚拟性研究提供了真实的社区矫正法的研究范本。同时,该法因主客观原因,又给社区矫正法的理论研究留存了许多空间,除上述所讲到的社区矫正概念、性质、社区矫正机构设置、监督管理和教育帮扶的方式方法外,社区矫正法与刑法、刑事诉讼法、监狱法、看守所条例等法律之间的关系,以及实体刑法程序刑事诉讼法对管制刑、缓刑、假释和暂予监外执行规定的衔接,亟待社区矫正法学的研究深化并为社区矫正法的修改与完善提供理论支撑。2020年,两院两部《社区矫正实施办法》进一步修改完善,辅助2020年7月1日社区矫正法正式开始实施。此外,联合国、不同地区以成员的形式缔结的

---

〔1〕 王爱立、姜爱东主编:《〈中华人民共和国社区矫正法〉释义》,中国民主法制出版社2020年版,第23页。

〔2〕 姜爱东:《以学习贯彻社区矫正法为契机 全力推进社区矫正工作高质量发展》,载王爱立、姜爱东主编:《〈中华人民共和国社区矫正法〉释义》,中国民主法制出版社2020年版,第379页。

一些条约和规则,如联合国预防犯罪和罪犯处遇大会、欧洲、美洲、亚太地区等专业会议上形成的规范性文件:《非拘禁措施最低限度标准规则》《少年司法最低限度标准规则》《欧洲社区制裁与措施规则》等,也为社区矫正法学的比较研究提供了素材。

第二,中国社区矫正试点工作以来的理论与实践探索,尤其是社区矫正立法过程中对疑难问题的深入研究,为中国特色的社区矫正法学的创立由必要到可能奠定了坚实的理论与实践基础。从现有文献资料的收集整理来看,最早接触到社区矫正概念并将其翻译引进中国的,是政法院校从事外国刑法和劳改专业的老师和研究生。1985年6月,西南政法学院外国法学研究室和劳动改造学系的老师和研究生武晓岚、陈忠林、全理其、冯陵在邓又天副教授的带领下,组织翻译并内部印制了美国狱政管理专家尤金·米勒撰写的《监狱管理》一书,其中涉及缓刑、假释、社会服务、工作释放、训练释放和学习释放,在第9章还专门介绍了美国"地方监狱在社区矫正中的作用"。1985年9月,由法律出版社出版的美国学者杰西卡·米特福德撰写的《美国监狱内幕》(钟大能、李宝芝译)一书第12章,专门介绍了社区矫正的核心制度"假释"。1987年,由龙学群译、陈新华校并由群众出版社出版的美国学者克莱门斯·巴特勒斯撰写的《罪犯矫正概述》一书,第一次全面系统地介绍了美国矫正制度,该书的第二部分"以社区为基础的矫正"中用了5章的篇幅介绍了以社区为基础的社区矫正的兴衰、州及地方和私人管理的社区矫正工作、居住方案内的工作、社区志愿者,以及审前释放和转移、缓刑、重返社会方案、假释等制度,这是当时最详细的社区矫正制度的引介。1991年,中国政法大学刑法专业劳改法方向的硕士研究生孙晓雳又组织师兄弟们重新翻译并以"矫正导论"为书名在中国人民公安大学出版社出版该书。1992年,已从中国政法大学研究生院毕业并担任司法部预防犯罪与劳动改造研究所副所长的郭建安校对的美国学者大卫·E. 杜菲撰写的《美国矫正政策与实践》

一书并由中国人民公安大学出版社出版，该书对美国的缓刑、假释和社区矫正的一些基本问题进行了全面的介绍。1989年，由中国政法大学研究生院刑法专业研究生谢正权和邬名安翻译的美国学者D. 斯坦利·艾兹恩和杜格·A. 蒂默合写的《犯罪学》一书于群众出版社出版，该书专章对社区矫正进行了研究。上述三本译著对中国的社区矫正具有启蒙意义。在论著方面，真正具有国人自己研究整理与深入调查研究的著作应该是吴宗宪、陈志海、叶旦声、马晓东合著的《非监禁刑研究》（中国人民公安大学出版社2003年版）、冯卫国著的《行刑社会化研究——开放社会中的刑罚趋向》（北京大学出版社2003年版）、郭建安和郑霞泽共同主编的《社区矫正通论》（法律出版社2004年版）、翟中东主编的《自由刑变革——行刑社会化框架下的思考》（群众出版社2005年版）、何显兵著的《社区刑罚研究》（群众出版社2005年版）、刘强主编的《社区矫正制度研究》（法律出版社2007年版）、王顺安著的《社区矫正研究》（山东人民出版社2008年版）、但未丽著的《社区矫正：理论基础与制度构建》（中国人民公安大学出版社2008年版）、吴宗宪著的《社区矫正比较研究》（中国人民大学出版社2011年版）、王平主编的《社区矫正制度研究》（中国政法大学出版社2012年版）等。在论文方面，最早的是邬名安编译美国学者D. 斯坦利·艾兹恩和杜格·A. 蒂默《犯罪学》的内容形成的《美国的监禁与非监禁化危机》，发表在《环球法律评论》1987年第4期。对中国社区矫正启蒙和推动国家开展社区矫正决策的是1992年郭建安发表在《犯罪与改造研究》上的《关于参加亚太地区少年犯矫正研讨会及实地考察项目的报告》和牵头组织完成的司法部社区矫正制度研究课题《关于改革和完善我国社区矫正制度的研究报告》，后与郑霞泽共同署名发表在《法治论丛》2003年第3期的《略论改革和完善我国的社区矫正制度》。此外，时任北京市司法局局长吴玉华、中国犯罪学会会长康树华教授、中国政法大学犯罪学研究所所长王顺安等发表在北京市法学会主办的《法学杂志》2003年第5期的《社区矫正工作初探》《社区矫正的历史、现状与重大理论价值》《社区矫正若干重大理论问题》，是国内最早的一拨纯中国化的文章，主要是选用的在北京举办的社区矫正试点工作前专家论证会上的发言稿。随后即2003年7月10日，最高人民法院、最高人民检察院、公安部、司法部根据中央决策联合发布了《关于开展社区矫正试点工作的通知》，由此掀开中国特色的社区矫正试点工作的序幕，吹响了社区矫正理论与实践研究的号角。根据CNKI论文检索，除专著教材之外，我国社区矫正的论文发表数量是：1987年1篇、1990年1篇、1991年1篇、1992年1篇、1993年2篇、1994年1篇、1996年2篇、1999年1篇、2000年2篇、2001年1篇、2002年3篇、2003年50篇、2004年162篇、2005年223篇、2006年371篇、2007年430篇、2008年423篇、2009年412篇、2010年504篇、2011年805篇、2012年1042篇、2013年912篇、2014年1029篇、2015年999篇、2016年852篇、2017年764篇、2018年763篇、2019年415篇。在论文引用率排行榜中，王顺安撰写的《社区矫正的法律问题》（发表在《政法论坛》2004年第3期）始终居首位。此外，王平、何显兵、郝方昉著的《理想主义的〈社区矫正法〉——学者建议稿及说明》（中国政法大学出版社2012年版）和由赵秉志主编、吴宗宪和刘志伟副主编的《〈社区矫正法〉（专家建议稿）》等，都为社区矫正法的创制做出了贡献，也为社区矫正法学的创建奠定了基础。

论法律人的公益道德教育与实践

◎郭旨龙*

摘　要：对法律人公益道德素养的重视具有建设一流大学、一流学科以及建设法治国家的时代背景。法律人作为"公共知识人"，应当通过公益道德实践实现高层次的本我；作为独特的共同体，应当重视公益道德素养维系法治社会公平正义的天然价值。为此，构建法律公益卷宗副本阅览、暑期实践项目、国际学术研讨会"三位一体"的法律公益教育体系意义重大。纵览英美国家法律公益教育的内容与模式，结合我国当下的法治建设语境，应当对法律公益教育进行体系化的补足与提升：对在校生注重教学和学籍管理制度的系列改革，创立公益法研究中心、跨学科教研室、名师工作室、公益沙龙室；对毕业生的法律公益素养予以申请执照、通过年审、等级分类等环节的全程考量。

关键词：立德树人　德法兼修　法学青年　公益道德　法律基础

---

* 郭旨龙，法学博士，中国政法大学网络法学研究所讲师。

"公益是一种道德实践。公益实践是培养大学生道德素养和为人民服务思想的重要形式。"[1] 习近平在全国高校思想政治工作会议上强调,高校立身之本在于立德树人。办好我国高校,办出世界一流大学,必须牢牢抓住全面提高人才培养能力这个核心点,并以此来带动高校其他工作。要坚持不懈培育优良校风和学风,既重视培养和发展人才的专业能力,又重视培养和发展人才的为人民服务能力。[2] 公益道德及其实践是法律人思想道德素质培养和巩固的重要课题。习近平在中国政法大学考察时强调立德树人,德法兼修,培养大批高素质法治人才。法学教育要不断提高学生思想水平、政治觉悟、道德品质、文化素养,让学生成为德才兼备、全面发展的人才。坚持立德树人,不仅要提高学生的法学知识水平,而且要培养学生的思想道德素养。法学学科是实践性很强的学科,法学教育要处理好知识教学和实践教学的关系。要打破高校和社会之间的体制壁垒,将实际工作部门的优质实践教学资源引进高校,加强法学教育、法学研究工作者和法治实际工作者之间的交流。在做好理论研究和教学的同时,深入了解法律实际工作,促进理论和实践相结合。[3] 公益(pro bono publico)是社会责任的组成部分之一,在 2015 年的毕业季,五大政法院校的校长在进行学生毕业致辞时,无一例外地提到了社会责任,即大学应重视、强化社会责任教育,学界也开始呼吁重视建设公益教育体系。[4]

本文拟以法律人的公益教育问题为核心,[5] 探讨为何、如

---

[1] 何广寿、何乃柱:《思想道德修养与法律基础课公益实践教学路径探究》,载《教育观察》2017 年第 1 期。

[2] 参见《习近平:把思想政治工作贯穿教育教学全过程》,载 http://news.xinhuanet.com/politics/2016-12/08/c_1120082577.htm。

[3] 参见《习近平在中国政法大学考察》,载 http://news.xinhuanet.com/politics/2017-05/03/c_1120913310.htm。

[4] 参见刘坤轮:《法学专业须重视公益教育》,载《中国社会科学报》2020 年 4 月 29 日,第 6 版。

[5] 法律人的公益教育是指教育和培养法律人的公益法律服务意识和能力。

何在法学教育、法律实践中立德树人,亦可为其他学科的人才培养提供借鉴。[1] 本文将从人的社会价值与本我的连接性、法律人共同体的起源与使命的角度对培养法学人才公益道德素养的必要性予以论证,阐述中国政法大学在培养法学人才公益道德上所做的努力,评述国外著名法学院培养法学人才公益道德的方法与模式,探讨如何制度化地完善我国法学人才公益道德素养的培养,最后论及如何在法学教育之后的法律实践阶段进一步巩固法律人的公益道德素养。由此,我们可以再一次"透视中国法律人在这样一个时代背景及我国特殊法治建设语境之下所应当和可能担当的社会责任问题"。[2]

一、法律人公益道德培养的必要性

法律人在一般意义上是公共知识人,是具有专业知识、面向公众服务的人,此时的公益道德具有实现本我高层次部分的重要意义。法律人又有其独特的共同体,此时的公益道德具有法治社会维护公平正义的必要作用。

(一)知识人的公益道德素养是本我的高层次部分

作为专业知识人,法律人的基础能力是法学专业能力,包括学习、研究和应用法律的能力。没有扎实的法学功底和法律能力,无论这个法学青年的品德有多高尚,都难以解决自身的问题,也难以服务于社会公众。各个法学院校都应当重视法学学生法律专业素养的培养。从校风上看,迫于就业和招生的压力,各个法学院校原则上都在大力加强法学学生的专业能力培养,虽然程度和方法不一,但并没有性质上的差别。从学风上看,问题则开始凸显。毫无疑问,各个法学院校的学风差别较大,在一些法

---

[1] 所有大学生都有通过法律公益活动提高法律素质的可能,参见李琼:《论大学生法律援助在高校法律素质教育中的应用》,载《教育与职业》2008年第35期。
[2] 徐芳宁:《法律人的社会责任——从公益法律诊所的设立谈起》,载《环球法律评论》2005年第3期。

学院校里,不重视专业学习的"学渣"成群结队,在校园里堂而皇之,穿堂过室;而极少数认真学习专业技能的"学霸"则被这种自甘堕弱、沉迷低下的弱势文化所裹胁,不得不在校园里小心翼翼,甚至连默默努力都受到干扰。当然,在重点法学院校里,注重专业技能学习的学风良好,"学霸"们能够形成强势文化,成为校园主流风景得到欣赏乃至推崇。如果说法学青年失去专业技能学习的目标、陷入迷茫和痛苦的状态,是非重点法学院校里比较严重的现象,那么失去理想信念、忽视发展公益道德素质,导致法学青年迷茫和痛苦的问题则在重点法学院校里也是颇为严重的。

作为公共知识人,法律人的关键素养是思想道德素养。然而,在当今时代,知识创造者本身往往已对知识失去了认同,失去了自身的主体地位,成了权力、金钱和大众等其他事物的附庸,争名利于政界、商界和网络。[1] 同样地,知识学习者、应用者,如法学青年,也常常忘记专业技能学习的本来目的,而追求一些外在的事物,反而将专业技能"异化"成了反我的力量,导致自己陷入焦虑、迷茫与痛苦。法学青年专注于法学能力和诉讼技巧本无问题,但若只为营利,则最终难以获得人生的满足感。恢复法学青年主体性地位的第一步是培养其社会责任意识,实现其专业技能的社会价值。靠法律生存的法律人固然失去了人生的主体地位,但如果仅仅强调其主体意识,那么可能导致其将自身孤立于社会,成为精致的利己主义者。例如日前在北京大学《思想道德与法律基础》公共课上,一个学生在课堂展示时说自己没有去清华大学读"钱途无量"的专业,而来到了北京大学艺术学院,批评了其他眼中只有眼前的钱和苟且的同学。的确,因为拥有令人羡慕的家境而能自由地选择自己的爱好与专业是值得认可的,没有良好家境而自由地选择了自己的爱好与专业,更应

---

[1] 郑永年:《中国知识的悲歌时代》,载《联合早报》2017年6月6日。

当受到称赞。但是，如果仅仅是因为自己喜欢，就全力追求，即使是为法律而生存，也可能仅仅关注了人生的自我价值，而忽视了人生的社会价值。从存在论来看，如果一直关注的仅仅是个人价值，这对于活生生的人的社会性来说，显然是非本真的；出生意味着一个新的开端、创造性和人的复杂多样性，它与人类事务的政治领域和社会领域相合。[1]

为此，应当在出生这一存在论的基础上，构建一种本我的人生哲学。[2] 要深刻地理解人的本质和社会的本质，[3] 科学运用马克思主义关于它们辩证关系的论述到个人生活中确立以为人民服务为人生目的的人生观。微信公众号"未名之音"曾转载《自我审视：一个北大既得利益者的自述》一文，该生不信神因而不感谢上天，但却相信社会学，认识到了社会的结构性不公，因而立志"达则兼济天下"。该生超越了孤立的个人和私域，融入了政治、社会、法律等公共事务。这就是以社会责任感链接了自我和本我。仅仅关注自我的人貌似自由选择了自己的兴趣爱好与专业职业，但其心灵自由仍然受到限制，自己限制了自己的选择权利。生命本体的价值更在于改变世界，获得真正的心灵自由，实现本我。马斯洛的需求层次理论认为，当人们低层次的心理和安全需求得到满足时，人们追求更高层次的需求以实现其潜能、甚至无私地在精神上超越自我。[4] 超我的实现意味着完全无私地奉献于他人，是对社会整体进步的奉献。这对社会个人而言当然是值得提倡和追求的。当然，在现阶段要求大多数人达到如此境界则过于理想。

---

〔1〕 参见陈高华：《非本真的政治哲学——阿伦特论柏拉图的政治哲学》，载《国外理论动态》2010年第3期。
〔2〕 此处的本我、自我与超我不是指弗洛伊德的精神分析结构，而是各指人的生活本质、个人价值与社会价值。
〔3〕 "人的本质不是单个人所固有的抽象物，在其现实性上，它是一切社会关系的总和。"《马克思恩格斯文集》（第1卷），人民出版社2009年版，第509页。
〔4〕 See A. H. Maslow, "A Theory of Human Motivation", 50 *Psychological Review* 370–96（1943）.

但是，仍然可以从实现本我的目的出发，超越自我。自我仅仅是个人的私欲，而超我则完全超越了个人的私欲。回归到生命的本质，生活中的本我是通过超我来实现自我。换言之，可以将社会责任内含于本我之中，由此履行社会责任也是实现了自我。如果社会责任感仅仅意味着超我，则履行社会责任的法学青年就没有主体地位和主体意识。而法学青年的法律公益实践恰恰实现了本我的高层次部分。正如余英时提出的"公共知识人"的定义：这种特殊涵义的知识人首先必须是以某种知识技能为专业的人；他可以是教师、新闻工作者、律师、艺术家、文学家、工程师、科学家或任何其他行业的脑力劳动者。但是如果他的兴趣始终限于职业范围之内，那么他仍然没有具备知识人的充足条件。根据西方学术界的一般理解，所谓"知识人"，除了献身于专业工作外，同时还必须深切地关怀着国家、社会以至世界上一切有关公共利害之事，而且这种关怀又必须是超越于个人的私利之上的。[1] 由此，法学青年的生活如果缺少了扶危济困和接触底层，其本我是不完整的。

（二）法律人的公益道德素养是法治社会的公正要素

"认清公益的本质内涵具有重要的理论和实践价值。公益是法律产生的根本原因和存在依托。"[2] 法律人共同体必须认识到，根据社会契约论，人们将一定的财产和自由上交国家，国家制定和实施法律进行利益的分配和协调。实质正义要求平等地分配基本的权利与义务，并给最少受惠的社会成员带来补偿利益。[3] 此时的实质正义就是通过法律予以实现的公共利益。法律公益实践可以帮助弱势社会成员提高素质和参与能力，从而稳

---

〔1〕 [美] 余英时：《士与中国文化》，上海人民出版社2003年版，新版序。
〔2〕 参见高晓莹：《论公益法律服务》，载《法学杂志》2011年第7期。
〔3〕 参见 [美] 罗尔斯：《正义论》，何怀宏等译，中国社会科学出版社1988年版，第2编第46节。

步推动各阶层的权利和利益的均质化和平等化。[1] 更为重要的是，法律人应当进行公益实践。国家通过人民代表制定法律后，法律知识虽然客观存在，但是社会公众特别是弱势群体难以了解，特别是难以了解客观存在的法律知识。此时就存在"法律知识的公共性与对这一公共性品质的法律知识的垄断"[2] 这一矛盾。而法律人正是在这一矛盾的基础上谋取个人利益，实现自我价值，但这只反映了法律人对法律知识垄断的矛盾侧面，而没有反映法律知识的公共性这一矛盾侧面，最终将影响前者的存在和意义。国家要履行对法治的承诺，特别是通过法律人的法律援助。[3] 这一点可以从马克思关于"自掘坟墓"这一绝妙隐喻得到启示：某一事物如生产力发展到资本主义生产关系不能容纳时，该生产关系崩溃之时也即将来临；资产阶级为发展生产力而推出的系列剥削手段激发了阶级意识和反抗精神，从而孕育了推翻自己的力量。这一隐喻可以适用到其他理论模块：社会底层得不到有效法律帮助，社会利益失衡到剧烈程度时，不仅法律和法律人存在的意义会受到根本质疑，而且国家政权的存在本身也会到严重威胁。所以当前必须着力解决有能无德、法律人在单行道高速运行危害反而更大的问题。

公益、公心与公正于法律人而言是层层递进的社会化环节。首先，公益塑造公心。从事公益事业不能以自我为中心，应由以自我为中心改变为以他人为中心，应以扶助弱者之心推动世界的公平公正。公心会改变我们看待世界的方式，一颗温柔之心足以推动世界向着我们所期待的方向发展。其次，公心塑造公正。如

---

[1] 公益是世俗和经验规则上的社会学所开发的生活世界里的概念，公益法应当成为有别于私法、公法的公共领域法。参见贺海仁：《私法、公法和公益法》，载《法学研究》2006年第6期。

[2] 参见贺海仁：《公益律师的道德维度与方法维度》，载北京市东方公益法律援助律师事务所编：《公益诉讼》（第2辑），中国检察出版社2006年版。

[3] 参见谭志福：《高校参与法律援助的价值分析》，载《政法论坛》2014年第3期。

果缺少一颗公心，那么法律人眼中的世界就难免有偏颇，处理案件与纠纷也就无法保证公正。最后，公正保障公平。法律人在处理实际纠纷时，经常会受到各种因素的影响。部分因素是为了保护弱者、平息舆论或促进社会和谐。但"弱者"是一个不确定的概念。有时，司法同情、保护弱者恰恰是对公平最大的伤害。如何坚守公正、保障公平，是今天全球法律人亟须思考的问题。

总之，应当将公益道德及其实践内含于法律人的能力之中。如果对底层生活与法律需求没有了解或者漠不关心，那这样的法律人的专业能力其实是有结构性缺陷的。良好的法律本身在制定时关注了社会各阶层的利益平衡，法律人的专业实践也应当一体化地面向各个阶层的法律问题。典型如诊所法律教育，从一开始就肩负两个重任，一是全面培养法律事务技能，二是培养法律人的社会责任感，落实"国家尊重和保障人权""公民在法律面前一律平等"的宪法原则。[1]

二、中国公益法律教育的发展

此部分主要以中国政法大学的公益法律教育体系的进程为视角，讨论中国公益法律教育的发展。中国政法大学在多年的法学人才培养之中，率先在全国高等院校（不仅仅是全国法学院校）之中将"公益理念"纳入到人才培养的环节和流程中，形成了卷宗副本阅览、暑期实践项目、国际学术研讨会"三位一体"的法律公益教育体系。学校目前已经建成了公益法律援助案例卷宗副本阅览室，除了中外大学生国际联合公益法律援助暑期实践项目等探索之外，坚持每年举办公益法国际学术研讨会也是学校法学教育中的一个重要支点。

公益法律援助案例卷宗副本阅览室培养社会责任感。学校于2013年建设了公益法律援助案例卷宗副本阅览室。目前该阅览室

---

[1] 参见李傲：《诊所法律教育的公益性》，载《法学研究》2006年第6期。

已接收律师事务所捐赠的公益法律援助原始案卷约一万套。全部卷宗均为公益法律援助案件的真实卷宗，援助对象是农民工、青少年、残疾人等社会弱势群体。阅览公益法律援助案例卷宗副本，对于培养法科学生重视我国基层民情、基本国情的社会责任感具有十分重要的意义。公益法律援助案例卷宗副本阅览室是一个良好的公益法教育开端。公益法教育结合了学校"同步实践教学"体系的其他重要组成部分。在检察、审判、鉴定卷宗中蕴含着诸多可以适用法律援助的案例。由此，在公益法律援助案例卷宗副本阅览室之外，检察、审判、鉴定卷宗副本阅览室也将助力于公益法教育。同时，亦可以通过学校的实况转播庭审资源进行公益法律教育。其中可以适用法律援助的案例未来将成为公益法律教育的重要支点之一，可以此为基础开展相关的法律诊所、模拟法庭等。

公益法律援助暑期实践项目践行社会责任感。公益法案例项目是校内的模拟公益实践，重在培养法律人的公益法律意识和技能。而公益法律援助暑期实践项目则是现实的公益实践，而且它与国际化的融合已经成为一种潮流，中国政法大学探索主办了中外大学生国际联合公益法律援助暑期实践项目，有助于在校生的公益法律意识与技能落地生根并得到检验和提升。中国政法大学"进一步推动法科学生的国际联合公益法律援助实践，使法学专业的学生学会用国际化的视野和创新的眼光来看待公益法事业，为今后在公益法领域的创新研究和公益实践打下基础。同时，鼓励学生参与国际会议、国际交流、国际实习等活动，并在经费、学分等方面予以支持"[1]。

公益法国际学术研讨会升华社会责任感。当代大学生的公益实践不仅与国际化相融合，它与学术兴趣的融合也已成为一种潮流。在国际化的大趋势中，当代中国学生勇于承担社会责任、为

---

[1] 参见《中国政法大学深化创新创业教育改革实施方案》，载 http://www.moe.gov.cn/s78/A08/gjs_left/s3854/cxcyjy_ssfa/201605/t20160516_244075.html。

学术兴趣充分释放青春激情,已成为一种普遍现象。[1] 研讨会已经连续举办七届,最新一届学术研讨会更是富有网络时代的法学公益内涵,它由四个主题单元构成,分别为"基于互联网的中国海外劳工法律服务平台搭建""大学生组织与公益律师间网络联动平台的搭建""志愿者网络平台的组织协调与可持续的运行方法""互联网时代农民工法律问题的解决方案——公益法律资源整合平台的建议"。[2]

三、国外公益法教育的模式

公益法律教育源远流长、蓬勃发展,英美国家已经形成较为成熟的公益法律教育内容与模式。英国伦敦大学学院历来重视为弱势群体提供正义机会,鼓励所有学生将所学的专业知识和技能应用到社会实践,观察法律如何能作为改变社会的有效手段。该学院设有专门的无偿法律服务机构"获得正义中心"(Centre for Access to Justice)。[3] 此外,无偿法律服务还包括跟踪律师的调查案件工作、教育当地学龄儿童(他们的权利),以及致力于国际人权运动。

该中心是其无偿法律服务活动的核心,学生在此与慈善组织和法律专业人士合作,为当地社区成员提供法律帮助,该中心注重培养学生伦理的、职业的、社会的公平意识与责任,同时研究和落实创新性的教学方法。通过理解缺乏获得正义的更大寓意,该中心为社会福利、雇佣和教育法等领域的当事人面临的法律问题提供全盘解决的路径。具体而言是把为弱势群体提供无偿法律建议与诊所式法律教育的独特优势相结合。

---

[1] 参见《完善品牌化的大学生公益法国际学术研讨会推动"公益服务"教育进入人才培养环节》,载 http://www.fadaren.com/Fadaren/20150805085343.shtml.

[2] 《第七届大学生公益法国际学术研讨会举办》,载 http://news.cupl.edu.cn/info/1012/30091.htm.

[3] 网址入口:https://www.laws.ucl.ac.uk/pro-bono/.

该中心的活动之一是教学本科生课程和研究生课程，包括面向本科生的课程："获得正义与社会参与""获得正义：理论与实践"；教学与法律建议诊所相融合，除了与外部机构合作，该中心运营自己的法律建议诊所，面向自由桥路全科诊所的用户和当地居民提供免费的、面对面的关于福利费和住房等社会福利的一般性法律建议甚至代理；香港大学双学位项目的本科生必须在该中心实习，参加法律意见诊所和公共法律教育项目的工作。该中心还发布外部公益计划的广告，规划一系列关于人权和社会正义法的职业会谈。

根据美国律师协会 2004 年的统计，已有 83 所法学院设立了官方的公益法律援助学习项目，有 14 所法学院将公益法律援助学习作为毕业的要求，13 所法学院将该学习作为毕业的选择性要求。[1] 美国宾夕法尼亚大学 2016 届 JD 学生中有 90%的人超额完成了 70 小时的无偿法律服务要求，所有要求暑期公共部门实习资助的学生都获得资助。[2]

哥伦比亚大学法学院的诊所式法律教育是在诊所教授的指导下探求自己的学习目标，为不同层次和领域的因费用、问题的不受欢迎性或复杂性而得不到代理的当事人提供必要的代理，同时展望于诸如矫正、监禁、环境规制、非盈利治理和儿童福利、寄养儿童等领域法律制度与实践可以如何改革和重组，为当事人和更大范围的社会提供最好的服务。对于面临因为贫困、种族主义、不平等和政治暴政产生的人权虐待、环境漠视、种族歧视等问题，学生提供起草诉状和证据调查动议、接见和建议当事人、调解复杂争议和说服对手及法官的服务。[3] 该院学生曾书写最

---

〔1〕 参见董进：《律师职业与公益法律援助的实践矛盾性——以美国律师职业化发展为启示》，载《学术论坛》2012 年第 4 期；张雪瀛：《高校法律援助事业的历史使命及进路探析》，载《东南大学学报（哲学社会科学版）》2007 年增刊。

〔2〕 参见相关宣传片：http：//issuu.com/pennlawits/docs/jd_viewbook_2016？e=1420149/38747504。

〔3〕 参见 http：//www.law.columbia.edu/clinics。

高法院案件的声明,帮助移民获得庇护,访问发展中国家支持不公平问题的调查。校外的经验学习包括在非营利或政府部门,并有由顶级的执业律师教授的某一相关的实体研讨会。[1]

每一个JD学生必须在第一年之后到最后一年四月之前完成40小时的公益服务,记为志愿公益学分,只要填好相应文件就可记录在成绩单上;学生也可以自主设计公益服务项目。[2] "公益服务让学生得以与他人合作,为寻求正义、法治和重要社区问题解决方案的人们做出有意义的贡献,同时得知哪一实践领域和技巧吸引了他们。"[3] 公益服务这一经验学习可以代替常规教学,最后一年的学生在2月份可以参加纽约州律师资格考试,然后公益服务到5月份,参加毕业典礼后在6月份获得文凭。[4] 纽约州大法官在2012年宣布,2013年起的律师资格申请人必须自愿为贫困的当地人志愿服务50小时:"在你能够真正自称为律师以前,你必须以看得见的方式证明你对我们伟大职业理想的承诺。"[5] 加入纽约州律师协会的JD和LLM毕业生必须由其他律师证明完成了50小时的公益服务。[6]

类似地,斯坦福大学法学院相关负责人介绍,其JD学生每季度可以申请注册于11个法律诊所中一个,包括社区法诊所、刑事辩护诊所、刑事起诉诊所、环境法诊所、移民权利诊所、国际人权与冲突诊所、知识产权与创新诊所、组织和交易诊所、宗教自由诊所、最高法院诉讼诊所、青少年与教育法项目;其诊所

---

[1] 参见宣传册:http://issuu.com/clswebcomm/docs/viewbook_web_cm? e = 2614449/15046314.

[2] 参见 http://www.law.columbia.edu/social-justice/students/pro-bono/basics.

[3] 参见 http://www.law.columbia.edu/social-justice/students/pro-bono.

[4] 参见 http://www.law.columbia.edu/social-justice/students/pro-bono/pro-bono-scholars-program.

[5] See Legal Skills Prof, Pro Bono Required to Pass New York Bar, http://lawprofessors.typepad.com/legal_skills/2012/05/pro-bono-required-to-pass-new-york-bar.html.

[6] 参见 http://www.law.columbia.edu/social-justice/students/pro-bono/pro-bono-scholars-program.

与课程相融合,所以注册诊所的学生可以获得 JD 学位所需的学分。[1]

四、公益法律教育的制度化完善

在论证公益法律教育的必要性、评述公益法律教育的方法后,研究如何在大学制度上落实和完善公益法律教育就成为重要问题。综合改革探索经验与国外一流法学院的实践,应当对公益法律教育的主体资格、学习年限、知识水平、品行情况、督导资格、权利和义务等方面做出细致的系统规定。[2]

首先可以对公益法律的教学和学籍管理制度做系列改革。主要包括建立公益法律教育学分积累与转换制度、建立法律公益教育档案和成绩单以及改革学籍管理制度三方面:一是学分制度改革,建立法律公益教育的学分累积与转换制度。在本科教育中建立法律公益教育学分累积与转换制度,探索将法律公益教育项目和自主公益等情况折算为学分的机制。二是档案、成绩单的配套改革,建立法律公益教育档案和成绩单。为学生建立法律公益教育档案和成绩单,客观记录并量化评价学生开展法律公益教育活动情况,包括社区拓展、公共法律教育、与法律慈善组织合作、筹集相关款项、指导工作、案件调查、倡议、开始和运行博客等网络平台、组织和参与模拟法庭、主办学生刊物等。三是改革学籍管理制度。学校本科教育实行弹性学制,针对进行法律公益的学生,允许休学一年至两年。在其休学公益结束后,优先为其办理复学手续。进一步改革弹性学制管理规定,根据教育部《普通高等学校学生管理规定》的修订精神,进一步放宽学生修业年限,在更大范围内允许学生调整学业进程、合理安排休学公益。

在法律公益教育资源完善上,努力设立公益教育研究中心、

---

〔1〕 参见 https://law.stanford.edu/mills-legal-clinic/#slsnav-about-the-clinic.
〔2〕 参见刘金学:《诊所法律教育持续发展问题研究》,载《中国法学教育研究》2009 年第 4 期。

法律公益教育跨学科教研室，建立与相关行业协会、企业的合作关系，在校外建立名师工作室。一是建立公益教育研究中心，旨在创新人才培养机制，推动公益教育与法律公益教育实践紧密结合。通过教师发展中心对教师在教育理念、法学教师职业伦理、教学信息化、教学方法与手段等方面开展培训，推动教师在信息化的时代背景之下改革传统的教学方法，提升教师开展公益法教育的能力。二是设立法律公益教育跨学科教研室，资助若干活动经费，开设具有学科交叉特色、具有学科前沿性质的公益法课程（主要为选修课），以弥补现有课程的不足。三是建立与相关行业协会、企业的合作关系。与中华全国律师协会、北京律师协会、著名公益活动律师事务所等社会法律公益单位建立常规联系机制，定期开展公益沙龙讲座等活动，同时鼓励在校外建立名师工作室，鼓励教学名师带领学生实习实践。鼓励各种类型的教学名师在校外尤其是司法实务部门建立名师工作室，通过以点带面，强化学校教学名师的示范性作用，鼓励教学名师带领学生在工作室进行多种形式的实习实践活动，推动学校与实务部门的深层次公益合作。[1]

鉴于大学生法律援助等公益实践发展中存在的一些问题，[2]构筑学生法律公益教育的资助体系，同时通过政策保障、软硬件支持鼓励学生的法律公益教育。一是逐步提高研究生公益法律实践与研究的创新基金资助项目数量和资助金额。二是努力创设学生公益沙龙室，为学生公益提供具体的交流空间和公益公司注册用地。三是努力建设学生法律公益教育网站，搭建学生法律公益

---

[1] 例如，"基于目标的一致性、形式的同一性和主体的兼容性，公益诉讼应当成为诊所法律教育追求公益目标的另一条重要途径。"刘长兴：《诊所法律教育的公益价值拓展——兼论公益诉讼诊所的意义与模式》，载《华南理工大学学报（社会科学版）》2011年第5期。

[2] 参见林晶：《我国高校法律援助制度的发展对策研究——美国高校法律援助制度的启示》，载《天津法学》2011年第1期；王志鹏、李赛赛：《大学生法律援助发展中的问题与对策》，载《当代教育理论与实践》2016年第10期。

教育平台。建设统一的学生法律公益教育网站，为学生开展法律公益教育训练和实践搭建平台，为学生公益提供完善的信息发布与互动平台。四是努力筹集社会资金，成立"国际交流培养基金"。"国际交流培养基金"主要用于资助本科生国际交流与培养并在国际化的环境中进行法律公益教育训练。[1] 最后设想成立公益学院。[2]

五、法律人的公益道德实践

在校生的法律公益教育机制上已论及，从整个法律职业共同体协同发展的视角来看，如果说在校生的法律公益教育主要是公益意识的培养和公益技能的起步，那么执业律师的公益实践则在于公益意识的落实和公益技能的提升。"律师义务地但是无偿地帮助特殊的社会主体，不仅体现了律师的职业伦理，也是社会正义的要求，从这个意义上讲，律师所提供的法律援助就具有道德、正义的内在涵义。"[3]《中华人民共和国律师法》第2条明确规定律师"维护社会的公平和正义"，这是律师应当具备的法律涵养，亦是律师应当履行的法律义务和社会责任。根据实际情况强调律师身份上的社会公益属性后，需要通过制度化设计来确保律师从事公益法律活动的常态化。[4]

法律公益在在校生教育上主要针对个案援助，面向的是各有其困难的当事人，间或是一般性公益法律研讨。类似地，执业律师的公益法律实践也分为面向具体案件和一般问题。在面向具体案件时，首先体现为法律援助，这在国家法律《中华人民共和国

---

[1] 如参加哈佛法律援助署的暑期实习项目，参见 http://www.harvardlegalaid.org/apply/summer-fellowship-program/.

[2] 已有学者鉴于法律诊所教育建议成立机制化的法律援助学院。参见王志鹏、李赛赛：《大学生法律援助发展中的问题与对策》，载《当代教育理论与实践》2016年第10期。

[3] 参见贺海仁：《价值：律师与案例》，载《法律适用》2001年第12期。

[4] 参见董进、宋思宇：《律师职业与公益法律援助的实践矛盾性——以美国律师职业化发展为启示》，载《学术论坛》2012年第4期。

律师法》，行政法规《法律援助条例》，司法部规章《律师和基层法律服务工作者开展法律援助工作暂行管理办法》《办理法律援助案件程序规定》《关于律师开展法律援助工作的意见》，律师协会行业规则《中华全国律师协会章程》等规范性文件里面已经有较为详尽的规定，其是执业执照、年审制度的重要组成部分。当具体案例成为公益案件时，具体案例也可体现一般意义。公益诉讼和公益上书成为公益律师借以实现公益目的的主要方法，但不是全部的方法；"公益上书所指向的对象已经不再是单纯的个体侵害行为，而是危及宪法原则并借助立法为名形成和维护的地方利益、部门利益及其他小团体的利益"[1]。可见，一般性的法律援助案件只有个案的意义，而公益诉讼则综合了个案和普遍的意义,[2] 而且可以借助律师制度、法律援助制度发起集团诉讼，以更大的诉讼力维护和促进公共利益；[3] 相比之下，公益上书，可能由具体案件触发，也具有了个案和普遍的意义，但也可能在诸多个案已成历史后，公益上书只对未来的类型化案件具有普遍意义。[4]

总之，在制度上应当要求和鼓励法律援助、公益诉讼、公益上书等法律公益实践活动，并可以在未来的律师执业证等级分类制度上予以考虑。越高等级的职业证，越要严格要求公益经验和意识。全国律协应当依法完善《进一步加强和改进律师行业惩戒工作的意见》，编写"律师和律师事务所违规行为惩戒案例"。

---

[1] 参见贺海仁：《公益律师的道德维度与方法维度》，载北京市东方公益法律援助律师事务所编：《公益诉讼》（第2辑），中国检察出版社2006年版。

[2] 参见林莉红：《公益诉讼的含义和范围》，载《法学研究》2006年第6期。

[3] 参见陈云生：《宪法视野和宪政界域中的公益诉讼》，载《法学研究》2006年第6期。

[4] 公益上书应当倡导以公益组织的名义或集体的方式，例如以公益律师事务所这样的公益组织。参见刘仁文：《公益上书之改进》，载《法学研究》2006年第6期。

新时代法律硕士教育的制度性困境与创新逻辑[*]

◎宗婷婷[**]

摘　要：设置法律硕士专业学位的目的是为国家和社会提供高层次、复合型、应用型法治人才。虽然经过二十多年的发展，但我国法律硕士人才培养在制度设计、培养方式、课程设置及人才质量和数量等方面仍存在诸多不足，难以满足日益增长的法治人才需求。中国政法大学法律硕士学院积极推进法律硕士教育创新改革，以职业化为导向，形成了兼顾法学基础知识学习和实践技能锻炼为基本特征的个性化人才培养模式，为新时代法律硕士人才培养事业打开了新局面。

关键词：法律硕士　培养　职业化　法律硕士学院　创新改革

---

[*] 项目基金：本文为北京市社会科学基金青年项目"北京市民办教育分类管理的政府职能研究"（18FXC015）的阶段性成果。

[**] 宗婷婷，中国政法大学法律硕士学院讲师，法学博士，政治学博士后。研究方向为行政法、监察法。

一、问题的提出

1996年,国务院学位委员会第十四次会议通过了《专业学位设置审批暂行办法》(以下简称《暂行办法》),设置了法律硕士(JM)专业型硕士学位。将法律硕士学位定位为具有职业背景,目的是培养法律职业高层次专门人才,如立法、律师、审判、检察、监察、行政执法及交叉领域等部门、行业的高层次法律专业人才的法学教育类型。我国的法律硕士专业教育自1996年至今已二十多年,为依法治国培养了大量高层次法治人才,在一定程度上满足了社会日益增长的法律服务需求,是我国法学教育改革的有益尝试。[1] 截止到2018年3月,全国共有法律硕士专业学位授权点243所。随着法律硕士培养规模的不断增加,很多现实问题不断显现。以中国知网作为主要数据库,将"法律硕士"作为主题、关键词、篇名输入搜索栏,分别得到727篇、407篇、314篇学术论文(1996年至今),这显示出学界对法律硕士人才培养给予了一定关注。[2] 在以"法律硕士"作为篇名检索的论文中,大部分是从整体上探讨我国法律硕士培养制度的问题,如培养方案、培养资源、考核标准等方面存在的不足或功能错位;另一部分则聚焦于法律硕士人才培养的某个领域,如实践教学方式、特定领域法律硕士人才培养、双导师制度的改进建议等。整体来说,研究肯定了我国法律硕士人才培养取得的成就,但同时总结归纳了当前面临的困难,主要体现为培养单位办学定位模糊、法学教育同质化现象严重、培养方式的职业化导向不突出及无法产出高质量复合型法治人才等。中国政法大学法律硕士学院作为全国唯一一所专门学院,近年来在法律硕士(非法学)人才培养模式创新方面开展了大量有益探索,可为全国法律硕士

---

[1] 朱立恒:《论法律硕士专业学位教育的现状与改革》,载《河北法学》2008年第5期。

[2] 参见中国知网:https://kns.cnki.net/kns/brief/default_result.aspx,最后访问日期:2020年4月25日。

人才培养提供新思路和参照样本。

二、法律硕士教育的制度性困境

虽然经过二十多年的发展，我国法律硕士学位制度建设（下文所指均为非法学法律硕士）已取得了巨大成就，但仍存在诸多问题，如法律硕士培养的目标是输送社会需求量较大的应用型人才，而非研究型人才，但当前法律硕士毕业生整体实务工作能力欠缺，无法满足社会需求，社会和行业评价较低，[1] 等等。这些问题折射出法律硕士人才培养的制度性困境，严重制约了人才的产出效能。

（一）法律硕士教育有待进一步规范化、制度化

现代法学教育在我国发端较晚，法律硕士教育更是在 20 世纪末才进入正规法学教育体系。很多培养单位最初在培养机制选择上倾向于照搬照抄欧美国家的办学模式，而忽略了本国国情的具体考察，加之多数培养单位对专业人才培养规律认识不足，各地招生政策和师资配比差距显著等问题，[2] 使得法律硕士教育在整体上欠缺规范性、制度性：一是办学理念定位不准确，制度建构方向存在偏差。结合不同阶段多版本《法律硕士专业学位研究生指导性培养方案》可知，法律硕士的目标都是立足于培养高层次、复合型、应用型人才。然而，很多培养单位还是按照法学硕士或法学本科的培养思路设计法律硕士培养制度，不能体现应用型培养目标的定位。[3] 二是各地办学资源参差不齐，形成体系化、规范化的培养模式存在实际困难。高等院校作为法律硕士人才培养的大本营，其能提供的办学资源具有同质性特征，如师

---

〔1〕 刘宇：《法律硕士教育培养目标的反思与完善路径》，载《河北农业大学学报（农林教育版）》2018 年第 4 期。

〔2〕 许新承：《地方高校法律硕士培养机制的困境及其完善路径》，载《教育评论》2018 年第 7 期。

〔3〕 陈胜，王晓朴：《法律硕士人才培养模式的反思与重构》，载《法制与经济》2017 年第 3 期。

资、教材、教学设施等与法学硕士、法学本科大致相似，并且东部发达地区比西部地区办学资源更丰富，地区差距明显。这使得形成体系化、规范化的培养模式面临巨大障碍。三是欠缺体系化的人才考核标准，这主要源于各培养单位办学能力、条件参差不齐。

（二）同其他法学教育类型的差异性不突出

《国家中长期教育改革和发展规划纲要（2010—2020年）》（以下简称《规划纲要》）中指出，应"引导高校合理定位，克服同质化倾向，形成各自的办学理念和风格，在不同层次、不同领域办出特色，争创一流"。但现下的同质化现象却是我国法律硕士教育乃至整个法学教育的主要特征，办学特色和培养特色不突出，主要体现为两点：一是培养单位在培养模式选择方面呈现雷同之势，不能依托学校优势学科，一些办学资源较差、经验和师资不足的院校倾向于完全借鉴法科强校的办学经验；[1] 二是培养单位内部不同类型法学教育之间培养模式类似。考虑到教学资源有限，很多院校安排法律硕士同法学本科或法学硕士相同或类似的培养模式，如使用相同教材、一起进行课堂学习、适用类似考核标准等，完全偏离了法律硕士专业学位设置的初衷。

（三）课程设置与职业化目标不匹配且难以发挥学生主观能动性

《规划纲要》等文件提出，到2020年我国法学教育改革应完成以下目标：教育体系基本完善，能更好地适应经济发展和满足社会法律服务需求，实现法学学科教育从学术型为主转向学术型和应用型人才并重。仅从法律硕士人才培养成效来看，现实与既定目标之间还有一定差距，其中一个重要原因是法律硕士课程设置与职业化目标不匹配，不能顾及学生的兴趣偏好：首先，课程设置缺乏针对性和实用性。法学本科基础知识讲授模式、法学硕

---

[1] 胡霞：《我国法律硕士培养模式中的"特色"研究》，载《理论界》2017年第9期。

士专题教学模式及迎合司法考试的培训模式是当前法律硕士教学的主要方式，但这些方式无一针对学生职业能力的培养，课程内容和法律实务脱节。[1]虽然有院校设置了实践教学课程，但是因校内教师缺乏实践经验且校外教师不能发挥实际教学作用，课程效果不甚理想。其次，课程设置不能充分发挥学生主观能动性，调动学生对法律职业的探索热情。法律硕士学生本科阶段学科背景复杂，涉及多学科方向，但很多院校在课程设置时未充分考量这一因素，使学生在学习法学基础知识的同时，不能发挥交叉学科优势进行职业选择。

（四）培养制度难以满足新时代公共治理对复合型高端法律人才的需求

法律硕士培养制度的建构必须围绕公共治理和社会需求进行，为国家法治建设和各行业提供大量德才兼备、高层次、复合型、应用型法治人才是设置法律硕士专业学位的根本目的。但大多数培养单位现有的培养方案、课程设置、考核方式、论文评价标准等培养环节，难以产出社会急需的复合型、高端型法律人才。[2]这种供需关系随着我国市场经济不断完善、社会矛盾的多元化及公众维权意识的觉醒，会变得愈发紧张，尤其是涉外高端法治人才的缺口极为突出，严重制约了国家、企业等在涉外法律纠纷案件中维护自身合法权益的能力。

三、新时代法律硕士教育的创新逻辑——以中国政法大学法律硕士学院为例

作为国务院学位委员会办公室批准招收法律硕士专业研究生的首批试点之一，中国政法大学经过近十年的探索，于2005年

---

[1] 朱小平：《我国法律硕士专业学位研究生培养困境及完善》，载《科教文汇》2015年第12期。

[2] 王新清：《论法学教育"内涵式发展"的必由之路——解决我国当前法学教育的主要矛盾》，载《中国青年社会科学》2018年第1期。

成立了迄今为止全国唯一以培养法律硕士专业学位人才为目标的专门学院。学院将建设全国一流、世界知名的法律专门学院，探索高层次应用型人才培养模式改革，提高人才培养质量，形成在全国具有引领性、示范性并可复制、可推广的办学模式作为办学目标。针对法律硕士教育的诸多制度性难题，法律硕士学院进行了积极探索，创新改革培养模式，在一定程度上可为其他培养单位教育改革提供有益思考。

（一）规范、科学的人才培养制度基本确立

通过近十年的探索，中国政法大学在法律硕士人才培养方面积累了大量先期经验，并通过建立法律硕士学院得以集中展现：一是成立专门的法律硕士人才培养学院。中国政法大学是一所以法学学科为特色和优势的重点大学，是法学研究的重要阵地，是国家立法活动的重要参与者、国家法学教育创新的引领者。同时，学校还与多个国家机关、律所及其他实践部门保持长期沟通合作关系。依托雄厚的法学教育资源，学校成立了法律硕士学院这一专门人才培养基地，这是建立独立且特色的人才培养制度的前提基础。对于不具备同等教育资源的综合类院校，可以在法学院内部设立法律硕士系，以体现与其他法学教育类型组织架构上的区别。二是确立了法律硕士人才培养专门制度。首先，教育制度设计方面。法律硕士学院将培养高层次、应用型、复合型法律职业人才作为人才培养重点。设置了明确的培养目标，要求学生应具备扎实的法学理论知识和执业技能，具备掌握和获取知识能力、独立思考和分析能力及发现和解决问题能力。为实现上述培养目标，学院分类制定了培养方案，在强化全面法学教育前提下，实行分方向专业课程学习和特色课程教育，注重案例教学和实践教学，为学生提供个性化法学教育。其次，师资保障方面。依托全校法学教师资源，学院近年来不断推进师资队伍实体化建设，目前学院师资分为院内师资、校内师资、国际师资和兼职教授四个部分，院内师资分属公法教研部、私法教研部、经济法教研部、实践教研部四个教研部，兼顾了各个法学学科及实践教学的师资需求。最后，特色资源方面。学院结合教学实际，定期开展午间沙龙、教学沙龙、新年论坛、师生下午茶等教师教学科研活动，为专任教师提供教学、科研学习交流和教学改革创新平台；针对学生理论和实践能力培养，学院定期组织法律硕士成长论坛、"法硕之星"学生科研创新、辩论及模拟法庭活动、法律援助等活动。此外，学院还设立各种奖助学金，积极拓展社会资源建立学院奖助体系。通过积极探索法律硕士教育的规律和路径，建立了特色鲜明的人才培养制度。

（二）设置体现办学特色和专业特色的培养方案

考虑到全日制和非全日制法律硕士在学习时间、就业规划上的不同，法律硕士学院分别设置了培养方案。培养方案内容均列明了专业简介、培养目标、专业方向、学制及学习年限、培养方式、考核方式、质量标准、专业实习、学位论文选题与撰写、学位论文答辩与学位授予、参考文献及学分要求，将所有培养环节予以制度化、规范化。在培养方式上，两种专业学位均包含学习、教学、导师指导、专业学习及国际交流五个部分，其中，全日制学生实行"双导师制"，本校具有资格的专业教师担任校内导师，由实务部门的专家担任兼职导师。非全日制学生原则上只安排校内导师，如有需要则安排校外导师。这充分顾及两类学生学习模式的不同，防止"双导师制"流于形式。在实习方面，依托学校、学院与司法实践部门共建的学习基地，司法部门、法务部门、金融机构及其他涉及法务的工作单位为学生提供了大量实习岗位。此外，还有双学位项目、暑期课程、国际实习实践等多种形式的国际交流活动，重视拓宽学生的国际化视野。在质量要求方面，培养方案要求学生除掌握法学基础知识和实务技能外，还应熟练掌握一门或多门外语，能运用外语从事法律相关工作。这些举措为培养我国紧缺的高端涉外法治人才奠定基础。在论文撰写方面，培养方案要求论文选题应兼具理论和实践意义，并且学院还专门出台了学位论文写作标准,对论文选题、形式、内容、答辩要求、导师评阅等做了详细规定。整体而言,培养方案体现出了法律硕士培养的学科特色、院校特色,内容详尽、安排相对合理,具备明显的可行性和科学性。

(三)课程设置职业化色彩突出且兼顾了专业知识传授和学生主观偏好

考虑到学生的非法学背景,法律硕士学院未仿照法学硕士区分研究方向,而是结合学生本科专业背景或者专长,设置了内容丰富的课程:学位公共课(7学分)、专业必修课(14学分)、专业选修课(14学分)、强化系列课程(8学分,仅要求全日制学生)、实践教学与训练(17学分)及学位论文(5学分)。具体而言,学位公共课包括习近平新时代中国特色社会主义思想、法律外语及中国特色社会主义理论与实践研究,专业必修课则与法学本科基本相同,采用讲授与研讨的方式。除传统选修课外,学院还开设了竞争法、信托法、劳动法、财税金融法、环境保护法等当下社会法律纠纷热点领域课程。在学生完成法律基础课程学习后,全日制学生根据个人实际情况及主观偏好,必须选择法律诊所和强化系列课程进行学习,强化系列课程涉及高端国际法律实务、知识产权法、公司企业法、税法、金融法、环境保护法与能源法、劳动法、卫生法、体育法、网络、人工智能与法、传播法、娱乐法专业热门领域。非全日制学生可根据情况选择强化系列课程,与全日制学生一同上课,但没有设置学分要求。为了能真正贯彻课程安排,学院从全校和本院法学教师中挑选,为学生开设学位公共课、专业必修课、专业选修课,对于其中一些实务性强的课程,还邀请本院实践教学部教师与实务界专家共同开设,做到理论与实务并重。强化系列课程以实现就业为出发点,是法学知识、实践技能与学生兴趣三位一体的完美体现,最能体现学院课程设置的创新性。每个强化系列课程分为几个模块,以公司企业法为例,该系列课程下设公司法案例研习、破产法理论与实务、股权设计与股权激励法律问题、跨国企业法律实务及企业法律风险防范这四个重点领域。在完成强化系列课程后，学生可选择相应方向或不同方向的法律诊所进行实践技能锻炼。除法学基础课程外，强化系列课程还与模拟法庭、法律诊所、律师实务及专业实习等多种实践教学相结合，确保学生在打牢法学理论基础的同时，在职业方向选择方面能充分发挥主观能动性。

（四）将服务社会和公共治理需求作为人才培养的出发点

法律硕士专业学位设置的根本目的是为社会和公共治理提供高素质、复合型、应用型法治人才。[1] 为实现这一目标，法律硕士学院从课程设置、师资建设、培养模式选择以及国际化方面，都进行了创新式探索，为提升人才培养实效奠定了制度基础：首先，强调掌握法学理论知识的重要性。从课程设置上看，专业必修课和专业选修课所占比重最高，这对于学生养成法律思维，系统化地掌握法律基本原理和规则，进而正确判断和分析法律关系、发现问题并提出解决方案至关重要。其次，回应社会和公共治理需求。以涉外法治人才为例，不论是数量还是质量，我国当前涉外法律人才和现实需求之间都存在较大缺口，造成这种问题的原因之一是涉外法学教育的缺失。[2] 为了助益涉外法学教育改革，法律硕士学院设置了相关专业选修课和系列强化课程。以高端国际法律实务课程为例，该课程分为国际投资法理论与实务、International Commercial Contracts、海商法理论与实务、WTO法律制度、涉外仲裁与诉讼实务五个部分，结合法律诊所实务技能锻炼，将涉外法治人才培养不断规模化，以弥补我国涉外法律教育的缺失。此外，还有知识产权法、网络人工智能法、娱乐传播法等系列强化课程和相关法律诊所，也以社会需求作为课

---

[1] 王利明：《我国法律专业学位研究生教育的发展与改革》，载《中国大学教学》2015年第1期。

[2] 汤维建：《涉外法律人才：多些，再多些》，载《人民政协报》2020年5月22日，第6版。

程设置的初衷。最后，提升法律硕士人才培养的认可度。通过以服务社会为导向的一系列教育教学改革，法律硕士学院建立了精细化的人才培养制度，通过制度创新和积极宣传，使社会对法律硕士教育的认可度有所提升。社会需求和人才培养的良性关系，有助于形成人才培养的品牌效应，是实现法律硕士"产学结合"目标的重要表现。

四、反思与展望

国家治理体系现代化与法治化为法律硕士教育提出了更多要求，实现新时代法治人才培养目标，必须创新教育模式、优化培养机制。中国政法大学法律硕士学院以社会和公共治理需求为出发点，以职业化为导向，推进法律硕士教育创新改革，确立了体现法学基础知识学习、实践技能锻炼及学生主观能动性发挥三位一体的人才培养模式，突出了学科特色和办学特色，有助于提升专业学位学生的职场竞争力。未来，如何切实、有效地将制度化安排转化为实际效能产出，以人才培养的实际效果，如多方关于就业质量的反馈，来检验制度创新成效，是法律硕士学院乃至全国法律硕士教育改革面临的挑战。

法科教师可以努力的限度

——以黄药师对傻姑的武功教育为中心的考察

◎蒋志如[*]

摘 要：通过考察金庸武侠中傻姑与黄药师、郭靖与其诸老师间的武功教育过程，我们证明了如下结论：任何教育均是师生互动之结果，而非一方的独角戏。由于教师在年龄、知识、阅历等方面的优势，在教育这一关系中，教师实际上处于主导地位、甚至决定性定位，他们努力的程度、限度决定了学生的发展程度、成长高度，如果从教师角度看，即教师可以努力的限度。而且，学生如果不聪明的话（如傻姑、郭靖），老师付出的努力（包括其努力的限度）更容易被观察到，对聪颖、心灵手巧之士来说，教师的努力程度则不容易被观察到。对照中国法学教育，由于考核、科研等压力及收

---

[*] 蒋志如，兰州大学法学院副教授，法学博士。研究方向：刑事诉讼法学、法学教育。

入情况，法科教师很难有心情审视其教授的法学课程、培养优秀的学生，更不要说花费更多的时间培养出类拔萃的学生，亦即中国法科教师很少花时间在教学和培养学生的事项上。要激发、促进中国法学教育向前发展，不仅仅需要鼓励老师花费更多的时间在教学、培养学生事项上，更需要国家、高等院校或者法学院提供基本保障以使法科教师有心情，进而愿意或者更积极参与到其从事的法学教育中。

关键词： 法科教师　努力限度　武功教育　法学教育　分段式法学教育

一、问题、材料与说明

法学教育在现代社会首先是一种法学院教育、一种职业教育，是现代工业社会发达的产物，法学院教师（法科教师）在其间扮演着不可或缺的重要角色，特别是在法学院学生还不具备任何常识、知识且对法律职业缺少认识的情况时，该角色更是基础性的。但法学院教师不一定是律师、通常也不是法官、检察官等司法实务部门专家，通常是由专门的职业者（教师）组成（以与前者有迥异的经历、思考和角色承担），主要通过课堂教学（案例教学法或者讲授法）讲授法学理论[1]实现其职业角色：一方面，虽然法学课堂、教学是教师自治的领域，大学或者法学院只能对法科教师提出最低要求，即学历、学位的要求（这是一种职业准入的要求[2]——此为最低层次法科教师要求）。另一方面，法科教师虽然在理论上可以不作为、可以"当一天和尚撞一天钟"，但其职业角色、职业理论将激发其发自内心地通过教学达

---

[1] 关于法学院法科教师在课堂上讲授的内容首先应当是法学理论的研究，请参见蒋志如：《试论法学教育中教师应当教授的基本内容》，载《河北法学》2017年第2期。

[2] 对此的详细分析，请参见蒋志如：《试论法学教育对法科教师的基本要求》，载黄进主编：《中国法学教育研究》（2013年第4辑），中国政法大学出版社2013年版。

到培养更优秀法科学生的理想；进而言之，法科教师可以根据其偏好、经验，其对所授课程的精深理解、审视和体悟，通过更好的方式培养优秀的法科学生、甚至一流的法律人，换言之，此为法科教师在其教学范围内可以努力的限度问题。

但法科教师努力的限度是一个主观性非常强的问题，很难用一些客观要素标志之，因而这方面的研究处于有待开发的领域。因此，在这里笔者拟从一些个案出发，挖掘在培养学生问题上法科教师可以努力的限度；但又由于个人、个案具有私密性，在中国当下法学教育语境下，很难展开研究。进而，笔者将研究的视野投向与法学教育类似的武功教育，通过文学（武侠小说）中的案例（个案）描绘在武功教育中师傅努力的限度以探求、挖掘法学教育中法科教师可以努力的限度。

但在展开分析之前，我们还需要作一个说明，或者说解决一个前提性条件，即武功教育与法学教育为何有相似性，或者武功教育何以可以作为展示法学教育中法科教师努力的限度：

武功（武术）与法律具有相似性：武功首先有强身健体的意义，更有解决纠纷之功能，正如金庸武侠著名人物郭靖所言，"我辈练功学武，所为何事？行侠仗义、济人困厄固然是本分，但这只是侠之小者。江湖上所以尊称我一声'郭大侠'，实因敬我为国为民、奋不顾身地助守襄阳……"[1] 即解决具体个人间的纠纷（保障个人权利），实现个体的公平正义，而实现的手段是武功，且武功的高低决定了纠纷解决的效果（当然，在武侠世界、在江湖中，这并不完全取决于武功，还有其他方面，但武功居于主导地位）；另外，根据郭靖的成长经历，其以武功、品德为基础，围绕在他身边的一批江湖人士帮助襄阳守城大将吕文焕守襄阳城，救大宋子民于水火，是为"侠之大者"[2]。在法治社会中，法律也有如是功能，法律中的宪法可谓"侠之大者"（主

---

[1] 金庸：《神雕侠侣》（二），广州出版社2008年版，第710页。
[2] 对此，请参见金庸：《神雕侠侣》（三），广州出版社2008年版，第724页。

要规范国家权力的法律),而其他部门法则为"侠之小者"(主要对公民的自由、人身、财产权利作各类保障)。

武功与法律都是一种职业工具,是一项实践性的"科学""技艺",均需要系统学习、长期学习和训练,这一过程即武功教育与法学教育,两者也因而有了相似性。我们可以通过考察武侠世界、江湖中教师(师傅)在教授徒弟们时所花费的时间、精力以及其培养学生的情况展示教师可以努力的限度;在这里,笔者将以金庸武侠中的故事为例,特别是《神雕侠侣》中的师傅(如黄药师、全真七子、郭靖等人)为例展示教师可以努力的限度。

二、黄药师及其弟子们

关于黄药师的基本情况和履历我们可以从两部著作中阅读到,金庸所著的两部著名小说《射雕英雄传》《神雕侠侣》对此有详细描绘,具体而言:

首先,就黄药师的武林地位而言:黄药师系浙江世家子弟,其祖上一直被封侯封公,历朝均为大官,后因政治原因充军云南,出生在云南丽江,后回到中原,凭借其武功、家世、行为方式,他不仅获得非常高的江湖地位,而且在桃花岛建立了自己的"独立王国"。这表明黄药师拥有不菲的财富和势力。当然,这对我们在这里的分析不重要,重要的是黄药师在江湖中的社会地位,正如江湖骗子裘千丈(其为江湖上赫赫有名铁掌帮帮主裘千仞和绝情谷裘千尺的哥哥)对当时武林高手的描绘:

> 当今学武之人虽多,但真正称得上有点功夫的,也只是寥寥这么几个人而已……武林中自来都称东邪、西毒、南帝、北丐、中神通五人为天下之最。讲到功力深厚,确以中神通王重阳居首,另外四人嘛,也算各有独到之处……那一年华山论剑……天下武功第一的名头给老道士(王重阳——笔者注)得了去。当时五人争一部《九阴真经》,说好谁武功最好,经书就归谁,比了七日七夜,东邪、西毒、南帝、

北丐尽皆服输……那东邪、西毒、南帝、北丐四人都是半斤八两，这些年来人人苦练，要争这天下第一的名头……[1]

这是第一次正式、系统地介绍江湖中的五大绝顶高手，[2]与《射雕英雄传》一开始就出场的江南七怪（或者江南七侠）、与全真七子、枯木大师比较的话，他们并不属于同一级别的绝顶武林高手；换言之，武林高手之排名可以大致描绘如下：王重阳被公认为第一，东邪、西毒、南帝、北丐可谓并立第二（其实，还有周伯通），属于第一方阵；全真七子（王重阳的弟子，作为整体的武林地位）、陈玄风、梅超风（黄药师的弟子）、灵智上人等可谓第二方阵；江南七怪、一灯大师座下的四大弟子（渔、樵、农、读）则等而次之。经过第二次华山论剑、第三次华山论剑，黄药师仍然保持着武林五绝的高手地位（第三次武林五绝为东邪、西狂、南僧、北侠、中顽童）。

据此，我们可以作出判断——黄药师的江湖地位非常高，在其一生中仅次于王重阳或周伯通，如果以今天的标准评价的话，黄药师是可以归属到大师级别的人物，由于其武学的江湖地位、武学的独特性和对药丸的深度研究，黄药师是一位具有开创性的大师，更是一名顶级的化学家——此为其自身地位的评价。

其次，黄药师作为一名教师，其六名弟子的江湖地位、武功排名情况。武林五绝皆有弟子继之，中神通王重阳有全真七子（也包括周伯通）、西毒欧阳锋有儿子欧阳克、南帝段智兴有四大弟子（渔、樵、农、读）、北侠洪七公有郭靖、东邪黄药师则有六名弟子（曲灵风、陈玄风、陆乘风、武罡风、冯默风和梅超风）。从武学传承（武学教育、武功教育）的角度看，只有中神

---

[1] 对此，请参见金庸：《射雕英雄传》（二），广州出版社2008年版，第477~478页。

[2] 还有两次，第一次为梅超风的自我回忆（与曲灵风的一次谈话），另一次是当事人洪七公的叙述（与黄蓉、郭靖的一次私人对话），裘千丈的描绘则是作为第三方对此事件的叙事，而且是当众叙述，不是私下谈话场合。

通王重阳开山立派，创建全真教，后来成为江湖中非常重要的门派，还有终南山的道家场所、有众多弟子、达者七人（全真七子），这是一个非常正式的一个教育机构（集宗教、意识形态与武学教育于一身），产生了非常重要的社会影响力，以至于成吉思汗都愿意与王重阳的弟子丘处机交往，并向其请教（一些问题）。西毒欧阳锋之传人欧阳克为家传，北丐洪七公更多是随缘（即遇到有缘的弟子，则传其技艺，如给穆念慈传授武功），南帝则是其四位大臣（亦师亦友），更无收其他弟子的意愿、需求；黄药师则处于其间，仅稍逊于武林宗师王重阳，其招收了六名弟子，而且有一个固定的（教学、生活）场所（桃花岛），琴棋书画无所不授[1]。

黄药师的六名弟子武功、江湖地位的基本情况，简单地说，除了武罡风着墨不多（陆乘风简单交代其早已死去）外，其他五位弟子均有详细描绘，可以简单描绘如下：

其一，作为夫妻的铁尸梅超风与铜尸陈玄风，被江湖人称为"黑风双煞"：两人在桃花岛学艺数年，偷了黄药师妻子默写的《九阴真经》下卷，随即躲起来，练习九阴白骨爪和摧心掌；而两人练功时以活人作为靶子，进而成为武林公敌。虽然武林正派人士对其不断围剿，但"黑风双煞"的名头却越来越大，正如梅超风自己所言，"师门所授的桃花岛功夫本来就十分了得，我二人单以桃花岛功夫，就杀得那些狗子望风而靡……此后横行江湖，'黑风双煞'的名头越来越响……后来敌人越来越强……全

---

[1] 对此，请参见金庸：《射雕英雄传》（二），广州出版社2008年版，第327～332页。另注：严格地说，黄药师还有两名弟子：黄蓉与程英。黄蓉当然也是黄药师弟子，但其成名不依赖于此，依赖于洪七公的打狗棍法、担任丐帮帮主的职位，还有其丈夫郭靖的社会、江湖地位，或者说更确切地说，黄蓉很少以桃花岛武功为自己闯荡出一份江湖和社会地位。因此，笔者并不将其统计为黄药师弟子的名录，而且在论及黄药师六名弟子时，黄蓉刚刚出生，无需提及。另外，还有程英，也不需要提及，在《神雕侠侣》中基本上不论及其江湖地位问题，主要描绘其与杨过的情感纠葛，因而与本文在这里分析的内容相关性不大。

真教的道士也在暗中追踪……"[1] 进而言之，梅超风、陈玄风两人的名头仅次于作为整体的全真七子，如果单打独斗，全真七子任何一人均应当不是二人的对手[2]，江南七怪在整体上不可能抗衡梅超风与陈玄风夫妻（作为江南七怪之首柯镇恶，一见到"黑风双煞"练功留下的骷髅即令其他人逃走）。

其二，作为黄药师的首席弟子，曲灵风虽然在江湖中并不出名，或者说没有挣得名誉，江湖地位自然也没有，特别是与作为反面形象的梅超风、陈玄风比较的话更是如此。但其武功、能力在其他人的叙述下得到比较充分呈现：①在《射雕英雄传》开始即出场，他瞬间杀死三名大内高手，看得杨铁心（杨康之父）、郭啸天（郭靖之父）心惊肉跳。②梅超风对曲灵风的评价——"大师哥曲灵风文武全才，还会画画……"[3] ③师弟冯默风的评价——"……曲灵风，行走如风，武功变化莫测，擅长铁八卦神功"[4]。④黄药师对诸弟子的评价——"我门下诸弟子中，以灵风武功最强，人也最聪明，若不是他双腿断了，便一百名大内护卫也伤他不得"[5]。

其三，归云庄庄主陆乘风。陆乘风在江湖上则大大有名，与梅超风、陈玄风形成鲜明对比，一个正、一个邪，表现在：①陆乘风曾经作为正派人物领袖率领江湖人士围攻"黑风双煞"[6]，能够率领群雄，则是其江湖地位的主要体现，其武功也不可能

---

[1] 对此，请参见金庸：《射雕英雄传》（一），广州出版社2008年版，第336～341页。

[2] 在大漠时，当时掌教马钰发现了梅超风，也不敢单独迎战，正如马钰所言，"这人（梅超风）武功当真厉害之极，只怕你六位师父不是她的敌手，再加上我，也胜不了"。参见金庸：《射雕英雄传》（一），广州出版社2008年版，第184页。

[3] 对此，请参见对此，请参见金庸：《射雕英雄传》（一），广州出版社2008年版，第327页。

[4] 对此，请参见金庸：《神雕侠侣》（二），广州出版社2008年版，第533页。

[5] 对此，请参见金庸：《射雕英雄传》（三），广州出版社2008年版，第889页。

[6] 对此，请参见金庸：《射雕英雄传》（一），广州出版社2008年版，第340页。

差,虽然与陈玄风、梅超风比较要低;②陆乘风(及其儿子陆冠英)所在的归云庄是领导太湖群雄的总舵;③当黄药师听说,陆冠英师从枯木大师时,要求陆乘风自己教,正如其所言:"枯木这点微末功夫,也称什么大师?你所学胜他百倍,打明天起,你自己传他功夫吧。仙霞派的武功,跟咱们提鞋子也不配……"[1] 简言之,以武功而言,陆乘风虽然不如梅超风或者陈玄风,却也(应当)是江湖上的武林高手,比仙霞派的枯木大师高,也因而能领导群雄。

其四,最小弟子冯默风。冯默风离开黄药师、桃花岛时,年龄最小,武功最弱,以打铁为生,与江湖人物全然不通信息,无法比较其武功之高低、也无法论其江湖地位,其第一次与人动武,即江湖上人人谈之色变的女魔头李莫愁与之比试也不能轻易取胜,请看《神雕侠侣》的描绘:冯默风离开桃花岛后,三十年来练功不辍,练功时日久于李莫愁,但李莫愁横行江湖,大小数百战,经历见识多他百倍,拆得二三十招,李莫愁已知冯默风功力不弱……[2] 由此可见,当时冯默风的武功不低,与一般武林人士比较,可谓佼佼者,更或者说与当时的程英等比较至少不低,虽然他与陆乘风比较的话有很大差距,与梅超风、陈玄风、曲灵风比较的确相差太远。

总而言之,作为武林五绝之一的东邪黄药师,其招收了六名弟子,除了武罡风不明之外,其他五名弟子在武学学习、武功境界上均有相当的造诣,由于五人的性格、偏好不同,在他们离开桃花岛独立成长过程中,江湖地位、武功成就表现迥异:曲灵风在江湖地位不高、其武功也无人知晓,只有桃花岛一众人清楚其武功之高低(武功最高),而梅超风、陈玄风让江湖人士闻风丧胆,其武功、江湖地位可以说仅次于五绝,基本上与全真七子并

---

[1] 对此,请参见金庸:《射雕英雄传》(二),广州出版社2008年版,第507页。

[2] 对此,请参见金庸:《神雕侠侣》(二),广州出版社2008年版,第541页。

立，再次之则为陆乘风，最弱冯默风。

简言之，黄药师自己位列五绝，是为武林中、江湖上的顶级人物，其培养的学生、弟子，也均为江湖第一流人物，或者更确切地说，其弟子大部分都凭借黄药师传授的武功、能力挣得相当高的江湖地位。因此，我们可以说，黄药师的武功教育非常成功，正印证了那句谚语——"名师出高徒"，虽然与王重阳正式的开山立派式的武功教育比还稍逊风骚，但与南帝、西毒比较而言，无论其从事的武功教育还是展开的人生观教育，抑或其学生取得的社会地位均更胜一筹。另外，值得注意的是，北丐洪七公教授的徒弟郭靖更是例外，或者说两者没有可比性，不能因为郭靖本人取得的成就推论黄药师在武功教育上比洪七公低，郭靖的成功不仅仅是洪七公努力的结果（后面有详细分析）。

三、黄药师对傻姑的武功教育

虽然黄药师异常聪明而且无所不精，有极高的江湖地位、卓绝的武功，但由于其性格、偏好，即黄药师本人属嵇康式人物，性格比较冲动，对其弟子也带来了灾难性的人生际遇，无论是冯默风、曲灵风，抑或是梅超风、陈玄风，他们的人生发展、际遇和结局都不怎么好；只有陆乘风，他挣得（正面的）较高的江湖地位、有更多的社会财富，成为江南、太湖一代的江湖领袖。简单地说，黄药师在培养学生、弟子的武功上非常成功，但其负面效应也较严重。在目睹梅超风、陈玄风、曲灵风的遭遇后，他改变了自己的态度，首先同意了郭靖与黄蓉的婚事，随后，因自己既有过失带来的内疚补偿到其徒孙，令陆乘风传授其儿子陆冠英桃花岛的上乘武功，自己亲自传授曲灵风的孤女傻姑武功；进而言之，黄药师在年龄、经历增长中改变了对待其他人的态度、行为方式，这虽然不能改变其六名弟子的命运，却令其徒孙辈受益不少。

如果纯粹从武功教育角度审视的话，前述内容可以做如下申述：黄药师对六名弟子的武功教育均有一个好基础，即六名弟子均非常聪明，对其的武功教育不仅仅是老师努力的结果，更是六名弟子努力、奋斗的结果，是师生良好互动的产物。因此，测量黄药师作为教师在学生学习投入上的努力限度对于我们来说是一件困难的事情，因为我们不知道到底谁更努力，师生间谁对教学之效果贡献更大。不过，正因为黄药师对弟子的内疚，化为对弟子的孩子（作为徒孙）的努力，特别是对无依无靠的傻姑投入了更多时间、精力和努力；这一努力过程、结果体现了其在武功教育中努力的限度，请看下面的具体描绘：

首先，傻姑的基本情况。傻姑的基本情况可以做以下几个阶段的叙述：

（1）在《射雕英雄传》第一回即有对傻姑小时候的情况作出的点滴描绘，"他（曲灵风或曲三——笔者注）那五六岁的小女儿，也常常捉鸡、追狗，跟爹爹胡言乱语一番，曲三没了妻室，要照顾这样一个小女儿，可着实不易……"在杨铁心去买酒时，看见这样的情形："……他那小女儿坐在地下，口中唱着儿歌，在独自玩弄泥巴。杨铁心心想这女孩癫癫傻傻，平日里尽胡说八道……"[1]

（2）在《射雕英雄传》第二十三回，黄蓉看到了十七八岁的傻姑，"内堂走出个十七八岁的姑娘来，蓬头乱服，发上插着一只荆钗……"在对话中，"周伯通道：'诶，你真是一个傻姑娘。'那姑娘咧着嘴欢笑，说道：'是啊，我叫傻姑'"。在离开牛家村时对傻姑的评价，"傻姑学得傻里傻气的，掌如其人，只是不知她是从小痴呆，还是后来受到了什么惊吓损伤，坏了脑子……"[2]

在《射雕英雄传》第二十六回，当黄药师看到傻姑时，发现

---

[1] 对此，请参见金庸：《射雕英雄传》（一），广州出版社2008年版，第15页。
[2] 对此，请参见金庸：《射雕英雄传》（三），广州出版社2008年版，第778~784页。

她与曲灵风相似，在看到曲灵风的遗言时确定了傻姑是曲灵风的女儿[1]；在检视了曲灵风的遗物后，发现如下一番文字："黄药师……说道：'我门下诸弟子中，以灵风武功最强，人也最聪明，若不是他双腿断了，便一百名大内侍卫也伤他不得。'黄蓉道：'这个自然，爹，你要亲自教傻姑武艺吗？'黄药师道：'嗯，我要教她武艺，还要教她做诗弹琴，教她奇门五行，你曲师哥当年想学而没学到的功夫，我要一股脑儿教她……'"[2]

（3）中年的傻姑：黄药师不仅是武学大师，更是化学家（也应当具备相当的医学知识，其研制的"九花玉露丸"则是重要佐证），在将傻姑带回桃花岛后，必然欲以医治其疯傻的病症，但其效果如何呢？我们可以从《神雕侠侣》第十五回的描绘中看出——如果从时间看，这时傻姑应当接近四十岁（距离黄药师第一次看到她时又过了十余年）[3]：歌声是女子的口音，听来年纪已自不轻，但唱的却是天真烂漫的儿歌："摇啊摇，摇到外婆桥，外婆叫我好宝宝，糖一包，果一包，吃了还要拿一包"……她越唱越近，转了几转，从大门中走了进来，却是个蓬头乱服的中年女子，双眼圆睁，嘻嘻傻笑，手中拿着一柄烧火用的火叉……这蓬头女子正是曲傻姑。[4] 由此可见，黄药师并没有治愈傻姑的疯傻之病症，一如几岁、二十来岁的样子。

通过对傻姑三个年龄阶段精神状态的描绘，我们可以对傻姑学习武功或者说黄药师对傻姑的武功教育的基本条件作出判断：

---

［1］ 该遗言全文如下：敬禀桃花岛黄岛主尊前：弟子从皇宫之中，取得若干字画器皿，欲奉岛主赏鉴。弟子尊称岛主，不敢擅呼恩师，然弟子虽睡梦中，亦呼恩师也。弟子不幸遭宫中侍卫围攻，遗下一女……

［2］ 对此，请参见金庸：《射雕英雄传》（三），广州出版社2008年版，第889页。

［3］ 根据《射雕英雄传》《神雕侠侣》两部著作中故事情节发生的大致时间看，郭靖第一次看到傻姑时，傻姑十七八岁（杨过还没有出生），当杨过长大成人见到傻姑时，傻姑应当有三十余岁（接近四十岁）。

［4］ 对此，请参见金庸：《神雕侠侣》（二），广州出版社2008年版，第517~518页。

傻姑从小智商不高，精神处于疯傻状态，在其二十岁左右、中年时期，这一疯傻状态也没有改变，虽然导致其疯傻的原因不明。傻姑作为一个人，其呈疯傻状态，虽然不是纯粹的精神病，但精神状态也有瑕疵，这一瑕疵与正常智商相差较远，与郭靖小时候的情况也是不可比较的[1]，如果从生物学角度看，其与动物的动物性更近，而非与正常智商的人相近[2]——与前述的黄药师进行武功教育的其他弟子比较而言，是两种完全不同的状态，后者至少是正常智商且更多是聪明才智之士。

其次，作为师傅黄药师的努力。正如刚刚的叙述，黄药师对傻姑进行武功教育的一个不利基础，即傻姑智商很低，更接近动物，而非正常人。因而，在这一武功教育中，需要作为老师的黄药师付出更多努力方可令傻姑达到与他人同样的水平。对此，根据小说《神雕侠侣》之文本，我们可以作这样的描绘:[3]

（1）基础与常识："至于她能绕过茅屋前的土堆，只因她在桃花岛住得久了，程英布置的尽是桃花岛的粗浅功夫，傻姑也不需什么奇门遁甲，看也不看，自然而然地信步进屋……"当（专业）知识与生活常识密切联系起来，对于其他人而言，是精深的专业知识，对于生活于其中的人（傻姑）则为一种生活常识。进而言之，当傻姑随黄药师生活在桃花岛时，其生活经历自然而然令其学习到了黄药师的奇门遁甲相关知识，推而言之，黄药师作为武林顶级高手，其生活中的言行（对于傻姑而言，特别是其涉及武功的"行"）则成了傻姑生活、学习武功的基本常识，因此，我们可以说，在名师的学习环境中，学习者不知不觉步入攀登学习高峰的捷径。

（2）关于教授武功的内容："黄药师知道什么变化奇招她决

---

[1]　对此，请参见蒋志如的《试论法科学生、法律人学习的阶段或层次——以金庸武侠人物为例》一文，待刊稿。

[2]　从物、动物再到人之间有若干状态，对此有详细分析的文献，请参见蒋志如：《刑事特别程序研究》，法律出版社2016年版，第392~400页。

[3]　对此，请参见金庸：《神雕侠侣》（二），广州出版社2008年版，第518页。

计记不住，于是穷智竭虑，创造出三招掌法、三招叉法。这六招呆呆板板，并无变化后招，威力全在功劲之上。常人练武，少则数十招，多则变化逾千，傻姑只练六招，日久自然精纯，招数虽少，却也……"任何负责任的教师都会根据学生的既有知识基础、思维能力审视其教学的内容（范围、顺序）问题，在傻姑的武功教育中，黄药师也面临这一问题：①教学对象，傻姑是一个不会自己动脑、只能简单重复、机械地学习的人，因而黄药师不可能将其全部武学（而且黄药师的武学，不仅仅靠努力，更依靠聪明去思考、体悟，正因为这样、郭靖从没有学习黄药师一派的武功）一股脑儿传授给傻姑，虽然黄药师主观上想这样。②黄药师武学的基本情况：文武全才，自创桃花岛功夫，正如其弟子曲灵风的评价："……文才武功，琴棋书画，算数韬略，以至于医卜星象，奇门五行，无一不会，无一不精……"[1] 撷其要有弹指神通、玉箫剑法、桃花落英掌、兰花拂穴手等绝技。③黄药师的努力：黄药师空有刚才提及的一身本领，却也不能一股脑儿将其传于傻姑，经过实践、经过挫折，将所有武功根据其理解、思考化繁为简、针对傻姑个性，融入一套掌法、一套叉法之中，共计六招，进而符合了傻姑学习武功的基本情况。

（3）黄药师武功教育的效果："……十余年来，傻姑在名师的督导之下，却也练成了一套掌法、一套叉法……"进而言之，黄药师经过十余年的努力，傻姑在十余年的"重复"后，练成了其师公的这套只有六招的掌法和叉法，通过时间的浸润，傻姑的武功也有不小成就，至少可以达到强身健体的效果。

最后，黄药师对傻姑武功教育的社会效果：与其他比较下的成功度。武功对于江湖人士而言是基本工具。在江湖中，好像任何问题均可通过比武的方式解决（就如当下社会纠纷均最终可以司法的方式解决，亦为司法最终解决原则），包括武林排名，第

---

[1] 对此，请参见金庸：《射雕英雄传》（一），广州出版社2008年版，第14页。

一次华山论剑后产生的以中神通王重阳为首的东邪、西毒、南帝、北丐和中神通五绝即如此,这是学武之人学习武功,或者说师傅教授武功欲以达到的社会效果。就本文指涉的问题,即黄药师对傻姑进行的武功教育取得的社会效果。能充分体现这一点的,是傻姑与李莫愁的一场非正式"比武",根据《射雕英雄传》《神雕侠侣》之文本,可以简单描绘如下:

> 此时她见李莫愁拂尘打来,当即火叉平胸刺出。李莫愁听得这一叉破空之声劲急,不禁大惊:"瞧不出这女子功力如此深湛。"急忙绕步向左,挥拂尘向她头颈击去。傻姑不理敌招如何,挺叉直刺。李莫愁拂尘倒转,已卷住了叉头。傻姑只如不见,火叉仍往前刺。李莫愁运功急甩,火叉竟不摇动,转眼间已刺到她胸口,总算李莫愁武功高强,百忙中一个"倒转七星步",从墙壁破洞中反身跃出,方始避开了这势若雷霆的一击,却也吓出了一身冷汗。她略一凝神,又即跃进茅屋,纵身而起,从半空中挥拂尘击落。傻姑以不变应万变,仍然挺叉平刺,敌人已经跃高,这一叉就刺向对方小腹。李莫愁见来劲狠猛,倒转拂尘柄在叉杆上一挡,借势窜开,呆呆地望着她,心想:"我适才攻击的三手,每一手都暗藏九般变化,十二招后招,任他哪一位武林高手均不能等闲视之。这女子只是一叉当胸平刺,便将我六十三手变化尽数消解于无形。此人武功深不可测,赶快走吧!"[1]

李莫愁虽然不是《神雕侠侣》的主人公,却也是该部小说的重要人物,其武功很高,是江湖中人人谈之色变的"女魔头",也是江湖中武功最高的两位女性(即黄蓉与李莫愁)之一,在黄蓉与其见面并第一次比武之后,也非常佩服李莫愁的武功[2]。

---

[1] 对此,请参见金庸:《神雕侠侣》(二),广州出版社2008年版,第518~519页。

[2] 对此,请参见金庸:《神雕侠侣》(三),广州出版社2008年版,第936~947页。

因此，虽然对李莫愁在江湖上的具体排名不能确定，却可以对其江湖地位做一个基本评估：在女中豪杰中，李莫愁可以名列第二（小龙女在江湖上还没有多大名头），在整个江湖的武林高手中也能位列前茅，或者说她在江湖上也是一流人物。

当傻姑面对李莫愁时，却也可以通过六招的一套掌法、叉法化解李莫愁的绝学武功、令其落荒而逃并认为傻姑的武功深不可测，虽然在本质上两人武功不处于同一级别，但至少表明，傻姑的武功已然不弱，至少可以和当时的程英、陆无双等并列。

综上所述，我们作出如下一个判断：根据傻姑的既有条件、先天基础，通过黄药师的努力，其竟也可以达到江湖高手、至少可以说武林好手的行列，即使独自行走江湖，仅以武功为评价，一般人已不能打败她。如果从武功教育的角度看：①黄药师对其的武功教育非常成功；②这一成功不是师生互动的结果，而是在对象一定的条件下、主要由黄药师努力的结果；③并经过时间的浸润，傻姑武功自然而然、水到渠成到达武林好手的境界，进而说明黄药师对其的武功教育也相当成功，教师可以努力的程度已臻极限。

四、分阶段教育可以努力的限度：洪七公等人对郭靖的武功教育

对傻姑的武功教育，由黄药师一人负责，是一种学徒制教育，我们可以看到教师努力的限度。但现代教育是一种分段式教育，由小学、初中、高中、大学、研究生等阶段组成一套完整教育体系，后者是对前者教育的继续，与黄药师式的教育迥异。因此，我们需要追问一个问题，即在分段教育模式下，我们如何考察教师可以努力的限度，在这里，笔者将以郭靖之老师们对郭靖的武功教育为例展开分析：

从郭靖的成长经历看，其师父有很多，不止一个，首先是哲别，其次是江南七怪（七人）、全真七子中的马钰、洪七公、周

伯通等人；郭靖之成功（无论是武功抑或江湖、社会地位均极佳，其被尊为"北侠"，是为武林新的五绝之一）不是一位教师的努力，而是诸多教师努力的结果。这些老师水平不等，可以用当下的本科教育、硕士研究生教育、博士研究生教育来分析郭靖老师在不同阶段努力的程度（限度）：

首先，郭靖的本科教育。郭靖的本科老师可以分为三类，他们培养了其不同侧面但却是不能少的能力：①哲别是郭靖的第一任老师，主要传授其行军打仗需要的箭法和武功，郭靖学习之可以强身健体。②江南七怪教授的武功才是江湖人士应当具备的专业知识，通过武功与他人比试以解决纠纷，江南七怪七人（虽然张阿生逝世，由七师傅韩小莹代为传授）将其所学的武功知识倾其所有一招一式地授于郭靖。经过十余年的努力，郭靖虽然对敌能力不强，特别是与尹志平比试后，显得他学习水平或者说江南七怪的武功教育不高（而杨康的武功比尹志平高），但就其该段教育的要求而言，郭靖习得所有的基础知识均已达标，因为他努力学习、努力练习，牢记了江南七怪所授与的武功知识，只是还不会运用。③全真教掌教马钰对郭靖的内功教育。根据《射雕英雄传》，江南七怪注重郭靖具体武功知识的学习、练习，却很少注重内功教育，正如该书的描绘，"原来马钰得知江南六怪的行事之后，心中好生相敬，又从尹志平口中查知郭靖全无内功根基"[1]，进而到大漠，通过两年时间，通过润物细无声的方式传授了上乘轻功"金雁功"，大大提升了郭靖的武功水平，也令其远远超出了其本科学习阶段应该达到的境界。

在本科毕业时，郭靖与中原的鬼王龙门沙通天的四大弟子"黄河四鬼"的对敌可谓毕业典礼，标志着其达到较高的本科学习水平，也反映了哲别、江南七怪、马钰教学的成功，申言之：三类老师从不同方面对郭靖进行武功教育，而且几位教师均尽心

---

[1] 对此，请参见金庸：《射雕英雄传》（一），广州出版社2008年版，第190页。

尽力、花费数年功夫进而令郭靖成为优秀的本科毕业生。进而言之，在数年间，根据郭靖的智商、能力，三类老师尽心尽力，虽然他们没有共同备课、一起教学，却也达到了教师可以努力的极限。

其次，硕士研究生教育。郭靖从漠北到中原，遇到了人生中最重要的人——黄蓉。在黄蓉的帮助下，得以拜武林五绝、北侠洪七公为老师，即郭靖的硕士生导师。郭靖的硕士研究生学习过程或者说洪七公对郭靖武功教育的过程，可以作如是初步描绘：①郭靖的性格、品德：郭靖虽然智商不高、但实诚、勤奋，有行侠仗义、打抱不平的勇气，具有孔子所倡导的君子风范，有勇者、仁者的品德，宽广的胸怀。②郭靖的武功基础：正如前述，郭靖从外功看，学习了江南七怪所有的武功，从知识的角度看，他学习到丰富的武功知识，或者说积累了基础丰富的通识知识，虽然还不能灵活应用；从内功角度看，他学习到全真教的正宗内功心法；从经验角度看，郭靖与黄河四鬼的对敌，在中原与梁子翁、杨康、梅超风等人的交战中积累了一些实践经验，为下一步学习专业知识打下基础。③洪七公本人的性格和降龙十八掌的特点：洪七公作为丐帮帮主，行侠仗义，性格耿直，其成名武功有打狗棒法和降龙十八掌，前者以巧，后者反之，正如《射雕英雄传》对其的描绘："这'降龙十八掌'可说是外门武学中的巅峰绝诣，当真是无坚不摧，无固不破。虽招数有限，但每一招均具有绝大威力。北宋年间，丐帮帮主萧峰以此邀斗天下英雄，极少有人能挡得他三招两式，气盖当世，群豪束手。当时共有'降龙二十八掌'，后经萧峰及他义弟删繁就简，取精用宏，改为降龙十八掌，掌力更厚。这掌法传到洪七公手上，在华山绝顶与王重阳、黄药师等人论剑时施展出来，王重阳等尽皆称道……"[1]进而言之，萧峰、洪七公的降龙十八掌是与他们的性格、品德相

---

[1] 对此，请参见金庸：《射雕英雄传》（二），广州出版社2008年版，第416~417页。

适应的一门武学，他们在学习、实践中发挥了该武功的最佳效用，该武功也成为丐帮帮主的成名绝技。

在郭靖投入到洪七公门下后，洪七公根据其性格、品性、既有武功基础，仅传授郭靖"降龙十八掌"（而非打狗棒法），而且刚开始只传授了一掌——"亢龙有悔"，后来传授十五掌，最后才补齐到十八掌。进而言之，在硕士研究生教育阶段，硕士生导师不再传授该专业的所有具体专业知识，而是根据其特长、体悟，根据教育对象的具体情况选择某一领域传授，令学生专攻该具体领域，进而成为学习者的成名绝技。

要做到这一点，需要导师分析学生的基本情况，审视自己专业知识的特点，选择与学生相匹配的领域，进而提升武功教育的境界。

最后，博士研究生教育。当郭靖到桃花岛时，遇到周伯通，学习空明拳、双手互搏，进而窥探《九阴真经》，可谓其博士学习阶段。在该阶段，郭靖的博士生导师不止一个，应当有洪七公、周伯通二人，虽然周伯通作为一名老师与黄药师比较而言有差距，但对郭靖在方向上的引导却是功不可没，洪七公与郭靖（还包括黄蓉）一起参研《九阴真经》则令郭靖更好地融会贯通其既有的降龙十八掌，进而成为优秀的博士生，第二次华山论剑可谓其毕业典礼，当其义守襄阳十余年后，第三次华山论剑，其获得"北侠"的地位，武功、人品均至高，到达真正的武学宗师的境界。不过，在这里，笔者主要就其接受（武功）教育的角度审视，其教师努力的限度：

无论是空明拳、双手互搏，抑或《九阴真经》与郭靖既有的学习，都有方向性地转向，由具体的知识转向方法的学习，申言之[1]：①空明拳是周伯通在桃花岛十五年的时间内独创的一门功夫，这是一门以道家理念、思维方式为基础的有七十二式拳法

---

〔1〕 对此，请参见金庸：《射雕英雄传》（二），广州出版社2008年版，"双手互搏"一章。

的武学，与洪七公的降龙十八掌迥异。②双手互搏，则为方法的改变，由一人转变为两人，如果与人对敌则是两人对付一人；就周伯通而言，其则仅次于东邪、西毒、南帝、北丐（甚至相若），有了双手互搏，则变为天下第一，也在第三次华山论剑真正位列五绝的第一（中顽童）。③《九阴真经》更是以道家理念、原理为基础的一门武学，更多在于内功修为上，而非具体的武功上（如九阴白骨爪、摧心掌等），郭靖在与洪七公、黄蓉参研该门武学时，更多不是学习具体武功，而是学习其中的内功心法、解决问题的方法。

总而言之，虽然周伯通传授郭靖这三门武学是出于好玩，带有偶然性，但的确将郭靖带入到另外一个境界，这意味着：当知识达到一定程度时，不仅仅需要具体知识的继续增加，更需要方法、理念、思维方式的转变，以登堂入室，当时间经过（亦即洪七公与黄蓉、郭靖参研《九阴真经》解决面临欧阳锋威胁、黄蓉受伤等事件[1]）时，即标志博士研究生生涯的结束，第二次华山论剑即是毕业典礼，不仅仅有武学的提升，更有人格、品德的完善。

通过诸多老师对郭靖武功教育三个阶段的分析和展示，我们可以看到如下事实，或者作如下总结、甚或推论：

第一，在每一阶段，诸老师均用心引导郭靖学习武功，帮助其达到了所在阶段的最高境界；同时后一阶段的老师不再负责前一阶段武功的巩固和提升，而是根据其基础选择一个更具体的领域令其学习，到最后，老师传授于学生的与其说是知识，还不如说是方法、理念和思维方式，与现代分段式教育，即本科教育（通识兼专业基础教育）、硕士研究生教育（在某一专业中选择具体的领域）、博士研究生教育（某一领域、甚至某一问题上研究

---

[1] 这贯穿于《射雕英雄传》的第三册、第四册，西毒欧阳锋是郭靖成长的重要人物，虽然是反派人物，其强迫郭靖思考、审视《九阴真经》里的功夫，以应付欧阳锋的进攻。

方法、理念、思维方式训练的教育）有异曲同工之妙。

第二，不管什么阶段的教育，诸位老师均用心指导学生、尽量让学生达到该阶段的最高境界（这是教师在教学中可以达到的限度），而非由学生自生自灭，或者说由学生自己摸索、探求学习之范围、路径；在学习阶段，学生没有能力意识、认识到学习的基本任务和最高目标，也不知晓学习之规律。

第三，当然我们更应当注意：诸教师可以努力的限度在聪明、贤达学生的武功教育中可能体现得不够充分，但在郭靖、傻姑身上，我们可以明显捕捉到教师在武功教育中的努力程度，而且越在早期，教师的努力体现得更明显也更辛苦（如江南七怪对郭靖的培养），到后来随着武学知识的积累、实战经验的丰富，学生的勤奋、主动思考与教师的努力结合得更紧密，进而诸教师的努力不容易得到充分体现（如《倚天屠龙记》中张无忌跟着张三丰学习太极拳与太极剑）。

第四，对于郭靖而言，其硕士、博士同学黄蓉的努力也是郭靖成长至关重要的条件，没有黄蓉的努力，以郭靖的能力、机遇，很难接触到武林绝顶高手（东邪、西毒、南帝、北丐、周伯通等）——但这已不是本文可以分析的内容，笔者将在其他地方予以专文描绘。

总之，诸多老师的主观努力在郭靖的武功教育上是非常成功的，郭靖被培养为一名优秀的博士研究生，是其最终成为一名武学宗师、一代大侠的基础性、必要条件，虽然不是充分条件，或者说，从武功教育的角度看，诸位老师的努力非常成功、已经达致努力的极限。

五、作为对照：中国法学教育教师努力的现状

根据前述，我们还可以进一步概括为：对聪敏之士而言，学习不是一件难事，如果还有名师指导，则容易达致学习的最佳效果，并可能超出其所处在的学习阶段，如《神雕侠侣》中的杨

过,其学习之效果远远超出其所在学习阶段应当达到的境界,并且在诸多名师的影响、指导下,不断审视自己学习到的武功,并将思念小龙女之情感寄托于武学,进而创造出全新武学——"黯然销魂掌"。在此过程中,导师的努力不容易被揭示,但对于不聪明人来说,如本文涉及的傻姑、郭靖,老师们的努力很容易被观察到,而且老师努力的上限也容易被观察到。以傻姑为例,傻姑之师爷黄药师通过审视自己拥有的武学,针对傻姑的傻、疯之特点(不能主动学习,只能被动接受),删繁就简,创立一套叉法、掌法(凡计六招),是为教师可以努力的上限。大部分人绝不是杨过式的天才,而是一般智商、一般努力,如果教师能够发挥主观能动性(达致其努力的限度),学生首先可以更顺畅地进入学习的轨道,学习效果也更佳,更或者当机会、机遇出现时,学生可以达到该阶段的极限,甚至超出其所处的阶段。

在武功教育中,老师发挥主观能动性所带来的正效应,对法学教育有什么启示、借鉴呢?在笔者看来,我们得首先描绘中国法学教育中教师的基本情况:

就其性质而言,高等学校或者法学院的法学教育是现代教育制度的重要组成部分,包括法学本科教育、法学硕士教育、法学博士教育,就法学专业教育而言,这是一种分段式教育。这是现代(法学)教育的一个基本特征,即教育的制度化,其中一项即为对(法科)教师的要求:教学大纲、教学日志、教材、平时作业、期末考试等均是对(法科)教师从制度上提出的要求,法学院的法科教师通过共同努力培养出国家规定的合格、优秀的法科学生。这是将前述教师可以努力的主观领域,通过一定的要素、内容予以客观化,进而不需要每一类老师分别审视学生的基本情况、培养学生的规格等事项,这是一种规模化培养学生的方式,与学徒制教育形成了鲜明对比。

就中国现实而言,法科教师在课堂上无力可使、课后无可辅导,而且在考核、考试时常常为了所谓的及格率、毕业证等因素的影响而放松了考试的监考、改卷、总分等,进而令考试成为一种形式,亦即中国法学教育被虚置[1]。就法科教师而言,该虚置表现在:由于收入低、管理行政化、衙门化、考核的倾向化(偏向科研),老师们不仅没有精力,也没有心思审视其教学内容,更不可能花心思琢磨学生的基础知识、学生将来职业生涯需要的法律知识和技能,仅仅是根据既有教学大纲、教学日志、教材、平时作业、期末考试对课程作简单化处理,以在形式上完成教学任务、完成教学考核。进而言之,法科教师们在主观上并没有尽到应有的本分,即没有根据法律职业的需求与学生的情况对其教授的课程作一个严肃、认真的整理、提升(这是底线),更不要说发挥主观能动性、实现其可以努力的限度(此为上限)了,申言之:

法学本科生阶段:教师在法学本科教育中还一板一眼地"照本宣科",他们以一个PPT、一本(不断再版的)教材可以用若干年,较少花心思、精力在教学上,不仅备课没有"心",而且课堂上没有"心"、课后也没有"心",亦即花费了最少的时间、精力在教学上,虽然中国(法学)本科教育以对老师提出最严格的要求展开。

法学硕士生教育阶段:虽然学生在法律领域中找到一个更具体的领域,如民商法、诉讼法、经济法等方向,但法科教师们并没有对学生作系统的教育,他们往往可能以本科的PPT、教案来应付,还可能让学生讲、老师点评或者其他方式完成,即教师花费了比本科更少的时间教育学生,老师们基本没有参与到学生的学习中,虽然也有一套完整的培养硕士研究生的方案。

法学博士研究生教育:在法学博士期间,导师、教师很少对学生进行系统教育或有针对性的个别指导,特别是方法论领域的引导和训练,不过在这里,学生学习的主动性大大提升,三年主

---

[1] 对此的详细分析,请参见蒋志如:《中国法学教育何处去?》,载《安徽大学法律评论》2012年第2期。

要围绕博士论文展开，而法学院设置的课程均为形式、摆设。简单地说，老师可以在博士教育中花费更少的时间，指导也零零星星，学生往往只有自我探索，刚刚有点收获就毕业了。

通过简单描绘中国法学教育教师的参与情况，可以作如下总结：（法科）教师花费的时间不多，在指导、引导学生学习法律上更是少得可怜，针对本科生的指导基本上付之阙如，只有在培养硕士研究生、博士研究生中有一些个别指导，更确切地说，只有零星指导。

六、作为结语：法科教师可以努力的限度

针对中国法学教育中师生时间、精力付出问题，特别是法科教师在教学、教育培养学生中付出的时间、精力上，我们法科教师应当如何改进呢，亦即中国法科教师可以努力的地方：

首先，法科教师应当花（更多）时间审视自己所教授之课程。现代社会分工严密，每位老师在其所在领域有数年、数十年经验，有时间、有经验、更有能力审视、反思其所从事的专业领域与所教授的课程。但由于系列原因，老师们没有时间、精力、甚至主观上不愿意付出时间、精力审视自己所教的课程，或者更确切地说，从现状看，中国法科教师还未达到审视自己专业、课程的水平，进而无法根据学生未来职业需要，就其所教课程，删繁就简，在课堂、学校（四年或者三年）时间里令学生更顺畅地学习专业知识、法律人的思维方式。因此，法科教师应当花费更多的时间审视其所教授的课程，其才有能力、有机会引导、辅导法科学生。

其次，法科老师们应当花费更多时间审视法学本科生、硕士研究生、博士研究生成长规律，以便教师根据其不同阶段作出不同的引导、指导，申言之：根据前述，法学本科生、硕士研究生与博士研究生有不同特点，如果对照前述对郭靖的武功教育，我们也可以说，法学本科教育是一种基础教育，学生应当掌握法学

理论、实践的常识（正如郭靖学习江南七怪七人的武功和马钰的全真内功一样，均应当认真学习和实践）；法学硕士教育则是一种更具体的领域（学生根据自己的偏好选择方向，如民商法、诉讼法等），法学院教师则应当在诸如民商法更具体领域有一个更系统培训的领域，对应于郭靖跟随洪七公学习"降龙十八掌"；法学博士则是在一个具体领域（如诉讼法学等）就某个具体问题展开研究，着手研究方法、研究方向的改变而提升对法学理论等问题的理解和思考，对应于郭靖学习空明拳、双手互搏和《九阴真经》。法科教师在此基础上，对所带学生进行指导，以使学生能够在其所处阶段达到最高水平。

总而言之，法科教师应当花费更多时间、精力以适应培养合格学生、优秀学生的需要（同时也是老师们提升自己对专业的理解和思考，对其科研有相当的促进作用[1]），因为未来的法律人基本上来自于法学院培养的学生。虽然法学教育是分阶段教育，亦即法学院的学生不会在一个学院攻读本科、硕士、博士学位，其将经历本科生导师、硕士生导师、博士生导师，一名教师不可能对学生作全面、系统的思考与审视，并安排相关事务，但应当在其所处阶段发挥应有的指导、引导功能，实现其努力的限度。

但是，我们应当注意一点，法学院老师们努力的限度问题不是高等院校或者法学院可以对教师提要求的问题，而是老师们自觉自愿发自内心、凭职业伦理花费更多时间指导、引导学生的问题。由于教师的待遇、考核等原因，老师们的心思较少在教学、培养学生上，他们不太可能用足够时间培养学生成为合格、优秀的学生，花费更多时间（以达到培养学生问题上老师努力的上限）则是更不可能的事情。因此，法科教师们可以努力的限度问题不仅仅是其主观愿望努力的问题，更在于国家、高等院校、法学院应当保障老师在教学、生活中处于一种有闲、平和的状态，

---

[1] 当然，这不是本文关注的主旨，在这里只关注教师在培养学生问题上的努力情况，而且是努力的限度问题。

有心情主动努力以达到培养学生的最佳状态；如果他们处于焦虑（行政考核、科研考核的压力）、烦扰经济（房子、车子等）状态，很难有心情花时间、精力培养学生，更不要说有心情花费更多时间、更多精力培养优秀学生，不仅培养不出开创式的杨过式人才、郭靖式人才，反而可能培养出误入歧途的学生！

课堂与教学

Curriculum and Teaching

《法律实证研究方法》的教学评价及改进
——上海政法学院的案例　冯　涛　刘崇亮　卫　磊
德法融合教学理念的理论探索及现实应用
——以"思想道德修养与法律基础"课教学为出发点　刘英博
全英文金融法学教学的思考
——以中国政法大学研究生通选课为例　李　文
翻转课堂在法理学教学中的有效运用及其角色定位　王国龙
以"立德树人、德法兼修"为视角，法科类院校研究生第二课堂建设研究　苏　宇
地方财经类院校本科经济法总论教育：问题、成因与案例教学设计　张　玮

《法律实证研究方法》的教学评价及改进

——上海政法学院的案例*

◎冯 涛 刘崇亮 卫 磊**

摘 要： 法律实证研究已经在法学多个学科有较多的应用，上海政法学院从2018年起开设《法律实证研究方法》课程，迄今已经有两年的实践，以培养法学学术硕士的实证研究能力。通过面向两届学生的问卷调查和面向任课教师的深度访谈，获得了一定研究发现，并提出了分专业授课、增强课外辅导、课堂教学中增加一定的实证方法模拟训练、采取灵活的考核方式等未来改进课程的建议。

---

* 基金项目：上海政法学院2019年度一流研究生教育引领计划（研究生教育教学与培养建设）项目"法律实证研究方法考核方式改革"（项目编号：T6-1）。

** 冯涛，上海政法学院经济管理学院教授，管理学博士，教育学博士后；研究方向：教育评价。刘崇亮，上海政法学院刑事司法学院副教授，法学博士；研究方向：刑法学和刑事执行理论。卫磊（通讯作者），上海政法学院研究生处副处长、副教授，法学博士；研究方向：刑法学和犯罪学。

关键词： 法律实证研究　法学学术硕士　量化研究

一、近年来法律实证研究在法学不同学科的运用

法律实证研究于20世纪90年代在美国法学界兴起，在21世纪获得了进一步发展，中国的法律实证研究也慢慢和国际接轨，法学多个学科领域都出现了法律实证研究方法的运用，相关期刊和学术年会也已经出现，期刊如《中国法律实证研究》《实证法学研究》，学术会议如"中国法律实证研究年会""法律实证研究国际学术会议"。[1] 经过十余年的发展，中国的法律实证研究发展迅速，从法律实证研究的自身理论建构到多个法学二级学科都有了较为丰富的研究。以下按照学科来对法律实证研究涉猎的研究主题做一简要回顾。

（一）法律实证研究方法的理论分析

从学科角度来看，法律实证研究方法本身的理论建构已经不少，为实证研究方法在法学研究中的应用打下了基础。这方面的代表学者主要有白建军、左卫民、程金华、张永健等，他们提出的法律实证研究建构涵盖总体框架、具体内容和不同的研究方法运用，可以总结为以下内容：法律实证研究既包括质性研究，即使用非数量化的资料做分析素材，通过人与人的互动获取资料，更强调知识的深度；也包括量化研究，即使用数量化的资料或数据做分析素材，将语言和文字通过编码过程来转变为变量，分析变量间的关系，更强调知识的广度。法律实证研究包括"实证社科法学"和"实证法学"。[2] 法学实证发现包括"发现什么"和"怎么发现"两个视角，前者包括发现应然与实然之间的距离、法学知识的相互印证、法学通说的证否等。后者包括确定适

---

〔1〕 左卫民：《实证研究：正在兴起的法学新范式》，载《中国法律评论》2019年第6期。

〔2〕 张永健、程金华：《法律实证研究的方法坐标》，载《中国法律评论》2018年第6期。

合实证研究的问题、发现法律事实与法学理论的联系。法学实证发现可以推动法学理论的创新,如刑事法学研究就推动了对犯罪定义学的创新。[1] 我国法学实证文章大部分还在做精准描述和相关性研究,但英文的量化法律研究已经提出了更深层次的"因果推论"的要求,因果推论的研究范式包括实验、断点回归、双重差分、工具变量、配对、事件研究法六种。[2] 法律实证研究与传统的经验研究有较大不同。发展更深入的回归分析等方法的同时,描述统计分析的法律实证研究方法有一定作用。[3]

(二)刑法、刑事诉讼法和犯罪学领域的法律实证研究

刑法、刑事诉讼法和犯罪学领域是法律实证研究在中国大陆的起始点,这方面的典型研究包括:对全国人大常委会历次刑法修正案的实证研究从而发现全国人大常委会基本法律修改权之行使存在"失范"的问题,注重立法民主的部门法律的制定与修改由全国人大负责;注重立法效率的部门法律则全国人大常委会就可以修改。[4] 基于律师调查问卷数据,使用描述统计分析的方法发现,刑事诉讼法修订后,检察机关在刑事诉讼活动中运用法律监督权取得了不错的效果,对立案、侦查活动的监督,对执业律师的权利救济方面还可以改进。[5] 以某市一个区法院2015年的危险驾驶罪79起案例为研究样本,运用了描述统计分析的方法,分析了危险驾驶罪的类型、审判方式、有罪率、上诉率以及

---

[1] 白建军:《法学研究中的实证发现——以刑事实证研究为例》,载《政治与法律》2019年第11期。
[2] 张永健:《量化法律实证研究的因果革命》,载《中国法律评论》2019年第2期。
[3] 左卫民:《挑战与回应:关于法律实证研究的若干阐述》,载《中国法律评论》2018年第6期。
[4] 秦前红、刘怡达:《全国人大常委会基本法律修改权之实证研究——以刑法修正案为样本的统计学分析》,载《华东政法大学学报》2016年第4期。
[5] 单民、林喜芬:《实证视野下检察机关刑事法律监督权的改进与完善——以对500多位律师的调查问卷展开》,载《河北法学》2016年第9期。

量刑等情况，探讨了成罪标准、定刑等方面的问题。[1] 通过社会调查获得的数据，运用 logistic 回归的方法，探究了公民法律意识是否会影响对警察的信任，发现在整体上公众对警察信任度较高，但背后包含着公众的复杂情绪。城市居民与农村居民相比，对警察的信任较低，法律知识认知、法律程序认知对警察信任具有显著的负面作用，而警察职能认知等因素对警察信任有正面作用。人们越是遵纪守法，就越是信任警察，违法行为增加会减少对警察的信任。[2]

（三）商法领域的法律实证研究

商法领域也是法律实证研究的一个热点领域，这方面的研究包括：通过问卷调查、调研对《中华人民共和国中小企业促进法》进行了立法后评估，认为整体取得一定成绩，但在企业和政府的信息沟通、企业是否得到实质性好处、企业得到优惠措施的难易程度、政府是否积极履责等方面还存在一定问题，还提出了扶助中小企业的措施应当有效发挥市场机制，政府要积极作为，处理好中央立法和地方立法的关系等建议。[3] 使用北大法宝中关于公司决议效力瑕疵与冒名有关的 28 件案件的数据，通过描述统计分析，对公司决议中冒名（伪造签名）的案件进行了实证研究，认为冒名属于公司决议中的程序性瑕疵，将属于形式上的瑕疵判定为无效有违公司立法和法理，除重大的形式瑕疵应当属于决议不成立外，其他的瑕疵应该属于决议可撤销。[4] 基于大额持股变动违法案件的实证分析，发现长期限制违法者的表决权

---

[1] 李茂久、佘国满：《"醉驾入刑"法律效果的实证规范分析——以某市 A 区法院 2015 年相关审判案例为样本》，载《广西警察学院学报》2017 年第 4 期。

[2] 卫莉莉：《公民法律意识对警察信任影响之实证研究》，载《中国人民公安大学学报（社会科学版）》2019 年第 3 期。

[3] 沈伟：《法律可以促进中小企业发展吗？——基于〈上海市促进中小企业发展条例〉立法后评估的实证分析》，载《政法论丛》2018 年第 2 期。

[4] 栗鹏飞：《股东会决议瑕疵法律问题探析——公司决议中冒名（伪造签名）案件的实证分析》，载《中国政法大学学报》2019 年第 1 期。

不能有效制止大额持股变动违法案件的发生,这种行为属于问题属性与措施功能的错配,将交易问题引向组织问题。[1] 基于浙江省1000多份相关案件判决书的数据,使用描述统计分析和多元回归建模的方法,认为民间利率不能超过银行贷款利率的四倍规则应取消,应确立一种分类管制的民间借贷利率规则,将利率区分为私法自治领域、半自治(管制)领域和国家绝对管制领域三个层次。[2]

(四)民法领域的法律实证研究

民法领域的法律实证研究典型的有:使用医疗诉讼案件的数据,运用描述统计分析的方法,发现《中华人民共和国侵权责任法》改革后,医疗侵权诉讼增加,简易程序和调解适用比较多且索赔成功率高,调解化倾向较多。[3] 通过对142个涉及共同饮酒的案件的描述统计分析,发现判决结果有三种:驳回原告诉讼请求、要求被告按照公平原则承担补偿责任、认定被告有过错承担赔偿责任,其中第三种判决占68.3%。共同饮酒的注意义务包括"危险防范义务""安全保障义务""法定附随义务""一般注意义务"等。[4] 基于2010—2016年全国110个典型的微博维权案例研究了微博维权问题,发现微博维权行为与传统维权行为不同。微博维权推动了社会监督、政治参与、权利救济,但微博维权与全民守法相悖,会导致网络民意与司法独立相冲突,使得依法维权更加难以制度化。[5]

---

[1] 龚浩川:《论敌意收购中大额持股变动违法之法律责任——基于证券监管与司法裁判的实证研究》,载《当代法学》2019年第2期。

[2] 程金华:《四倍利率规则的司法实践与重构——利用实证研究解决规范问题的学术尝试》,载《中外法学》2015年第3期。

[3] 冯磊、李仪:《法律制度变革对医疗诉讼各方行动逻辑的建构及反思——基于D市6家三甲医院404例诉讼案例的实证考察》,载《中国卫生政策研究》2018年第3期。

[4] 胡岩:《共同饮酒法律责任实证研究》,载《北方法学》2017年第3期。

[5] 常健、余建川:《微博维权行为的实证分析与法律引导——以110个典型案例为中心》,载《华中师范大学学报(人文社会科学版)》2018年第1期。

（五）经济法领域的法律实证研究

经济法领域的法律实证研究典型的是对中央和地方多个电视台的广告进行了总结归纳，发现电视广告存在一定问题，电视广告的规制也不理想，提出了分类规制电视媒体、建立独立的规制机构、畅通维权途径的法律规制手段。[1]

（六）行政法领域的法律实证研究

行政法领域近年来的法律实证研究也比较多，典型研究有：基于中国裁判文书网和省级法院裁判文书公开网上和教育法有关的 98 个案例的数据，主要使用描述统计分析的方法，对高校纪律处分案件进行了实证研究，从类型、结果等方面揭示了目前高校纪律处分案件的主要表现，并探讨了高校纪律处分的司法审查脉络，包括程序正当性、法律校规的适用是否错误、事实认定是否适用判断余地等。[2] 基于西部某省的 32 起案件，对涉诉信访（一般指对法院最终判决不服而进行的信访）问题进行了研究，主要使用描述统计分析的方法，发现 2004 年以来涉诉信访高发势头得到了一定程度的遏制；涉诉信访主要涉及民事；涉诉信访主体主要来自于农村，年龄上中老年人居多，性别上女性居多；诉求多样导致化解成本较大。还剖析了涉诉信访的原因，提出了解决的对策。[3] 基于中国裁判文书网具有代表性的行政判决案例，研究了行政行为适用法律瑕疵的问题。发现对一些属于"适法"违法的情形，最后以"瑕疵"定论，导致行政机关作出行为时不需要承担对于法律条文的"援引义务"，是法律工具主义的

---

〔1〕 王小梅：《比较视野下电视广告法律规制实证研究》，载《郑州大学学报（哲学社会科学版）》2015 年第 4 期。

〔2〕 王工厂：《基于司法大数据的高校纪律处分实证研究——兼论教育法学研究范式的拓展》，载《复旦教育论坛》2018 年第 6 期。

〔3〕 于震、张克桢：《涉诉信访问题的法律治理实证研究——以西部某省人民检察院评查剖析的 32 起案件为例》，载《西北大学学报（哲学社会科学版）》2016 年第 1 期。

表现，应加以改进。[1]

法律援助领域也有不少法律实证研究，包括：使用杭州市法律援助的案件数量、经费投入、法律援助人员、志愿者等多方面数据，对法律援助供给侧问题进行了实证研究，发现供给侧方面存在的问题有：一元化供给模式不能满足持续增长的法律援助需求；行政化供给模式使得律师办案没有积极性，还带来不低的行政成本，挤占业务经费。提出了构建"政府主导、社会参与"的多元化供给模式的改进建议。[2] 基于杭州市 2005—2014 年刑事法律援助案件的数量、律师辩护率、经费等数据，发现存在刑事法律援助范围偏窄，刑事法律援助在法律援助整体布局中地位偏低，侦查、起诉阶段协调机制不顺，刑事法律援助案件质量差异较大等问题，并提出了相应的改进建议。[3] 通过查阅案卷以及访谈获得的数据对未成年人法律援助问题进行了实证研究，发现在审查起诉和审判阶段，未成年人法律援助覆盖面较大，律师权利保障较好，但侦查阶段不太理想，存在法律援助率低、通知与指派信息交流不畅、律师意见的针对性和专业性不足等问题，并提出了改进建议。[4]

（七）国际法领域的法律实证研究

国际法领域也有少量的法律实证研究，主要在国际私法领域，如使用与《中华人民共和国涉外民事关系法律适用法》第44条相关的有效裁判文书数据，发现涉外一般侵权案件逐年递增；涉外一般侵权法律适用规则扩大化适用，裁判文书说理不充分，

---

[1] 柳砚涛：《认真对待行政行为适用法律瑕疵——基于当下我国行政判决的实证考察》，载《政治与法律》2016 年第 2 期。

[2] 彭志芳、唐晔旎：《社会治理现代化视域下的法律援助供给侧问题研究——基于浙江省杭州市的实证分析》，载《中国司法》2019 年第 9 期。

[3] 董红民、麻伟静：《完善刑事法律援助制度实证研究》，载《中国司法》2016 年第 1 期。

[4] 宋志军：《未成年人刑事法律援助有效性实证分析》，载《国家检察官学院学报》2019 年第 4 期。

法律推理过程错误。今后可细化涉外一般侵权法律适用规则、充分发挥指导性案例的作用等。[1]

(八) 立法法领域的法律实证研究

立法法领域的法律实证研究包括：使用1994—2018年的638个案例，对法律解释方法的实践应用情况进行了实证分析，分析了方法应用的一般过程和现实失范现象，提出了提升法律解释方法的建议，包括最高院应该变抽象指引为规范指导；裁判文书应从"充分说理"改为"规范说理"；对法官进行约束与激励等。[2] 基于2005—2016年法律草案征求意见系统的数据，使用描述统计分析的方法，发现我国立法电子参与的人数规模有限且参与度较低；评论意见不够且结构不分散，深度也不足；不同部门法律草案的差别较大。建议引入电子参与法律制度；优化整合参与渠道、推动多元化参与方式并建立反馈。[3]

以上从八个领域介绍了近年来法律实证研究在中国大陆的主要研究主题、使用的具体方法（描述统计分析、多元回归建模等）、数据来源及其主要结论等内容。目前来看，法律实证研究较多应用在刑法和犯罪学、商法、行政法、民法这几个学科，其他学科也稍有涉猎，基本上覆盖了法学所有的二级学科；从研究方法上来看，目前绝大部分法律实证研究采用的是描述统计分析方法，也有学者称其为"精准描述"，个别论文使用了较复杂的多元回归等数量分析方法；总的来看，绝大部分法律实证研究使用的是量化研究方法，也有少数论文使用了质性研究方法，即深度访谈；从数据来源看，很多研究的数据来源于中国裁判文书网等网站，也有一些研究数据来自于问卷调查，一些研究数据来自

---

[1] 宋连斌、张溪瑨：《我国涉外一般侵权法律适用的现状、特点及改进建议——基于93份裁判文书的实证分析》，载《江西社会科学》2018年第2期。

[2] 王筑红：《法律解释方法应用的实证研究》，载《法律适用》2018年第23期。

[3] 张欣：《我国立法电子参与有效性的提升——基于公众参与法律草案征求意见（2005—2016年）的实证研究》，载《法商研究》2018年第2期。

于政府部门的统计（如法律援助研究中案件数量、经费等），这些都是很好的尝试；从未来的发展趋势看，实证研究方法包括量化和质性研究方法，将来会慢慢被法学论文越来越多地使用，结合其他法律研究方法，以更全面地揭示研究主题，更好地服务于研究目的。

二、上海政法学院《法律实证研究方法》的教学实施情况

如前文所述，法律实证研究在法学各学科都有较大应用，尤其在刑法犯罪学领域应用较早且比较广泛，上海政法学院（以下简称"上政"）的刑法和犯罪学学科历史较为悠久，有一定积累，考虑到本校的学科基础和法律实证研究方法的未来拓展趋势，因此从2018年开始，上政就开始对法学所有学术硕士生开设此课程，以培养他们的法律实证研究能力，为毕业论文撰写和未来的法学研究打下较好的基础。

《法律实证研究方法》教学组由上政刑事司法学院两位教师和经济管理学院一位教师组成，刑事司法学院两位教师侧重法律实证研究方法的内容方面，即法律实证研究方法和法学学科的结合以及刑法犯罪学领域的实证研究，经济管理学院的教师侧重研究方法的技术层面，并兼顾经济法、商法领域法律实证研究方法需要的经济学和商学知识。讲授内容包括量化研究方法和质性研究方法，具体包括量化研究方法中的也是当前法律实证研究常用的描述统计分析、回归模型构建等，也包括质性研究方法在法学研究中的应用等内容，如深度访谈、案例研究等。

考核采用小组考核的方式，鼓励学生自由组合为小组（每组原则上不超过4人）提交一个法律实证的结课研究设计，通过发放问卷或进行深度访谈等形式搜集数据，通过描述统计分析或建立多元回归、logistic等模型来进行选定主题的分析，并撰写研究报告，同时需要提交每个组员的详细工作、在总的工作量中所占比重等详细分工，每个组员都要签字认可，以便任课教师给每个

学生客观公正地评分。这样的考核方式主要考虑了以下几个方面的因素：一是实证研究工作量较大，一个学生难以在有限的时间内独立完成；二是锻炼学生的团队能力；三是和研究生学术竞赛相衔接，一些优秀的结课研究报告可以去参加这些研究生学术竞赛，而这些竞赛都需以团队形式参加，已有17级法学研究生组队参加上海市第十六届"挑战杯"大学生课外学术科技作品竞赛并获得法律类项目唯一特等奖，这从一个侧面证明了小组考核的益处。

迄今为止，已为两届法学学术硕士生开设过该课程，课程教学经历了学生初期的不理解到慢慢接受，已经发展到一个比较成熟的阶段。为了解课程学习者法学硕士生对该课程学习的看法和课程教学者任课教师对该课程教学的看法，以更好地改进课程的教学，上政研究生处在2019年12月组织了面向两届法学硕士生的问卷调查和面向任课教师的深度访谈，获得了一定的研究发现，对该课程的教学改进有一定指导意义，具体情况如后文所示。

三、法学学硕对市课程的评价——问卷调查的量化研究

（一）问卷的基本情况

本次问卷调查面向修读过《法律实证研究方法》的上政两届全体法学学术硕士生（以下简称"法学学硕"），包括17级和18级法学学硕，同时为了兼顾后续的学生，为即将修本课程的19级法学学硕预留了选项，专业则覆盖法学一级学科所有硕士专业，样本是比较全面的。问卷共回收100份，其中有2份问卷在年级选项上选了19级，可能是误操作，在后续问卷处理时，为保证数据的真实性，删去了这两份问卷。

98份问卷中，其中17级问卷20份，18级问卷78份，17级问卷回收较少可能是因为这一届学生恰逢毕业季，在外找工作较多，因此填写问卷的同学较少，18级填写问卷的同学则占修完课

程同学数量的一半,从数量看相对较为理想。回收男生问卷 30份,女生问卷 68 份,基本和本校男女学生比例一致。从这些法学学硕的本科就读高校分布来看,来自于上政的 41 人,占比41.84%,来自于立格联盟其他政法高校的 7 人,非立格联盟的 985 高校的 2 人,非立格联盟、非 985 和 211 高校的 3 人,非上述选项的其他国内高校的 45 人,占比 45.92%,基本也和上政研究生的本科来源一致。专业分布方面,刑法学生最多,占比 23.47%,然后是宪政、民商法、诉讼法等,基本和我校研究生专业人数分布一致,成绩分布也和整体成绩分布接近,以上问卷的基本分布情况都与学校的实际情况较为一致,反映出问卷的代表性较强。

(二)法学学硕对课程教学及考核看法的描述统计

在进行问卷调查的 98 名学生中,27 名表示修本课程之前有一定的实证研究的基础,而 71 人则表示没有实证研究的基础,这反映了法学学术硕士生的学科背景,也给本课程的教学提出了挑战,如何结合学生的实际来上好课程,是一个很大的挑战。

对课程的感知方面,67 人认为课程负担还行,但 22 人认为比较重,认为很重和很轻的都只有 3 人,说明课程教学总体上难度适中,但可能还稍微有点难,这是由本课程的学科特点决定的。

对课程内容结构的满意度方面,得分相对不太高,平均得分为 3.69,在一般(3 分)和比较认同(4 分)之间,尤其是对马克思主义、量化研究和质性研究三部分所占比重,较多学生认为不是非常合理。三部分认为合理程度由低到高分别是马克思主义、量化研究和质性研究,但相差不大。因此,这个方面的问题需要在后续的课程设计中加以改进。[1]

学生对课堂教学相对比较满意,平均得分为 3.94,尤其是教

---

[1] 法律实证研究方法在上政是整合在《马克思主义和社会科学研究方法论》课程中的,因此,问卷涉及部分有关马克思主义内容的部分。

师教学态度的得分为4.31，其他题项得分在3.8~3.9之间，也算比较理想。

对本课程课外辅导的满意度，平均得分是3.9，也算理想，大部分题项得分为3.9~4之间，只有"和教学相关的课外活动组织是充足的"得分3.73，说明这方面还有些薄弱，也是今后改进的重点。

对结课考核的满意度也比较高，平均得分达到4.05，各题项得分基本都在4~4.1之间，最高的是按小组考核，得分为4.09，说明按小组考核的方式得到了绝大多数学生的认可，今后可坚持这一做法。

教学方面最不满意的是和本课程相关的图书和电子信息资源的满意度，平均得分只有3.65，尤其是"能够查阅到的国外电子资源是足够的"和"图书馆能够帮助我查到想要的资源"两项，得分都比较低，是今后改进的重点。

在课程的帮助方面，学生的评价一般，平均得分只有3.85，其中"开拓学科视野"和"丰富了社会科学方法论"评价较高，"提高了我参加挑战杯等学术竞赛的能力"和"为将来可能读博增添了分量"则评价较低。

学生认为教学中最需要改进的环节是"课堂上学生参与不够"和"实习和实践环节不够"，今后需要在这两个方面加强训练。

学生对本课程未来考核方式还可以如何改进的评价最集中的是"任课教师增加对选题的指导"以及"和挑战杯等竞赛更好地结合起来"，这可能是未来如何改进的重要方向。

总体而言，学生认为本课程的质量还是可以的，65.31%的学生对本课程比较满意，非常满意的学生占了16.33%，非常不满意的学生只占3.06%。

（三）课程总体质量影响因素的多元回归模型

1. 研究假设

基于课程满意度的其他相关研究的经验，并结合《法律实证

研究方法》授课的实际情况和安排,以及对部分学生的预调研的反馈,提出本模型的如下假设:

假设1:对本课程内容结构的满意度会影响到学生对本课程总体质量的评价。

假设2:对课堂教学的满意度会影响到学生对本课程总体质量的评价。

假设3:对本课程课外辅导的满意度会影响到学生对本课程总体质量的评价。

假设4:对结课考核的满意度会影响到学生对本课程总体质量的评价。

假设5:对和本课程相关的图书和电子信息资源的满意度会影响到学生对本课程总体质量的评价。

2. 理论模型

$$ASi = \beta_0 + \beta_1 Str_{1i} + \beta_2 Tea_{2i} + \beta_3 Ins_{3i} + \beta_4 Tes_{4i} + \beta_5 Boo_{5i}$$

模型为多元回归模型,其中,因变量 ASi 为学生对本课程总体质量的评价;五个自变量中,Str_{1i} 为课程内容结构的满意度;Tea_{2i} 为课堂教学的满意度;Ins_{3i} 为课外辅导的满意度;Tes_{4i} 为结课考核的满意度;Boo_{5i} 为本课程相关的图书和电子信息资源的满意度,每个自变量即课程内容结构、课堂教学、课外辅导、结课考核以及图书和电子信息资源的满意度各自包括 5~8 个题项,每个题项采用李克特五分量表,以综合、全面反映学生对课程内容结构、课堂教学、课外辅导、结课考核以及图书和电子信息资源的看法,因变量本课程总体质量的评价同样采用李克特五分量表,五个自变量因素综合起来对本课程的总体质量发生影响。

3. 效度和信度检验

对问卷题项进行 KMO 和 Bartlett 的检验,如表1所示,KMO 值为 0.948,说明适合进行因子分析。

表 1 KMO 和 Bartlett 的检验

取样足够度的 Kaiser-Meyer-Olkin 度量		0.948
Bartlett 的球形度检验	近似卡方	3564.850
	df	300
	Sig.	0.000

从解释的总方差发现，前3个因子的特征值大于1，其特征值之和占总特征值的82.889%，因此，提取前3个因子作为主因子。表2为旋转成份矩阵，可以看出，提取出3个主因子，结课考核和课外辅导的11个变量在第一个因子上载荷较大，可以将第一个因子命名为考核辅导因子；内容结构和课堂教学的8个变量在第二个因子上载荷较大，可以将第二个因子命名为内容结构和教学因子；图书和电子信息资源的6个变量在第三个因子上载荷较大，可以将第三个因子命名为图书和电子信息资源因子。

表 2 旋转成份矩阵

	成 份		
	1	2	3
考核体现了理论和实践的结合	0.814		
结合本专业确定选题是合理的	0.808	0.412	
导师能提供相关的本课程指导	0.799		
教师答疑时间和地点是清楚的	0.777		
课外布置的相关阅读数量是合理的	0.763		
考核锻炼了我的动手做研究的实践能力	0.759		
和导师沟通确定选题是合理的	0.741	0.411	
以小组为单位考核是合理的	0.738		

续表

	成份		
	1	2	3
结课考核的提交时间安排是合理的	0.727	0.445	
教师课外能够及时回复问题	0.720	0.416	
和教学相关的课外活动组织是充足的	0.716		
三部分的比例是合理的		0.808	
质性研究部分的设计是合理的		0.778	
我能理解本课程的结构	0.409	0.765	
马克思主义部分的设计是合理的		0.761	
量化研究部分的设计是合理的	0.476	0.713	
教学内容充实，反映本学科发展的最新动态	0.557	0.657	
课堂纪律控制较好	0.459	0.629	
课堂教学方式方法激发学生学习积极性	0.576	0.618	
能够查阅到的国外电子资源是足够的			0.860
图书馆能够帮助我查到想要的资源			0.840
能够查阅到国内电子资源是足够的			0.827
图书种类和数量是足够的			0.818
任课教师能够指导我查到想要的资源	0.462	0.456	0.634
导师能够指导我查到想要的资源	0.504		0.625

从信度检验的情况看，三个因子所包含题项的 Cronbach's Alpha 系数如表3所示，均大于0.9，说明信度比较理想。

表 3 可靠性统计量

因 子	Cronbach's Alpha	项 数
考核辅导因子	0.977	11
内容结构和教学因子	0.965	8
图书和电子信息资源因子	0.963	6

4. 回归结果

表 4 模型回归结果

模 型	非标准化系数		标准系数	t	Sig.
	B	标准误差	试用版		
(常量)	3.898	0.054		71.768	0.000
考核辅导因子	0.398	0.055	0.494	7.298	0.000
内容结构和教学因子	0.347	0.055	0.430	6.353	0.000
图书和电子信息资源因子	0.300	0.055	0.372	5.497	0.000

最终模型为:

$ASi = 3.898 + 0.398 TesIns_{1i} + 0.347 StrTea_{2i} + 0.3 Boo_{3i}$

最终进入模型的三个自变量中,考核辅导因子的系数最大,为0.494,其次为内容结构和教学因子,为0.430,最低是图书和电子信息资源因子,仅为0.372,说明在对课程总体质量的影响中,考核辅导因素的影响最大;其次是内容结构和教学因素,而图书和电子信息资源因素的影响最小。

5. 结论和进一步的讨论

通过两个年级法学硕士生的问卷调查,并建立多元回归模型,探究了在学生对课程的评价中,哪些因素是影响较大的,哪些因素是影响较小的,最后发现,基于目前的问卷结果,考核和课外辅导对课程总体质量的影响最大,这意味着,学生目前最看重考核和课外辅导；其次他们才看重内容结构和课堂教学，他们相对最不看重的是图书和电子信息资源这些因素，今后应在考核和课外辅导方面多做改进，以更好地培养学生，当然课程内容结构和教学也需要提升。

四、任课教师对本课程教学及考核的评价——深度访谈的质性研究

这部分内容主要是对两位任课教师（一位是刑事司法学院的任课教师，一位是经济管理学院的任课教师）深度访谈的总结，首先拟定了访谈提纲，然后由经过培训的访谈员对两位任课教师进行了访谈，访谈时间约40分钟到60分钟。

（一）C老师对本课程的评价

C老师认为学生的学习负担几乎不存在，部分上进的、想要继续学术研究的学生会认真学习，课下也会自觉完成作业；也有部分学生走过场、混学分。

针对课程内容的结构安排，即马克思主义、量化研究、质性研究的各自比例，C老师认为较为合理，内容较为充实。

对于学生课堂听讲的情况，即课堂纪律、学生互动、反馈等，C老师表示目前还好，没有过于出格的表现。

本课程未设置答疑，作业虽未强制性安排，但学生自觉完成量不低。

在结课考核方面，目前暂无改进地方。

C老师认为本课程辅助的图书和电子文献资源目前已经足够，需要重视的问题是学习氛围存在不足。另外，C老师认为，本课程并非纯粹的学术研究，还与实践相结合，是一门应用性课程。

本课程提高了学生的法律实证研究能力，但由于目前研究生水平不高，所以尚未获得显著效果。

在教学过程中，C老师提议，可以尝试大班制化为小班制，筛选掉一些本科非法学的学生。另外，有些专业从事实证研究的

必要性不足,例如法制史专业等。因此,对于犯罪学等专业性较强、与实证联系更紧密的专业而言,小班制可以更好地让学生们学习并运用于实践中。

(二) T老师对本课程的评价

T老师认为相当一部分同学由于本科读的是法学等文科专业,对实证研究有天然的恐惧感,但实际学习起来发现其实没有想象中那么难,这是一个需要慢慢适应的过程。

针对课程内容的结构安排,即马克思主义、量化研究、质性研究的各自比例,T老师认为基本比较合理,可以根据学生的反映进行些许微调。

对于学生课堂听讲的情况,T老师认为个别同学学习过程中可能由于学习困难,存在过激反应,但后续就理解了,今后应更加注重做好课前的疏导和解释工作,让学生明白本课程对其未来职业发展的重要性,激发其学习积极性。

T老师认为本课程可以增加答疑,尤其是在结课前后的学生选题阶段。

结课考核基本尚可。

图书馆应面向法学学硕召开专门的听取意见会,并征求法学教师的意见,购置和完善法学文献数据库,并开设相关讲座,辅导法学学硕查阅外文法学文献和相关数据。

本课程开拓了学生的社会科学方法论的视野,对一部分学生的实证研究能力提升较大,这可以从每年的结课研究报告中反映出来,但整体而言可能效果有限。

T老师赞同按照不同专业来设计不同难度的法律实证方法课程,专业对实证要求较高的可开设难度较大的法律实证研究方法课程,专业对实证要求相对不高的则开设简单一些的课程。

五、《法律实证研究方法》课程的未来改进具体设计

根据以上问卷调查量化研究和深度访谈质性研究的研究结

论，提出未来该课程改进的具体建议。

第一，根据不同专业学生未来撰写学术论文的要求不同，可以将本课程分级别讲授。按照不同专业来设计不同难度的法律实证方法课程，比如对实证方法要求较高的法学学硕，如刑法、经济法、民商法专业的同学，为他们设计较难的法律实证研究方法课程（可称为《法律实证研究方法 A 级》），针对实证方法要求不高的其他专业的同学设计一般难度的法律实证研究方法课程（可称为《法律实证研究方法 B 级》），以有针对性地开展教学，实现不同的培养目的，更好地培养学生。

第二，根据问卷调查的结论，应在课程后增强课外辅导，充分利用任课教师的课程答疑时间接待学生，鼓励学生自己提出研究设计来与任课教师沟通，获得指导。有条件的情况下，任课教师可指导学生参与学术竞赛，或者合作发表实证论文，融教于学，既可以激发学生的学术兴趣，也锻炼了他们的科研动手能力、实践操作能力等。

第三，本课程相关的图书和电子信息资源需要重点补充，如前文所述，图书馆应面向法学学硕召开专门的听取意见会，并征求法学教师的意见，购置和完善法学文献数据库，并开设相关讲座，辅导法学学硕查阅外文法学文献和相关数据，以切实发挥教学辅助作用，这不仅有助于法学学硕的自身进步，保证未来他们撰写毕业论文的质量；也有助于法学学硕参与导师的科研活动，分担导师的科研负担，推动学校科研的发展。

第四，增加学生的课堂参与度，增加案例的讲解，同时布置一定的实证方法模拟训练，由任课教师对学生的模拟训练加以诊断式的点评，并回答学生其他的疑问。

第五，课程内容的比例，由任课讲师团队在与学生充分沟通并报研究生处批准的情况下，加以合理的优化和调整，以回应学生的呼声，从而更好地进行教学。

第六，对那些已经证明是行之有效的做法，如小组完成结课报告的方式等加以保留，并探索更加适应学生要求的考核新模式，保持创新和开放，以更好地调动学生的学习和撰写结课报告的积极性，从而收到更好的教学效果。

德法融合教学理念的理论探索及现实应用

——以"思想道德修养与法律基础"课教学为出发点[*]

◎刘英博[**]

摘　要："思想道德修养与法律基础"课法学章节的教学，是树立学生的法治信仰、培养学生的法治思维的重要环节。该章节的教学应以"依法治国"与"以德治国"导向为指引，通过探寻德育教育与法治教育融合交汇的理论基础，构建德法融合的教学理念，并以此指导教学体系的变革。课程教学应在阐释核心理论的同时关怀社会现实，通过对学生内在信仰和外在行为的教育与引导来提升教学效果，完成思想政治理论课立德树人的重要使命。

---

[*]　基金项目：2018年度海南省哲学社会科学规划课题（思政专项）"自媒体时代十九大精神融入日常生活研究"阶段性研究成果（项目编号：hnsz2018-16，时间2018.06-2020.06）。

[**]　刘英博，讲师，法学博士。研究方向：当代中国政治、思想政治教育。

关键词： 德法融合　法治素养　法治理念　思想道德

习近平总书记指出："治理国家、治理社会必须一手抓法治、一手抓德治，既重视发挥法律的规范作用，又重视发挥道德的教化作用，实现法律和道德相辅相成、法治和德治相得益彰。"[1] 这一论述阐明了德法融合的治国新理念。"思想道德修养与法律基础"课（以下简称"基础"课）肩负着弘扬社会主义核心价值观、宣传社会主义法治理论、培育大学生法治素养的重要功能。"基础"课应在教学中对"德法融合"理念予以回应，"实现话语体系因事而化、因时而进、因势而新，提高教学质量，发挥思想政治教育的育人功能"[2]。

一、德法融合教学理念的理论基础

德法融合教学理念，是以"法德兼治""法德共治"的理念为指导，将道德教育与法治教育有机结合、融会贯通，并用于指导教学的态度和观念。通过挖掘德法融合对育人的重要价值，探寻德法融合效果作用的场域，调整教学中法学与德育分割讲授的安排，以改变大学生对德与法各行其道的误解，助力其人格完善和成长顺遂。

（一）理论起点：法治理念是传统文化与现代法律精神的高度凝练

法治自春秋时起就成为帝王治国的规则。以"商鞅变法"为例，其杂糅了权、术、势等政治手段；内容上更强调"法布于众""依法办事"的规范作用；本质是通过"礼下庶人、刑上大夫"的理念灌输，消除贵族在法律适用上的特权。汉代后，法治被德主刑辅的理念不断浸染改造，其中所凝练出的鲜明的民族特

---

[1] 习近平：《加快建设社会主义法治国家》，载《理论学习》2015年第2期。
[2] 李萌、张海燕：《法律案例融入"基础"课教学的四个关键路径》，载《思想政治教育研究》2017年第5期。

性和思维理念，被现代法治理念予以批判性的继承。

"自然法学派"坚持正义的绝对性，相信真正的正义是社会正义的基础，同时也是判别人类政治行动、准则以及程序合法性的基本依据[1]。马克思认为："良心是由人的全部知识和全部生活方式来决定的"[2]。他将人的道德水平、良心与文化知识联系起来，认为具备较高的文化素养和道德水平，是认识"良心"的一个重要因素。富勒在其《法律的道德性》一书中秉承同样观点，将关于法治的章节定名为"道德使法律成为可能"，即表明法律本身兼具内在之德、外在之道。

现代社会制度的发展和人类交往规则的演进，给社会的基本价值规范增加了新的内涵，程序正义、民主代议、人权自由和社会和谐等，已成为"日用而不觉"的习惯；把隐含于其中的理念和价值借助现代立法技术予以凝练，就构成了新时代中国法治的文化内涵。教材对"法治"章节的改编，体现了对传统道德的延续和对现代社会精神的呼应，着力突出法治与道德间良好的兼容性和浑然天成的魅力，展示了法在道德中汲取营养并演化为包含多元概念的历程，体现了传统文化在新时代的进化与新生，为德法融合教学理念夯实了理论基础。

（二）现实回应：德法融合赋予"克己复礼"新的时代内涵

"克己复礼"作为儒学与礼教的最高准则，构建了以个体承担义务为主的社会生存模式。传统法理学理论基于此，将道德强调责任、道德强调内心规范、有德者行为自由等，视为道德与法律区分的根本。但德、法决然分立，将会使个体在微观交往中必须交错使用这两套规范体系，在宏观国家治理上，也将呈现出奉法者和守德者关于治理原则的根本分歧。但现实中，我国社会稳定、人民交互有序，这说明德法的作用立场绝非对立。

---

[1] 陈大兴、张媛媛：《论法治高校的建设逻辑》，载《高教探索》2018年第11期。

[2] 《马克思恩格斯全集》（第6卷），人民出版社2009年版。

法治理念赋予"克己"以时代内涵。首先，公民应当承担的义务得以书面固定，其内容明确公开且可执行。其次，"克己"在当代表现为"明大德、守功德、严私德"，分别与宪法精神、法律原则和法律规则构成对应关系。最后，法治给予"克己"制度性补偿，使遵守道德并不再意味着单向付出，这是巩固传统道德精神的最好方式。

当代"复礼"的礼，是国家复兴中弘扬的中国精神。教材指出，"道德是反映社会经济关系的特殊意识形态""道德是社会利益关系的特殊调节方式""道德是一种实践精神"，[1]阐明了道德不但是个体对内心的把握，还是以调节的方式治理社会的手段。在德法融合视角下，道德和法律彰显出对意识形态保护和规范社会关系的趋同性，用普遍的公正取代因人情亲疏、关系远近导致的差序公正等方式，构建具有时代气息的现代法治体系。[2]

（三）制度归宿：夯实核心价值观教育与推进依法治国的有机融合

2016年中共中央办公厅、国务院办公厅下发《关于进一步把社会主义核心价值观融入法治建设的指导意见》，2018年中共中央下发《社会主义核心价值观融入法治建设立法修法规划》，同年，最高人民法院发布《关于在司法解释中全面贯彻社会主义核心价值观的工作规划（2018—2023）》，旨在要求立法环节必须与核心价值观建设相融合，落实对"软性要求"的硬性保护和"硬性规范"的柔性指导。

党的十八届四中全会指出："坚持立德树人、德育为先导向，推动中国特色社会主义法治理论进教材进课堂进头脑，培养造就熟悉和坚持中国特色社会主义法治体系的法治人才及后备力

---

〔1〕 本书编写组：《思想道德修养与法律基础》，高等教育出版社2018年版。

〔2〕 王春英：《融会德法兼修理念的价值及路向——"思想道德修养与法律基础"课教学思考》，载《中国大学教学》2017年第9期。

量。"[1]"基础"课应使大学生明确意识到，社会主义核心价值观对国家各项事业发展具有全局性的指导意义，法治建设必须要以核心价值观为引领；核心价值观的推动更依赖于强有效的制度性力量，而法律是最好的制度保障。大学生应主动探索核心价值观与现代法治文化的共通之处，通过培养法治思维、尊重法治权威来参与构建社会主义法治体系。

二、德法融合教学理念对"立德树人"的重要价值

"基础"课重在提升教学效果，落实培育时代新人的历史使命，通过对法学章节教学理念进行转变，提升了大学生的法治素养，更回应了国家对高素质、综合素养人才的需求。

（一）德法融合教学理念实现"基础"课教学目标明确统一

本次教材修订以思想政治教育过程为依托，学科导向性突出。思想政治教育过程包括教育准备、信息交流、理论内化、外化应用和反馈调控五个阶段。遵循德法融合教学理念，在教育准备阶段，第五、六章修订更侧重于彰显德法在社会调控和治理手段上的趋同性。在信息交流阶段，第五章通过批判"道德无用论"和"道德万能论"，与第六章的法治体系、法治道路等内容前后对应，实现了法学专业语境向思想政治教育语境的转化。在理论内化上，第五、六章实现了总章题目、整体结构和教学理念的对应与融合；而外化应用则立足于对宪法修正案的讲授。在反馈调控阶段，第五、六章强调道德观念转化和法治观念培养，更符合思想政治教育的育人规律。德法融合教学理念在教材编撰上的"抓大放小"，使"基础"课内容前后呼应、体系完整统一。

（二）德法融合教学理念符合思政育人的要求

首先，道德教育与法治教育具有顺序性。道德教育在家庭生活、学校教育和社会交往中逐步展开，教育内容从基础道德开

---

[1] 《中共中央关于全面推进依法治国若干重大问题的决定》。

始，逐步发展到社会规范和核心价值等层次；法治教育在教育对象具备了一定的规范意识后方能发挥作用，教育的主体呈现专业化趋势。其次，道德教育与法治教育有较强的互补性。道德教育以教育对象被动接受为主，否则教育者会予以适当惩戒；法治教育以教育对象的主动探寻为主，动力在于掌握规则才能在规则框架下活动。最后，道德教育与法治教育的效果具有趋同性。通过宪法修正案，党的政策被赋予法律效力，成为引导全国人民前进的刚性规范；社会主义核心价值观"承载着一个民族、一个国家的精神追求，体现着一个社会评判是非曲直的价值标准"[1]，两者的目的和方向是一致的。所以，德法融合是新时代思政课应当坚持的重要教学理念。

（三）德法融合教学理念明确了"基础"课育人的"高线"和"底线"

"德"既指马克思主义道德观，也包括我国的传统美德，还包括在中华民族伟大复兴过程中形成的，"扣子论""理想信念教育""社会主义核心价值观""社会主义建设者和接班人"等社会主义道德观。这些内容属于教育体系中所期望达到的理想化教育，是整个民族发展的"高线"标准，正如习近平总书记指出的："人无德不立，育人的根本在于立德。"[2] 现实中，有些大学生卷面成绩的"高分"，难掩其个人本位、功利自私、理想信念模糊等"低德"现状，更有甚者锒铛入狱。这说明，当前思想政治教育效果既未完全实现"高线"，也忽视了法的"底线"作用。习近平总书记指出："通过法律的强制力来强化道德作用、确保道德底线，推动全社会道德素质提升。"[3]以法为核心的底线教育能促使大学生主动学习社会交往规则，帮助大学生抵御价

---

[1] 习近平：《青年要自觉践行社会主义核心价值观》，载《人民日报》2014年5月5日。

[2] 习近平：《在北京大学师生座谈会上的讲话》，载《人民日报》2018年5月3日。

[3] 习近平：《加快建设社会主义法治国家》，载《理论学习》2015年第2期。

值取向自由、文化多元等意识形态领域的侵袭,更重要的是能够让大学生完善自身的基本素质与分辨能力,以便在多元复杂的社会生活中实现自己自由全面的发展。

三、"基础"课实现德法融合教学理念的现实路径

思想政治理论课重在"知行合一","基础"课教师应以德法融合教学理念,构建"树立信仰、培育思维、分清边界、回应诉求"的教学体系,落实立德树人的根本目标。

(一) 树立信仰:阐释法治的内涵,弥合德法分立的鸿沟

对于什么是法治,2018 版教材没有给出学理性定义。2015 版教材表述为:"法治就是按照法律治理国家、管理社会、规范行为,是对人治的否定。"[1] 作为教学的核心概念,其内涵必须阐释清楚。

首先,法治是治国方略。"历史是最好的老师。经验和教训使我们党深刻认识到,法治是治国理政不可或缺的重要手段。法治兴则国家兴,法治衰则国家乱。"[2] 封建朝代的衰败不但因为统治集团的腐败和道德堕落,更核心的原因是统治者的"一人之治"超越了"国法之治",是"人治"中"个人意志""不可预测"和"不受约束"等特征集中爆发的结果。可见,只有"法治"才是国家良性发展的指引与保障。

其次,法治是人民对美好生活追求的保障。"我们必须把依法治国摆在更加突出的位置,把党和国家工作纳入法治化轨道,坚持在法治轨道上统筹社会力量、平衡社会利益、调节社会关系、规范社会行为,依靠法治解决各种社会矛盾和问题,确保我国社会在深刻变革中既生机勃勃又井然有序。"[3] 单凭道德教育

---

〔1〕 本书编写组:《思想道德修养与法律基础》,高等教育出版社 2015 年版。
〔2〕 中共中央文献研究室编:《习近平关于全面依法治国论述摘编》,中央文献出版社 2015 年版。
〔3〕 本书编写组:《思想道德修养与法律基础》,高等教育出版社 2015 年版。

无法塑造孔子理想中的社会。法在社会利益的分配中惩戒违法者，成就守法者；在社会交往中，培养社会责任感和"有度"的行为模式；在社会转型与改革中，做好政策的指引，约束权力滥用以破解执政的历史周期律。法治所成就的正是人民的幸福。

最后，法治是深刻的社会革命。十九大报告指出，全面依法治国是国家治理的一场深刻革命。对此，习近平总书记进行了释义："我国是个人情社会，……但如果人情介入了法律和权力领域，就会带来问题，甚至带来严重问题。"[1] 对于这场革命要取得什么样的效果，习近平总书记说："引导群众遇事找法、解决问题靠法，逐步改变社会上那种遇事不是找法而是找人的现象。"[2] 所以，法治所革除的是陈规陋习，所倡导的是社会交往的新风，所维护的是公平和正义。

（二）培育思维：教学引导重原则轻规则，着力实现人格完善与素质提升

"基础"课中法学章节"如何讲、讲什么、讲多深"是教学的核心问题。2015版教材侧重微观规则实践，2018版教材突出宏观原则建构，体现了编写组侧重对法治精神、法治思维的培养，这就需要在教学中侧重法律原则的讲解。

法律规则是具体的规定，法律原则体现根本目标；法律规则侧重微观交往，法律原则关注宏观叙事；法律规则反映时代变迁，法律原则相对稳定恒久。如果把法喻为浩瀚宇宙，法律规则如繁星般浩渺，但法律原则如同行星般稳固，超越星辰、历久弥新，成为构建星系的基础。

习近平曾寄语青年要"树理想、爱祖国、担责任、勇奋斗、练本领、修品德"。但现实中有很多学生有负所托却不以为然，

---

[1] 中共中央文献研究室编：《十八大以来重要文献选编》（上），中央文献出版社2014年版。

[2] 中共中央文献研究室编：《十八大以来重要文献选编》（上），中央文献出版社2014年版。

其早已违背法律原则；青年学生参加高考是希冀深造的要约，高校录取考生就是承诺，合同一经达成就要有"契约精神"，荒废学业显然就是违约；违背公序良俗的行为实质已构成侵权，行为性质并不因是否被追究而发生改变；有人认为"网络无禁地"，愿做"键盘侠"，但网络空间并非法外之地；有人编撰虚假材料，助推"历史虚无主义""普世价值""消费主义"等思潮大行其道，既缺德又违法。所以，"基础"课更应着眼法律原则讲解，使融合了政治教育与道德教育的法治素养培育在思想政治教育体系中的地位更加突出。[1]

（三）分清边界：厘清德法的对应关系，帮助学生完善日常行为

道德与法律在"权利与义务、自律与他律、动机与效果以及自由与秩序"[2]等范畴具有趋同性；但两种秩序体系始终不能混同，否则会导致行为主体对自身行为性质的错误判定，因此应当从理论上阐明。

法律与社会主体的互动关系分为三个层级：最低层级是主体被动守法，他们认知上对法否定，行为上被法约束，心理上避罪远罚，利益上无法实现，为"畏法阶段"；中间层级的主体对法基本肯定，法的精神部分内化，在服从约束的同时能够利用规则交往，是"用法阶段"；最高层级是主体主动践行法律，与法的精神高度契合，法是个人行为的最高准则，达到"法治阶段"。

"道德要求的高低差别性和实践表现的程度差异性及其上下从属和相互制约的关系"[3]，是道德分层的依据。马克思从个体到类的角度，认为道德的最低层级是具体事件反映的道德理论，

---

[1] 杨忠明、刘颖：《改革开放以来大学生法治素养培育的发展回顾与展望》，载《思想教育研究》2018年第11期。

[2] 李志强：《浅谈道德与法律的关系》，载《思想理论教育导刊》2019年第2期。

[3] 黄明理：《道德的层次性：辩证维度中的道德》，载《南京政治学院学报》2005年第2期。

中间层级是人类解放层面的道德理论,而顶层是共产主义理想蓝图中的道德自然存在。[1] 结合马克思道德理论和我国当前实际,社会主义初级阶段道德的最低层级是一般社会公德和公共生活准则,中间层级是努力践行社会主义核心价值观,最高层级则是以共产党员的标准全心全意为人民服务,达到"我将无我,不负人民"的状态。

但法律与道德的层级并非一一对应,法律的"畏法阶段"在道德中并无对应,因为道德的底线高于法律底线;遵守社会公德已然符合法律的基本要求,因此其与"用法阶段"相对应;社会主义核心价值观是法治中国建设的基础和"灵魂"[2],因此实现法治即与践行核心价值观相对应;共产党员的标准在全社会中起到了修德为本、示范为要的作用,党员守德的高线和守纪的严苛,已经超越了德法规范的一般要求,处于两种规范的顶端(如下图所示)。

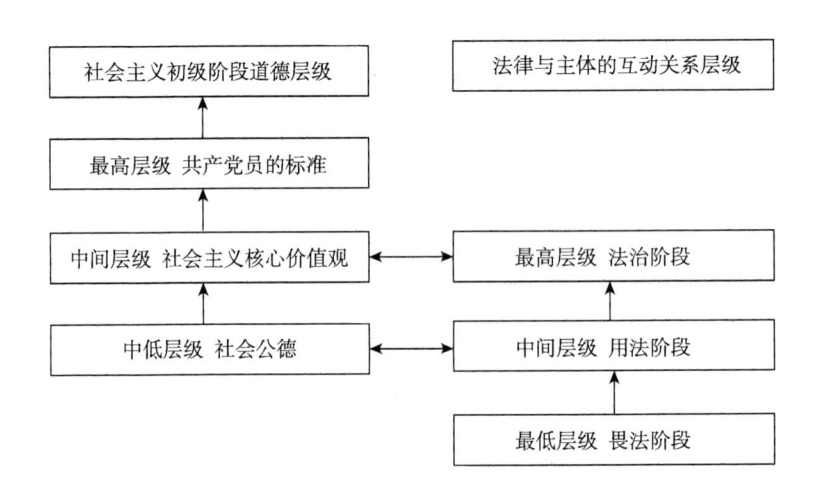

```
社会主义初级阶段道德层级          法律与主体的互动关系层级

   最高层级 共产党员的标准

   中间层级 社会主义核心价值观 ←→   最高层级 法治阶段

   中低层级 社会公德         ←→   中间层级 用法阶段

                                   最低层级 畏法阶段
```

---

[1] 李梅敬:《马克思道德思想的三个理论层次探析》,载《毛泽东邓小平理论研究》2017年第6期。

[2] 孙伟平:《社会主义核心价值观与法治中国建设》,载《思想教育研究》2018年第12期。

（四）回应诉求：援引典型案例，引导大学生形成正确的价值观

"基础"课法学部分的讲解必须借鉴现实案例、关注社会热点、回应学生质疑，以正言论视听，引导学生形成正确的价值观。

首先，案例选择要加以甄别，讲解角度要有"思政味"。其一，经典案例未必皆可借鉴。如讲解"马伯里诉麦迪逊"案，必须阐明其美国政体和党争的背景；脱空政治制度差异而强调"违宪审查"的普遍合理，就是偏离了思政课的基本立场。其二，对案例的讲解要符合思政课的要求。以"米兰达警告"为代表的美式人权并不符合社会主义核心价值观，授课中应阐明我国的司法制度在设计上应坚决反对"言必称罗马"的全盘西化，现有的告知认罪制度是具有我国特色的对嫌疑人权利的保护，制度自信应予强调。其三，东西方的价值观有共通之处。"恶法非法"原则被各国确认为"法治面纱下的人治幽灵"，确保我国实现"善法善治"的关键，党的领导、中国特色社会主义制度、中国特色社会主义法治理论这三个方面共同构成了中国特色社会主义法治道路的核心要义[1]，这是对人类共同的良知和起码的道德底线的制度保护，说明我国法治蕴含了对全人类的通行价值的认可。

其次，案例讲解侧重维护社会风气，守护核心价值。"彭宇案"是"扶不扶"成为道德争议的负面典型。此案讲解必须向学生阐明，一审法官"人性恶"的主观臆断是案件被误读的起因，个案不具有代表性；媒体的过度渲染，误导了舆论的方向；全国见义勇为者层出不穷，说明良好风气仍是主流；清者自清，要相信正义永存。2018 年的"电梯劝烟猝死案"是维护社会核心价值的正面典型。面对一审法官做出的"和稀泥"式的判决，二审法院站在维护社会正义的角度上判定当事人无责且不用赔偿，对其

---

[1] 宋随军：《论中国特色社会主义法治道路的若干问题》，载《思想教育研究》2019 年第 3 期。

维护社会核心价值的行为予以充分肯定。正义得以宣扬、良心未受辜负,社会风气为之一振,这样的案例让学生感受到了法治的温度,坚定了维护社会核心价值的信心,更有助于其不断提升自身科学精神、理性精神、人文素养,最终成长为一名明礼守法的好公民。[1]

最后,正面回应社会热点,帮助大学生树立法治信仰。十八大以后,人民法院依法对"聂树斌案""呼格案""陈满案"等一批冤假错案进行纠正。当事人的不公遭遇让学生产生了"司法腐败""法制不公"的感性认识,但应当阐明的是,法治精神的培养并非一蹴而就,司法机关的主动纠错恰是践行法治的最好体现。2017年的"于欢案",因一审判决体现出传统人伦与刑罚适用的强烈冲突而引发舆论风暴,一度登上热搜榜单。其一,"基础"课教师应肯定学生对案件的关切态度,只有青年人对社会事件保持热情和关注,舆论监督才有力量;其二,应帮助学生排除情绪介入,不预设立场、不角色代入地进行冷静思考;其三,引导学生分清媒体报道与司法审判的关系,区分道德正义与司法正义的异同。值得欣慰的是,案件的二审结果最终诠释了法治精神,使学生认识到"情、理、法"的交互与平衡。如将法治喻为人类文明的"规则之花",那么,树立法治信仰就是"静待花开,相信它一定会开"的美好过程。

四、结语

某网络大V自爆"薅大学图书馆羊毛"的行为引发网友群嘲,最后能迫使其删除微博的是网友的口诛笔伐和道德谴责。法律在此刻只能沉默,这说明法律并非万能。法律无法避免出现制度漏洞;法律的滞后性使其落后于社会发展的节奏;法律所保护的价值和道德领域并非完全重合;法律行为主体的道德水平对法

---

[1] 杨茜茜、金荣婧:《依法治校视域下高校学生伤害事故的理性反思》,载《高教探索》2019年第6期。

的实效会造成影响。德法任何一方都不可偏废，德法融合是当前构建现代化治理体系中最为重要的原则。当代大学生是道德和法律的参与者和建设者，"基础"课要在他们心中种下德法融合的种子，以良好品德浇灌法治成长，以法治思维夯实道德基石，完成新时代立德树人的历史使命。

全英文金融法学教学的思考

——以中国政法大学研究生通选课为例

◎李 文[*]

摘 要：金融法在我国法学学科体系划分当中属于二级学科经济法之下的三级学科。我国主要法学院校大多都开设了以中文作为工作语言的金融法的教学课程，也一直在积极开展以中文为工作语言的金融法的科研活动，并且提供了一系列相关的社会服务工作。但是，纵观全国主要法学院校，开展全英文的金融法课程的院校非常少。随着我国金融改革开放进一步推进与深化，与国际接轨的全英文金融法学课程的开设，在培养具有国际视野的金融法律人才以及满足国际金融法律服务人才的市场需求方面，将扮演越来越重要的角色。在本文中，笔者以在中国政法大学研究生院的教学实践为研究起点和落脚点，思考并总结以全英文讲授和考查的金融

---

[*] 李文，中国政法大学民商经济法学院副教授，法学博士。

法学的教学实践，分析论述了在金融法领域采取全英文教学的必要性、可行性，以及主要面临的机遇和挑战，并提出改进的方法。以期探索出以全英文进行金融法教学的一般规律性。

关键词：全英文　金融法　教学研究

在我国的法学学科体系的划分当中，法学属于一级学科，经济法属于二级学科，金融法属于位于经济法之下的三级学科，且金融法是一个融合了经济学、金融学、金融科技，新兴技术与法学的高度交叉的三级学科。本文从金融法法学教学的现状、全英文金融法教学的必要性和可行性、存在的机遇与挑战等角度，分析论述全英文金融法教学的各个主要方面，从而提炼出规律性的认识，以期为进一步提高金融法的教学效果和教学成果提供有益的参考。

一、现状

在我国的法学教育体系当中，无论是综合性大学的法学院，还是专业性的法科院校，都对金融法的教学、科研与社会服务工作高度重视。有实力有条件的法学院校都在本科阶段、硕士研究生阶段以及博士研究生阶段，为学生们开设了金融法学的课程。专业性的政法院校，由于校内对法学各个细分领域的高度专业化分工，以及师资力量雄厚充足，在有关金融法学这个三级学科的课程中还能够衍生出金融法实务、金融法原理、金融法案例研习、互联网金融法律理论与实务、金融科技法、期货法、金融衍生品法、金融交易法、金融监管法等细分课程。如果结合商学院开设的金融类课程，那么与金融法直接或者间接相关的课程数量就更多了。这些课程往往互相衔接，互相配合，相互补充，适合不同年级、不同基础的学生选修，满足不同知识背景的学生的学习需求。然而，绝大多数金融法相关课程都是教师以中文讲授，学生以中文参加期末考试，以中文撰写学术论文，很少有以全英文方式开设的金融法的课程。笔者全职回到中国政法大学任教之前，在英国大学的法学院全职任教多年，用全英文为英国法学院的本科生和研究生系统地讲授了银行法、国际金融法、合同法、知识产权法等课程。英国大学的法学院虽然很少直接以金融法命名一门法学课程，但是证券法、银行法、保险法、国际金融服务等金融法的组成科目也已经能够组合构成金融法的完整体系。笔者全职回国任教之后，特地为中国政法大学研究生院的硕士生和博士生们开设了一门全英文讲授、全英文阅读、全英文写作以及全英文考查的金融法选修课程，名称为"英美金融法（全英文）"。作为一门研究生院通选课，第一个学年开课就吸引到十多位研究生前来选修，第二学年选修此课程的学生进一步增加，到目前的第四个学年，选修的研究生人数已经比第一个学年翻了一倍多，接近了教室最大课容量的 30 人的上限。还有不少虽然没有选修但前来旁听的硕士研究生们，特别值得一提的是，几乎每年都有在读的金融法专业或者经济法专业的博士研究生们前来旁听，甚至有时候还会有外校的学生们前来旁听。整体而言，研究生们表现出浓厚的兴趣，并且愿意积极参与到教学活动中来。

二、必要性和可行性

在"一带一路"伟大构想与实践持续推进的大背景之下，在中国金融越来越融入国际金融的大背景之下，在中国法律越来越产生国际性乃至世界性影响的大背景之下，在可预见的未来几十年的国际商务环境和法律体系中，大陆法系和英美法系将继续作为全球最重要的两大法系扮演重要角色的大背景之下，笔者认为，有条件有意愿的法学院校应当积极推进全英文的法学课程的建设与教学，在金融法领域也应当积极推进全英文的法学课程的创设与实践。

2014 年 10 月 23 日，党的十八届四中全会通过的《中共中央关于全面推进依法治国若干重大问题的决定》在"创新法治人才培养机制"的重要论述中，明确指出，要"建设通晓国际法律规则、善于处理涉外法律事务的涉外法治人才队伍"。2016年5月，中央全面深化改革领导小组审议通过《关于发展涉外法律服务业的意见》（下文简称《意见》）指出，党的十八大以来，在党中央、国务院的领导下，我国涉外法律服务业发展较快，涉外法律服务队伍不断壮大，涉外服务领域日益拓展，服务质量逐步提升，为维护我国公民、法人在海外正当权益、促进对外开放发挥了重要作用。但也要看到，当前涉外法律服务业仍然面临一些问题和挑战，主要表现在：涉外法律服务业的工作制度和机制还不完善，政策措施还不健全，我国涉外法律服务业的国际竞争力还不强，高素质涉外法律服务人才比较匮乏。《意见》还提出，主要目标是：到2020年，发展涉外法律服务业的制度和机制基本健全，涉外法律服务领域有效拓展，服务质量明显提升，服务队伍发展壮大，国际竞争力显著提高，建立一支通晓国际规则、具有世界眼光和国际视野的高素质涉外法律服务队伍，建设一批规模大、实力强、服务水平高的涉外法律服务机构，更好地服务经济社会发展。

从顺利达成和实现《意见》提出的主要目标来看，法学院校能够为培养和建立通晓国际规则，具有世界眼光和国际视野的高素质涉外法律服务人才队伍，做出重要的贡献。具体到金融法领域的人才培养和教育方面，从传统的中国金融法教学实践来看，采用中文进行教学的中国金融法的人才培养方案与内容主要包括中央银行法、金融监督管理法、商业银行法、政策性银行法、非银行金融机构管理法、货币发行与现金管理法、存款与贷款管理法、支付结算法、票据法、证券法、金融信托法、融资租赁法、保险法、涉外金融机构管理法，以及外汇与外债管理法[1]等内容。涉及的法域主要是中国金融法。笔者采用全英文进行人才培

---

[1] 朱大旗：《金融法》（第3版），中国人民大学出版社2015年版，目录页。

养的英美金融法课程，则主要涉及英美法系语境下的金融法，具体包括英国金融法、美国金融法以及不属于英美法系，而属于大陆法系的、具有成文法特征的欧盟金融法。欧盟金融法被涵盖在英美金融法的课程当中的原因在于，英国在脱欧之前的四五十年时间里，一直是欧盟的成员，欧盟法对于英国是具有强制性效力的，[1] 因而研究英国法是不可能脱离欧盟法的。即使是在英国彻底脱离欧盟之后，在金融法领域，可以预见的情况是，欧盟与英国达成的协议当中对于金融关系的安排，与脱欧之前相比，是大体保持稳定的，[2] 以便让投资者与各类市场参与主体具有稳定的预期，避免金融市场的大幅波动。

在教学实践中，英国金融法与欧盟金融法部分，笔者采用的教材是被英国法学院普遍采用的英文原版教材，由中国政法大学图书馆收藏的，英国著名大律师和法学学者安德森教授（Professor Alastair Hudson）2013 年出版的《金融法学》。该教材的厚度超过 1400 页，内容涵盖英国金融法体系、欧盟金融法体系、金融法当中的实质法[3]，金融服务监管法、金融犯罪、与金融相关的合同法、与金融相关的财产法、与金融相关的侵权行为法、银行法、借贷法、证券法、金融衍生品法和再融资法以及金融危机的干预与监管法等内容。在美国金融法部分，笔者采用的方法是，研究生们在上课之前可以先阅读与本周课程内容相关的教材章节和相关学术论文，在课堂上用英文积极发言，甚至可以用英

---

[1] 详见《欧盟法的层级与效力》，载 https://europa.eu/european-union/eu-law/legal-acts_en，最后访问时间：2020 年 4 月 17 日。

[2] 详见《英国脱欧的过渡期安排》，载 https://www.gov.uk/transition，最后访问时间：2020 年 4 月 17 日。

[3] 实质法是字面上的翻译，英文原文是 "substantive law"。根据安德森教授的解释，在英国金融法的语境下，实质法的内涵是指，英国合同法，英国商法，英国侵权法，英国衡平法，英国财产法，英国刑法，英国公司法等以判例法和成文法为主要支撑，主要适用于金融交易关系和金融组织关系，并且具有普遍适用性，而非专门适用于金融法律关系的部门法。金融法当中的实质法所对应的是金融监管法，金融监管法是专门为金融所制定的，以成文法为主，体系性较之实质法更强，独立性较之实质法也更强。

文参加金融法相关学术命题辩论，课后用英文练习金融法的专业法律英语的写作，期末考试则以写一篇英文的金融法学术论文作为考察方式。从学习效果来看，全英文的金融法学教学也是十分可行的。一个学期共有 32 个课时，每个课时是 45 分钟，平均每周的课时会涉及 100 个以上金融英语、法律英语以及金融法律英语的专业词汇。如果学生通过查阅权威的法律英语辞典和金融英语辞典，这门课程下来，研究生们将能够认识并熟练掌握 800～1000 个金融法律的专业词汇，如果能够继续在今后的阅读和写作中灵活运用这些专业词汇，无疑将对他们在这个领域的学习和工作产生很大帮助，更加长远地看，会帮助他们成长为优秀的、具有世界眼光和国际视野的、能够同时处理国内国际事务的高素质涉外法律服务人才。

三、存在的机遇和挑战

和许多其他人才培养工作一样，全英文金融法的人才培养工作同样是机遇和挑战并存的。从机遇来看，众所周知，每年我国有大量的法学本科毕业生和法学研究生出国读硕士甚至博士学位，最热门的留学国家是美国和英国这两个英美法系国家，加拿大、澳大利亚、新西兰等英美法系国家也是莘莘学子关注的重点。学成之后，除少数留学生在留学国找到工作，定居下来之外，相当一部分的法科留学生还是会回到祖国寻求就业机会。而就律师事务所和金融机构分布的集中程度来看，北京和上海一直是顶级律所和顶级金融机构聚集的城市。这样一来，我国本土培养的法学硕士研究生们，就会和在英语系国家修读过一年法学硕士学位，甚至 3~5 年法学博士学位（J.D 或者 Ph.D）的毕业生们同台竞技，竞争大城市中律所、金融机构以及高等学校和科研机构的有限职位。在我国国内的法学院校，开展全英文的金融法学教育以及其他法学专业的全英文教育，对帮助我国的法学硕士研究生们应对未来就业方面的挑战，是有很大益处的，也有利于为硕士毕业生们创造更好的就业机会。

从挑战的角度来看，笔者的教学经验显示，全英文的金融法学教育以及全英文的其他法学学科的教育，对于学生们来说，难度非常大。要能够在课上听懂教师的讲授，课后看懂英文原版教材和英文学术论文，并且写出较高质量的英文法学论文，对多数学生而言是相当不容易的。英语的词汇本身就以丰富著称，法学英语和金融英语的高度专业性和复杂性又进一步加大了学习的难度。有时候，学生们阅读一篇英美法的案例判决，光是查询专业词汇就要花去许多时间，要从整体上把握其内涵，并且进一步提出自己的观点，对于学生们而言，更是难上加难。笔者推荐学生们充分运用 *Black's Law Dictionary* 去查询法律英语专业词汇的准确用法；在金融法律英语领域，充分运用 Investopedia.com 等比较准确的专业词汇解释网站；在英美法判例方面，充分熟练运用 Westlaw、Lexis 等主要的英文法学数据库；在学术期刊的论文和著作阅读方面，充分运用 Heinonline 等主要期刊数据库。所以，应当客观地看到，全英文的金融法学教育和人才培养机遇与挑战并存，需要耐心和定力，是一个长时间不断积累不断完善的过程。另外，在软硬件保障方面，对于全英文金融法学课程在国内法学院和专业性政法院校的推广，还需要各大院校购买价格不菲的英文资料数据库的使用权限，分给本校师生使用。

四、提炼出规律性的认识

本文前面的篇幅系统论述了全英文金融法学教育的现状、必要性、可行性以及同时存在的机遇和挑战，从而可以提炼出在该具体领域的几点规律性认识。

第一，全英文的金融法学教育的开展宜早不宜迟，有条件的法学院校可以考虑在本科阶段的大学二年级或者大学三年级就以选修课的方式，供学生选择。原因在于金融法的学习，不仅要学习金融学、经济学、法学、金融科技等相关交叉领域和交叉学科的知识，同时还要注重专业英语的熏陶和培养，在本科的中高年级阶段，就提供给学生们这样的选择是有益的。

第二，全英文的金融法的教学过程中，应当注重体系化的教学方式。原因在于，讲授外国金融法的同时，需要考虑到该国金融法形成和发展的法律土壤与法律环境，既教授给学生金融法的具体知识，又能引导学生熟悉和了解该国的整体的法律体系，宏观与微观相结合的体系化教学方式能够使学生获得更大的益处。

第三，全英文的金融法的教学过程中，还应当注意引导学生注意区分同一个专业词汇在不同的语境之下的不同的含义，以及相近的专业词汇，在同一个语境之下的相同的含义。

第四，全英文的金融法教学应当与时俱进，教师应当经常关注国际同行，特别是主要英语系国家的法学院校在金融法教学和研究过程中的新方法、新发展、新思路，以便于为我所用，更好地为我国法学院校培养出更多高素质的国际性法律人才。

第五，从一个更高层次的视角来看待金融法学的教育以及整个法学教育，则开放式的全英文的金融法法学教育，应当在理念上更加开放。正如王晨光教授所言，"法学并非不食人间烟火的虚幻净土，也非与其他学科没有关系的独门绝功。开放式的法学教育，即应当把社会，法律实践，与其他学科交叉，甚至全球化的内容都纳入我国法学教育的视野和架构之中；让法学教育回归到人间，消除'法学院'与'法院'的隔绝，明确法学教育的性质和宗旨。"[1]

---

[1] 王晨光：《法学教育的宗旨》，北京大学出版社2016年版，第173~174页。

翻转课堂在法理学教学中的有效运用及其角色定位[*]

◎王国龙[**]

摘　要：阅读能力是学生综合学习能力的重要组成部分之一。为提升法科学生的自主学习能力尤其是阅读能力，翻转课堂被广泛地运用到法理学的课程教学实践当中。我们将翻转课堂运用到法理学课程教学的实践证明，至少在当前，更应当把翻转课堂视为课堂教学的一种辅助性模式或者延伸性环节；教师对翻转课堂的运用，要精准把握好翻转课堂所扮演的各种角色定位，防止出现翻转课堂在法理学课程教学实践当中的"盲目飞行"。

关键词：翻转课堂　有效教学　法理学课程教学　角色定位

---

[*] 基金项目：本文为西北政法大学 2018 年教育教学改革项目"'翻转课堂'教学模式在法学教学中的应用研究"的阶段性研究成果。

[**] 王国龙，男，汉族，江西吉安人，法学博士，西北政法大学教授，西北政法大学"基层司法研究所"所长，新疆师范大学政法学院兼职教授，国家"2011 计划"·司法文明协同创新中心研究员。研究方向：基层司法研究和法律方法论。

伴随着信息技术的发展和大数据时代的到来，互联网和人工智能等所提供的丰富的教育资源（包括慕课和微课等），开始被广泛地运用于我们的日常学习。同时，以慕课和微课等为载体的新型学习资源，正在快速丰富和改变着传统的学习模式甚至是教学模式，尤其使以"个性化、精准化和多样化"为特征的现代教育格局成为可能。在教育供给的模式上，一种依托互联网、通过PPT和借助于各种视频音频等资源来推动学生自我课程学习的教学模式，开始被普遍地应用于教学实践。这种教学模式就是"翻转课堂"（Flipped Class Model）。与传统法学课堂教学所呈现出的"教师全程讲授"的教学模式不同，翻转课堂借助于各种不同的信息技术和网络平台，通过教师和学生之间的多元互动和各种教学资源的高效配置等，可以较好地提升学生的主动学习能力、回应教学的个性化需求以及实现"教与学"之间的各种良性互动等，从而被广泛地运用到法学教学实践。不仅如此，翻转课堂还有助于克服目前我国法学教学实践正面临着的"法学学科内部封闭""法学教学与实践相脱离"和"法学知识体系陈旧"等突出性问题。[1]

与其他部门法学的知识属性不同，法理学往往具有基础性、抽象性和一般性等鲜明特点。为更好地适应法理学的上述特点，近些年以来我们开始尝试将翻转课堂运用于法理学的教学实践。[2] 经

---

[1] 贾宇：《把握中国化、需求导向、职业化方向发展中国特色法学》，载《法学教育研究》2017年第1期。

[2] 自2006年以来，笔者就一直在西北政法大学刑事法学院法理学教研室从事"法理学"的教学工作。在我校法科学生的法学课程教学体系当中，法理学是在本科第6学期才开设，这样开设的主要依据在于"法理学是法学的高阶知识"。从2013年开始，笔者开始尝试让学生围绕着每周课堂所计划讲授的主题，来完成一次5分钟左右的"主题报告"，并设置1~2个评议人。这种模式自然就需要把"教-学"的相关过程延伸到课后，包括指导学生进行"选题、深度阅读和分析"等。至2016年，"翻转课堂"作为一个相对成熟的教学模式开始在大学教学实践当中被普遍运用，笔者于是结合以往开展过的"主题报告"教学实践，尝试将"翻转课堂"的一些教学理念、模式和机制，开始运用于法理学的教学实践当中。在2018年，"'翻转课堂'教学模式在法学教学中的应用研究"获得西北政法大学2018年教育教学改革项目的立项。

过近三年的部分运用和一个学期的持续性运用,对翻转课堂如何有效运用于法理学的教学活动,已经积累了一些实践经验,但也需要我们做相应的反思。在法理学甚至整个法学的教学实践当中,法科学生需要培养的能力有很多,但最需要培养的能力实际上就是法科学生的阅读能力尤其是深度阅读能力。在法科学生各种学习能力的培养当中,阅读能力往往是一种最重要的"自我学习能力",阅读能力不仅体现在如何阅读当中,而且也同样体现在"具体分析、归纳概括和问题解决"等活动当中,甚至阅读能力本身就是一种重要的"自我终身学习的能力"。尤其是对于高素质法治人才的培养而言,法科学生如果没有形成良好的阅读能力,就难以形成良好的写作能力,更难以形成良好的法学科研能力和法律实践能力。本文集中对翻转课堂在法理学教学中的有效运用以及所承担着的各种角色,做一个回溯性的思考,以期更好地提升我们对法科学生的法理学教学的质量和绩效,切实提升法科学生的阅读能力尤其是深度阅读能力。

一、法理学教学需要以法科学阅读能力的培养为首要目标

在法学本科课程教学体系当中,法理学的研究对象决定了法理学的课程教学往往占据着某种特殊性的位置。张文显指出,法理学的研究对象是一般法的基本和普遍问题,而不是研究一般法的全部问题,法理学的这一研究对象的界定,决定了法理学属于法学知识体系的最高层次,担负着对法的普遍原理问题的探究,同时也为部门法学和法史学提供理论根据和思想指导的使命。[1]法理学研究对象的一般性和基础性,决定了法理学的课程教学往往要同时承担起"对各部门法学知识的提炼"和"对法学知识自身的超越"的双重使命。前者主要表现为法理学的课程教学总是需要回应各部门法学及其实践当中的相关"法理"问题,而后者

---

[1] 张文显:《法理:法理学的中心主题和法学的共同关注》,载《清华法学》2017年第4期。

则主要表现为法理学的课程教学需要将自身的知识体系建构延伸到其他学科的知识体系当中去。例如，考夫曼和哈斯默尔认为，法的发现不仅仅是一种被动的推论行为，更是一种具体建构的行为，"法"从来就不是一种在实体意义上存在着的事物，而是一种关系性的事物。因此，我们这种对法的思维，就只能"在敞开的体系"当中来论证法的具体内容了。[1] 可见，我们对法理学当中涉及诸如"法律是什么"等基本问题的思考，既要立足于各部门法学的知识和实践，也需要努力"超越法学"自身的既有知识体系并延伸到其他的学科知识体系当中。

法理学研究对象所呈现出的一般性和基础性特点，自然就决定了法理学的教学目标不仅仅在于培养法科学生对法理学课程教学当中基础性知识的精确掌握能力，更在于培养法科学生对法学知识的"分析、综合和建构"等具体实践运用能力。而后一种能力往往是以良好的阅读能力为前提的，甚至法理学的一个重要教学任务就是努力提升法科学生的阅读能力尤其是深度阅读能力。因此，我们应该把对法科学生阅读能力的培养作为首要的培养目标。

把对法科学生阅读能力的培养作为法理学的首要教学任务，这是由法理学的课程教学普遍呈现出的抽象性和宏观性等基本特点所决定的。相较于部门法学的课程教学而言，法理学的课程教学往往具有抽象性和宏观性等特点，这是由法理学这门课程自身的知识属性和学科属性所决定的。在知识属性上，法理学往往被视为一门基础性、抽象性、一般性和思辨性的学科，是对法律现象及其一般性问题展开思考和研究的学问。劳埃德认为，法理学是一门涉及对法律的性质和法律体系的一般理论性问题研究的学问，也包含对法律与正义和道德的关系、关于法律的社会特性进行研究的学问，还涉及对哲学、社会学理论和成果运用于法律的

---

[1] [德]阿图尔·考夫曼、温弗里德·哈斯默尔：《当代法哲学和法律理论导论》，郑永流译，法律出版社2002年版，第146页。

理解和运用等。[1] 而在学科属性方面，法理学往往被视为整个法学的总则部分，对部门法学的法律实践和法学研究具有普遍的指导意义。德沃金认为，"法律是什么"这个问题，对法官如何断案很重要，对发现自己有够倒霉、好讼、邪恶或高尚，而置身于法庭的人们而言，这个问题更加重要。一言以蔽之，法理学是裁判的总则部分，是任何法律决定的无声前言。[2] 因此，在内容上，法理学的教学内容虽然具有一定的稳定性，但从整体上而言，法理学的教学内容总是伴随着中国法学的整体性发展而不断更新，甚至其他学科知识体系的发展也会给法理学的课程教学带来局部性的知识更新作用。这在客观上无疑加大了法理学教学在法科学生课程体系当中的难度，法理学在教学内容上，需要及时回应中国法学在整体内容上的自我发展和内在创新。因此，努力培养法科学生围绕着法理学研究的基本问题来展开广泛阅读和深度阅读，不断提升法科学生的阅读能力和阅读层次，则显得尤为重要。

不仅如此，法理学的课程教学应当努力把对法科学生阅读能力的培养作为首要目标，这也是由当前我国法理学研究正在发生的三个基本转向所决定的。当前，我国法理学研究正在发生三个基本转向集中表现为：首先，中国法学已经告别了"法律移植型"的单纯引进式的法学研究阶段，立足于中国国情和社会治理的现实需要来展开"回应性、建设性和对策性"研究，为贡献出具有中国主体内涵的中国法学研究努力，这已经成为中国法学界所达成的一种普遍性的社会共识。例如，立足于全球化的时代背景，邓正来从世界结构的脉络当中来探索和建构中国法律哲学的可能实践路径，力图建构起具有"主体性中国"内涵的中国自己

---

[1] [英] 丹尼斯·劳埃德：《法理学》，许章润译，法律出版社2007年版，第4页。

[2] [美] 德沃金：《法律帝国》，李常青译，中国大百科全书出版社1996年版，第1页。

的法律理想图景。他认为,"中国法律哲学必须经由'关系性视角'和'共时性视角'的建构去'重新定义中国',同时建构起'主体性中国',并据此建构中国自己的理想图景。"[1] 要努力实现法学研究的"中国转向",不仅需要批判借鉴西方和中国传统的法学研究的各种理论资源,更需要在法学研究方法甚至是法治理念层面努力实现某种可能的突破。凌斌认为,中国法学乃至整个中国学术的自主性创新,法律现实主义、法律实用主义和批判法学也仅仅是对法律教条主义、法律形式主义和法教义学的一种对冲而已,中国法学甚至是中国学术要实现"中国化",必须直接从中国法律实践和中国社会的伟大实践中汲取灵感,归纳经验和总结规律,进而建构理论,提炼并表达具有普遍意义的中国理想。[2] 我国法理学研究所发生的上述转型,必然影响到我们对法科学生在法理学课程教学内容上的设置和安排。为引导法科学生逐步确立法理学教学内容上的"中国主体内涵",努力引导法科学生通过深度阅读,以实现对中国传统法学知识和其他学科知识的掌握与积累,当然就显得尤为迫切。

其次,围绕着法教义学和社科法学之间所发生的争论,中国法理学已经开发出了越来越多具有中观意义的法学研究范式,这些法理学的研究范式无论在深度上还是广度上,甚至都已经溢出了法学的研究范围。尤其是某种以实证性和经验性为鲜明特色的法理学研究范式,越来越受到普遍的关注。例如,对于法教义学研究的重要性,雷磊认为,法教义学的科学性在于其采用了一种法律内部的研究进路和以传统学科观为典范,是一种具有内部融贯性和动态化特质的开放性包容体系,并集中体现了法律的某种理性化努力。[3] 而对于社科法学研究的重要性,侯猛认为,社

---

[1] 邓正来:《谁之全球化?何种法哲学?——开放性全球化观与中国法律哲学建构论纲》,商务印书馆2009年版,第3~4页。
[2] 凌斌:《中国法学时局图》,北京大学出版社2014年版,第36页。
[3] 雷磊:《作为科学的法教义学?》,载《比较法研究》2019年第6期。

科法学并非仅仅强调一种跨学科的法学研究努力,而是注重法学和其他学科之间的交叉整合,是一种以法律社会学、法律经济学和法律认知科学等为知识进路的一种法学研究努力,在研究方法上强调定性方法和定量方法、经验事实和理论抽象事实以及经验研究和规范研究等相结合。[1] 不过,围绕着法教义学和社科法学之间所发生的这场争论,既丰富了人们对中国法理学既有研究的系统性和整体性认识,也促进了中国法理学在中观层面的自我整合和相互吸收。泮伟江指出,法理学的学科自主性一直以来就面临着"科学性不足"和"实践性不足"等各种批评,在这些批评当中,法理学如何兼顾实践性和科学性,则需要同时在法教义学和社科法学所开启的研究范式当中来逐渐发展。[2] 中国法理学研究正在发生的上述以实证性研究和经验性研究为特色的自我转向,当然对法科学生的法理学课程教学产生了深远的影响,即法科学生在对法理学的课程学习当中,不仅要努力掌握法理学的不同概念和分析工具在各自理论脉络当中的分野,还要努力将这些分野延伸到对其他学科体系知识的掌握当中。毫无疑问,这也需要法科学生努力形成较好的阅读能力,并最终形成某种较为成熟的阅读秩序。

最后,由于法理学在研究内容上越来越走向多元和开放,这些特点决定了我们对法理学的学习和思考,越来越依赖于一种相对完整的知识体系建构和相对清晰的分析路径。在传统的西方法学研究当中,实证主义法学、社会法学和自然法学构成了西方法学研究的三大基本传统,但伴随着法律的全球化和法学研究的多元主义的兴起,法学研究当中各种有关"主流"法学流派的提法正在逐渐消失,诸如"中心-边缘"的二元划分已经完全丧失了

---

〔1〕 侯猛:《社科法学的研究格局:从分立走向整合》,载《法学》2017年第2期。

〔2〕 泮伟江:《在科学性与实践性之间——论法理学的学科定位与性质》,载《法学家》2019年第6期。

其既有的学理意义，法学研究开始进入到了一个"无中心"多元主义发展阶段。例如，於兴中认为，"时至今日，法理学研究已经迈入'无王期'时代，迈入百家争鸣、平起平坐的时代，法理学界'非主流'的时代已经到来。"[1] 在研究内容上，法理学不断呈现出多元主义的同时，也开始呈现出明显的开放性特点。法理学研究的开放性不仅仅体现在自身知识体系的构建层面，还体现在对法律实践的回应性研究层面，甚至一种旨在以"全面回应法律实践需求"的法理学研究努力，已经成为过去我国法理学研究的一种普遍发展趋势。例如，刘星认为，法学知识可以被划分为"理论当中的法学知识"和"实践当中的法学知识"两大类，法学知识的建构应该以一种更加开放的视野来回应法律实践，并努力在法律实践当中来实现法学知识创新和法律制度创新。[2] 法理学在研究内容上不断地走向多元和开放的发展趋势，这自然也就决定了我们在法科学生的法理学课程教学中，需要努力引导学生形成多元和开放的阅读视野，建立起相对完整的综合性学科知识体系，在不同的学科知识体系和理论脉络当中来实现对法理学课程体系的扎实掌握和精准理解。

二、如何通过翻转课堂有效提升法科学生的阅读能力

在传统的法理学课程教学实践当中，课堂教学往往是以教师的"课堂讲授"为主要表现形式，教师与学生之间的教学互动主要是通过"课堂提问、学生讨论和完成作业"等途径来实现的。这种模式明显具有以下几个方面的缺陷：其一，法理学的课堂教学往往是以教师为主导，很难兼顾学生的个性化学习需求；其二，教师对法理学在教学内容和教学进展上的具体安排，往往以全校相对统一的法理学教学计划大纲为依据，尽管教学内容具有一般性和固定性，但不可避免地难以兼顾差异性；其三，教师对

---

[1] 於兴中：《法理学前沿》，中国民主法制出版社2015年版，第29页。
[2] 刘星：《法学知识如何实践》，北京大学出版社2011年版，第62页。

法理学的课堂教学，往往侧重于将法理学基础性知识的讲解作为主要内容，而对法理学的延伸性知识、实践技能和综合分析能力等方面的内容，则往往很少涉及；其四，教师对法理学的课堂教学，主要是以引导法科学生对法理学基础性知识的记忆为主，很难兼顾学生对相关具体问题展开系统性阅读的阅读训练，学生的拓展阅读和延伸阅读都是极其有限的。

在信息技术日益发展和大数据被广泛运用于学习实践的今天，这种传统的法理学课程教学实践，很难适应对法科学生在学习能力尤其是阅读能力上的集中培养。尤其是在今天这个可视化媒体不断普遍和盛行的时代，对学生在阅读兴趣和阅读能力方面的培养，日益成为大学本科教学实践需要认真对待的一个突出性问题。有研究表明，大学本科生课后阅读活动有效时间普遍在逐渐减少，这往往导致本科生在学习的绩效方面呈现出"不求甚解、流于表面和事倍功半"等现象。尽管部分大学本科生在知识涉猎面上比较广，但他们对知识的有效运用和精确分析能力却不尽如人意。而法科学生在学术论文的写作和调研报告的撰写等能力上，显得尤为薄弱。如何通过提升大学本科生的阅读能力这样的一个问题，已经成为近些年以来我国大学本科教学改革所一直聚焦的突出性问题了。[1]

一般而言，阅读能力是一种综合性的学习和分析能力，包括我们在阅读当中对有效信息的收集能力、解读能力、思考能力和综合判断能力等。不仅如此，阅读能力还具体体现为"文献选择能力、文献理解能力、文献分析能力和对知识的综合运用能力"等。对大学本科生阅读能力的培养之所以重要，其原因就在于，阅读能力往往是学习能力的集中体现，也是学生将来毕业之后从事学术研究工作或具体实务工作的基础。而对于每一个学生而言，大学课堂教学的经历总是相对有限的，但学生一生自我学习

---

[1] 郭琪：《当代大学生阅读能力的调查分析》，载《图书馆工作与研究》2009年第5期。

的需求却是无限的。为适应对法科学生在阅读能力上的培养和提升的需要,我们在法科学生的法理学教学实践当中,开始尝试将翻转课堂引入其中。需要指出的是,将翻转课堂引入到法科学生法理学的课程教学实践,我们也曾经陷入诸多的教学实践误区。例如,其中的一个误区就是把翻转课堂简单地理解为一种以学生"主题报告"为主的课堂教学实践模式。[1] 我们认为,为切实提升法科学生的阅读能力,翻转课堂在法理学课程教学当中的运用,需要秉持"有效运用"的基本立场,既需要遵循翻转课堂自身的基本规律,也需要适应法科学生法理学课程教学的特点。就法科学生的法理学课程教学而言,其内容大致包括法理学学科的基础性法理知识、原理性法理知识和相关法律实践问题分析等三个不同层次。因此,在法理学的课程教学实践当中,围绕着对法科学生阅读能力提升的迫切需要,教师对翻转课堂的有效运用,可以从以下三个具体层面来展开:

首先,围绕着法理学课程教学当中基础性法理知识的教学,教师可以通过翻转课堂来提升法科学生对基础性法理知识的学习兴趣,并促进学生围绕着基础性法理知识的自主学习来展开各种有效阅读,从而夯实法科学生对基础性法理知识的精确掌握程度。法理学课程教学当中的基础性法理知识,主要包括"基本概念""法的历史性知识"和"可类型化的法理知识"三大类型。例如,"法律教义学""法系""法律概念"和"法律关系"等,就属于"基本概念"的知识;"法产生的基本规律""法的历史类型"和"法治现代化"等,属于"法的历史性知识";而"法

---

〔1〕 以学生的"主题报告"为主的课堂教学实践模式,主要是教师通过和学生进行协商,提前一周或者两周确定一个大致的主题,通过学生之间的自主选择形成一个临时性的学习兴趣小组,大家围绕着这个主题来展开为时一周或者两周的自主学习(包括阅读和查找资料等),教师对学生自主学习当中所遇到的各种问题,通过各种互联网平台进行解答或者提供指导,学生最终形成一个以PPT为表现形式的"主题报告"或者小论文,并在课堂上向大家集中讲解,同时让其他学生对这个主题报告的内容展开评价或者延伸讨论等。笔者几乎在每一周的法理学课程教学当中,都会安排一个"主题报告",其目的就在于引导学生积极展开课后的阅读训练。

的构成包括哪些内容?""法的种类包括哪些内容?"和"法的价值目标是什么?"等,则属于"可类型化的法理知识"。一般而言,很多法理学的教材往往会在每一章前面或者后面附上一个相对完整清晰的"法理学知识结构图",这种法理学的知识结构图虽然在某些方面可能具有争议性,但这非常有利于法科学生对法理学教材知识作一个直观的整体性梳理和掌握。当然,法理学课程教学当中的这些基础性知识,是非常重要的。它们大多数既是我们对法律现象展开描述和分析所需要使用的法理概念,同时也是我们具体架构法律思维的一些工具性概念。

法科学生对法理学课程教学当中基础性法理知识的精确理解和娴熟使用是非常重要的。甚至对全体法律从业人员而言,对法理学和整个法学当中基础性法理知识尤其是概念性知识的精确和娴熟的掌握程度,也是其专业素养的集中体现。霍菲尔德指出,我们对一些法理学概念的掌握如果存在缺陷,必然导致我们无法实现对法律实践问题展开精准的有效分析,从而"构成了清晰理解、有序表达以及正确解决法律问题的绊脚石"[1]。当然,法学当中的概念尤其是一些法理学的概念,往往具有相对抽象和枯燥性的一面。为增强法科学生对这些概念的精准掌握,我们可以通过翻转课堂,围绕着这些概念或者关键词来罗列一些权威性的学术论文或者入门性的参考书目,积极引导学生展开各种可能的有效阅读,从而提升法科学生在基础性法理知识上的阅读能力。例如,索伦的《法理词汇》和比克斯的《牛津法律理论词典》等类似的参考书目,就可以积极地推荐给法科学生当作法理学的学习工具书来使用。[2]

其次,围绕着法理学课程教学当中的原理性法理知识的教

---

[1] [美]霍菲尔德:《基本法律概念》,张书友译,中国法制出版社2009年版,第9页。
[2] 参见[美]劳伦斯·索伦:《法理词汇:法学院学生的工具匣》,王凌皞译,中国政法大学出版社2010年版;[美]布赖恩·H.比克斯:《牛津法律理论词典》,邱昭继等译,法律出版社2007年版。

学，教师可以通过翻转课堂来提升法科学生对相关经典著作的阅读层次，并逐渐形成良好的阅读秩序，夯实法科学生对相关原理性法理知识的熟练掌握程度。在法理学的课程教学当中，原理性的法理知识往往占据着法理学内容的主体性部分，甚至法理学的课程教学主要就是集中对法学当中的原理性法理知识展开的有效教学。在我国现有通行的法理学教材当中，重要的原理性法理知识大致包括"法的应然与实然""法的现象与本质""法的基本属性""法与道德的关系"和"法与经济的关系"等。一般而言，教师对原理性法理知识的教学，往往是遵循"从概念到关系"和"从基本内容到延伸体系"的内在逻辑。以对"法与道德的关系"这个问题的讲授为例，教师是先讲解诸如"道德""伦理""道德观念""道德规范"和"道德情操"等概念的基本内涵，然后再讲解"道德的内在结构"和"道德的本质"等问题，最后再重点讲解"法与道德的关系"，包括"历史上不同思想家对法与道德关系的论述""马克思主义法学对法与道德关系的论述""法律的道德性"和"道德的法律化"等问题。在传统的法理学课堂教学讲授模式当中，教师固然可以相对全面地讲授清楚"法与道德的关系"这个问题，但对于学习者而言，这种讲授模式往往只是一种单向度而非互动性的呈现，很难起到引导学生对这一问题展开深度阅读和思考的功效。

曹周天认为，"好的翻转课堂"往往是由"好的教学理念""优质的微课""可操作性的过程设计"和"良好的师生对话互动"等基本要素构成。[1] 为引导法科学生对"法与道德的关系"这一问题展开深度阅读和研习，我们就可以通过翻转课堂，围绕着诸如"法与道德的关系"的缘起、社会规范的类型及其相互关系、不同思想家对"法与道德关系"的论述以及"法与道德之间相互冲突的表现"等问题来设置相关的研习主题，积极引导学生

---

[1] 曹周天：《好的"翻转课堂"究竟需要哪些因素》，载《教学与管理》2015年第25期。

对"法与道德的关系"这一问题在法理层面上展开深度阅读。需要指出的是,"法与道德的关系"这一问题,甚至构成了法理学当中的一个永恒性问题,几乎所有的法学思想家和法学流派都可能涉及对这一问题的思考。因此,教师对于这样一些开放性很强的原理性法理知识的讲授,不仅仅需要通过课堂讲授来阐释,更需要借助于课前或者课后各种形式翻转课堂的教学,充分调动法科学生围绕该问题的研习养成阅读上的自主性和积极性,以形成对该问题在理论谱系层面上的理解和掌握,从而为将来学生展开深度研讨创造条件。

最后,围绕着法理学课程教学当中的相关法律实践问题,教师可以通过翻转课堂来提升法科学生在"资料查找、问题分析和论文写作"当中的综合能力,并带动其阅读能力的普遍提升。为进一步规范我国法学本科专业的教学,2018年教育部发布了《法学本科专业教学质量国家标准》,该规定对我国法科学生在"培养能力"上的要求为:"具备独立自主地获取和更新本专业相关知识的学习能力;具备将所学的专业理论与知识融会贯通,灵活地综合应用于专业实务之中的基本技能;具备利用创造性思维方法开展科学研究工作和创新创业实践的能力;具备较高的计算机操作能力和外语能力。"可见,教育部对我国法学本科专业在教学目标上的定位非常明确,即培养法科学生的"自主学习能力""法律实践能力""科学研究能力与创新实践能力"以及"计算机操作能力和外语能力"等,同时形成相对成熟的专业思维方法和专业研究方法。针对我国法学本科教育的现状,贺绍奇指出,目前我国本科生教育主要面对"人才培养结构高度同质化""只注重知识灌输而轻视学习能力尤其是阅读能力的培养"以及"法学教育目标过于空泛"等突出困境,而要走出这些困境,我们需要始终坚持"以社会需求为导向"的法学本科教育课程体系改革立场，以努力在对法科学生法律实践能力的培养上取得突破。[1]

　　法理学不仅是一门集中对法律一般性问题展开理论性研究的学科，也是一门高度关注法律实践问题并对其展开回应性研究的学问。法理学学科的上述知识属性，决定我们要始终坚持将对学生法律实践能力的培养贯彻到法理学课程教学实践的始终。当然，不同于部门法学在课程教学当中对法律实践问题的关注和回应，法理学对法律实践问题更侧重于从理论性或者一般性层面来展开关注和回应，甚至要努力将法律专业思维和各种先进的法律理念贯彻到法律实践当中。为实现上述课程教学的目标，我们努力通过翻转课堂进行了一系列具体的法理学教学实践探索。例如，针对某一热点法律实践问题，通过分组来引导学生展开讨论，包括如何"提炼问题、分析问题和解决问题"等，并比较不同分析过程中法律思维的差异性。可以说，围绕着对学生法律实践能力的培养，我们通过翻转课堂的环节，很好地兼顾了课堂教学和自主学习、理论学习和实践分析、问题讨论和论文撰写等之间的相互关系，甚至在其中鲜明地彰显了翻转课堂对学生展开个性化教学的特点。教学实践证明，翻转课堂对于快速提升法科学生在"资料查找、问题分析和论文写作"方面的综合能力，具有针对性和实效性。尤其重要的是，翻转课堂可以全面提升学生对法律实践问题展开自主研习的综合能力，并带动阅读能力的普遍提升，这对于适应未来国家统一法律职业资格考试，无疑是极其重要的。杨会和魏建新指出，国家统一法律职业资格考试越来越重视对法律实践能力的考核，普遍侧重于对案例的综合分析，这就决定了我国法科学生的教学实践要努力聚焦到对法科学生法律实践能力的培养上。[2]

---

　　[1]　贺绍奇：《社会需求导向下的法学本科教育课程体系设计：进一步深化法学本科教育改革的进路》，载《河北法学》2013年第5期。
　　[2]　杨会、魏建新：《国家统一法律职业资格考试背景下法学本科教育改革研究》，载《社会科学家》2018年第2期。

三、翻转课堂在法理学教学实践当中的角色定位

阅读是人类特有的精神活动，阅读的本质是我们对主客观世界的既有认识结果进行思考、反思、传承和追问的一种意义再生成活动，即"通过语言文字的一种自我认识过程"[1]。在今天高度信息化的时代，阅读能力几乎已经构成了我们综合学习能力当中最重要的组成部分了。阅读能力的高低不仅制约着我们学习的效率和视野，还与国民素质和国家竞争力的高低存在着高度的关联性，甚至还关涉我们文化传承的能力以及在文化上能否确立起自信。为切实提升法科学生的阅读能力尤其是法学专业的阅读能力，翻转课堂越来越广泛地被运用于法科学生的法学课程教学实践，从而构成了对传统单一课堂教学模式的一种"自我超越"。在法理学的课程教学实践中，这种"超越"更集中地体现在教师和学生之间实现有效互动的层面：一方面，教师可以为学生提供更多可资利用的学习资源，这些资源不仅有利于提升学生对法理学的学习兴趣，还可以普遍增强学生在自主学习尤其是自主阅读当中的积极性和有效性；另一方面，学生可以借助于各种网络平台及时从教师那里获得各种可能的有效引导与合理建议，这不仅可以更加有效地提升自身在法理学学习当中的阅读能力，更能快速提高学生的阅读层次。

对于翻转课堂，钟启泉认为，翻转课堂的本质具有多个层面的表现形式，其中，在学习流程上，具体表现为学生通过"阅读、作文、讨论和问题解决"等活动，可以极大地提升"分析、综合、评价"的综合学习能力；在思维方式上，具体表现为侧重于"创新、革新、批判、决策、问题解决、学习能力和元认识"等；在工作方式上，则侧重于"沟通、协同、合作"等。[2] 因此，作为一种在线学习和"面对面对话交流"的复合型学习模

---

[1] [美]约翰·塞尔：《心灵、语言和社会：实在社会中的哲学》，李步楼译，上海译文出版社2006年版，第44页。

[2] 钟启泉：《翻转课堂新境》，载《中国教育报》2016年5月5日，第6版。

式，翻转课堂的本质不仅仅体现在诸如"教学角色的翻转、教学流程的翻转、教学关系的翻转和教学效果的翻转"等方面，更体现在对学生的阅读能力和其他综合性能力的培养方面。近些年以来，伴随着人们对翻转课堂的普遍认识和深入了解，借助于各种微课和慕课资源，越来越多的翻转课堂形式开始被普遍地运用到法科学生的法理学课程教学实践当中。然而，从目前运用翻转课堂展开教学的具体经验来看，我们认为翻转课堂的本质更在于对教学理念的一种自我革新，即翻转课堂的本质是在信息化时代为满足学生展开自我主动学习和个性化学习的需要而进行的一种翻转，而不是在教学方式和教学流程等方面的简单翻转或者角色变革。因为，和所有的教学活动的精髓一样，"教"仅仅是条件，而"学"才是本体，积极引导学生展开有效的自主学习，这乃是翻转课堂的真正逻辑起点。[1] 因此，为推动翻转课堂在法理学教学实践当中的有效展开，防止出现各种可能的"误用"，教师将翻转课堂运用于法理学的教学实践活动当中，需要明确以下几个不同层面的角色定位：

第一，教师将翻转课堂运用于法理学的课程教学实践当中，需要处理好翻转课堂"作为学生自主学习的途径"与"作为教学管理的流程"之间的相互关系，坚持以满足学生自主学习的需求为导向的基本原则，回应性教学是翻转课堂被运用于法理学课程教学实践的一个恰当的角色定位。在翻转课堂当中，教师教学活动的展开总是以满足学生的自主学习需求为基本原则的，但学生的自主学习却不能是盲目的，而以教学计划的内容为具体依托。在本科生的法理学课程教学实践当中，为提升学生对基础性法理知识的掌握，我们围绕着诸如法理学当中的"基本概念"这一类型知识的自主学习，在学习管理的流程当中往往需要设置一些具体的环节，以评估学生自主学习的绩效。例如，在对"法系"这

---

[1] 王鉴：《论翻转课堂的本质》，载《高等教育研究》2016年第8期。

一概念的课程教学当中，我们首先要求学生在课前通过翻转课堂来实现对"法系"这一概念的精准记忆，然后引导学生对该概念的演化过程展开必要的"历史梳理"和"横向比较"，包括比较"大陆法系"和"英美法系"之间在立法理论和司法哲学等层面上所存在着深层次的区别，最后是围绕着"法系"这一主题，引导学生在相关经典著作当中来展开"章节性的精读"和小组讨论等。[1]

与此同时，为提升学生的自主学习效果，我们在翻转课堂教学管理的流程上往往会设置一些具体的教学管理标准，包括"要素管理""过程管理"和"效果管理"这三个方面。其中，"要素管理"主要体现为把"法系"这一概念切分为若干部分，并将其和"法律体系""法学课程体系"等概念进行区别，努力促成学生对"法系"这一概念的全面理解和精准记忆；"过程管理"主要体现为教师通过引导学生对"法系"这一概念在"历史梳理"和"横向比较"当中的阅读能力，提高学生对关联性知识的"资料收集能力"等；而"效果管理"则体现教师引导学生以"法系"这一概念作为分析工具对相关材料展开法理分析和论文写作等。然而，我们的教学实践证明，上述对翻转课堂的运用，可能陷入模糊了"课程教学"和"翻转课堂"之间界限的困境当中。相反，只有坚持以满足学生自主学习的需求为导向的基本教学原则，严格区分"课堂教学"和"翻转课堂"的界限，将翻转课堂教学界定为一种回应性教学，才能将各种线上的"回应性教学"回归到翻转课堂的本质属性当中。因此，回应性教学乃是翻转课堂被运用于法理学课程教学实践的恰当的角色定位。

第二，教师将翻转课堂运用到法理学的课程教学当中，需要

---

[1] 例如，在"法系"这一问题的课程教学实践当中，我们就为学生开列了[美]约翰·亨利·梅利曼的《大陆法系》（顾培东等译，法律出版社2004年版）和[美]迈尔文·艾隆·艾森伯格的《普通法的本质》（张曙光译，法律出版社2004年版）这两本参考书作为精读的对象。

处理好"作为一般性教学的课堂教学"和"作为满足个性化学习需求的翻转教学"之间的相互关系，个性化教学是翻转课堂在法理学课程教学实践当中的另一个恰当的角色定位。尽管目前大多数对翻转课堂这种教学模式的研究，往往把它视为对传统课堂教学模式的一种超越，但从目前我国和西方的教育实践来看，翻转课堂教学模式还一时难以发挥其完全取代传统课堂教学模式的作用。[1] 这不仅由于翻转课堂的教学模式需要建立在更多更完整互联网教学资源建设的基础之上，更是翻转课堂这种教学模式无法承担全部的教学职能所决定的。例如，何朝阳在研究美国大学的大量翻转课堂教学实践之后指出，并非所有课程都适合使用翻转课堂教学模式，翻转课堂主要适用于诸如"高等工程教育"的课堂教学活动当中，且不应简单地将课堂授课的内容移到课堂之外就称之为"翻转课堂"。相反，翻转课堂侧重的是"教"与"学"之间的交互性，大量的"导论课程"也许并不适合运用翻转课堂来完成。[2] 宋鑫在总结北京大学课堂教学改革实践的基础上也认为，尽管我们可以将"慕课"课程广泛地纳入学校的课程体系当中，鼓励并支持教师利用各种慕课资源开展"翻转课堂"，但这种模式并不能取代传统的课堂教学，而仅仅是贯彻了一种"以学生为中心"的教学理念而已。同时，这种"翻转课堂"也需要同"小班课教学"等传统课堂教学模式有机地结合起来。[3]

不仅如此，"翻转课堂"还需要借助于大量的"微课"和

---

[1] 例如，王鉴认为，翻转课堂教学是针对传统课堂教学的翻转，是对传统课堂教学范式的一次"超越"。传统的课堂教学范式是在工业化社会背景下形成的、以传授知识为主要过程和以班级授课制为组织形式的教学，而翻转课堂教学范式则是信息化社会背景下形成的、以讨论互动和问题解决为主要过程和以自主学习为组织形式的教学。参见王鉴：《论翻转课堂的本质》，载《高等教育研究》2016年第8期。
[2] 何朝阳、欧玉芳、曹祁：《美国大学翻转课堂教学模式的启示》，载《高等工程教育研究》2014年第2期。
[3] 宋鑫：《"以学生为中心"视角下的北京大学课堂教学改革的实践与探索》，载《中国大学教学》2015年第11期。

"慕课"等互联网教学资源以及教师自己制作的"微视频"等来支持,但这些教学资源往往都需要经过教学质量评估等环节来保证其质量。同时,翻转课堂当中所需要的大量"微视频"都需要由教师来制作,还需要互联网技术的有力支持。从我们的法理学课程教学实践来看,我们是将翻转课堂的教学模式仅仅作为一种努力满足学生个性化学习需求的教学模式来使用的,是课堂教学的一种线上延伸。一般而言,我们主要在以下的三种情形当中运用翻转课堂进行教学:其一,为实现特定学习任务的需要而适用翻转课堂,这些特定学习任务大多是致力于提高学生对法理学课程教学的学习兴趣和学习能力而设定的;其二,为丰富学习内容的需要而适用翻转课堂,尤其是为了满足学生个性化阅读需要而适用翻转课堂;其三,为了实现对学生特定学习能力尤其是阅读能力的训练而适用翻转课堂。相反,为保证本科生法理学课程教学的质量,在其他方面,我们对翻转课堂却是持一种极其审慎的态度。其根本原因就在于,"立德树人、德法兼修"是法学本科教育的根本。[1] 因此,在法理学的课程教学当中,教师运用翻转课堂教学模式就需要处理好"作为一般性教学的课堂教学"和"作为满足个性化学习需求的翻转教学"之间的相互关系,个性化教学是翻转课堂在法理学课程教学实践当中的一个恰当的角色定位。

第三,教师将翻转课堂运用到法理学的课程教学当中,需要处理好"课堂教学"和"线上互动"的相关关系,坚持以课堂教学为主的教学原则,辅助性教学是翻转课堂在法理学课程教学当中的恰当的角色定位。一般而言,一个完整的教学实践总是既包

---

〔1〕 依据2018年教育部发布的《法学本科专业教学质量国家标准》,规定我国法学本科教育的人才培养目标是:法学类专业人才培养要坚持立德树人、德法兼修,适应建设中国特色社会主义法治体系,建设社会主义法治国家的实际需要。培养德才兼备,具有扎实的专业理论基础和熟练的职业技能、合理的知识结构,具备依法执政、科学立法、依法行政、公正司法、高效高质量法律服务能力与创新创业能力,熟悉和坚持中国特色社会主义法治体系的复合型、应用型、创新型法治人才及后备力量。

括课堂教学实践，也包括课后教学实践。长期以来，由于我国高校几乎都面临着在"新-老校区之间"的两地办学模式，再加上教师工作节奏和生活节奏的普遍加快，我国的大学本科教学实践越来越依赖于课堂教学的环节，而课后教学实践环节尤其是"教-学互动"环节则往往被搁置，既无法调动教师的积极性，也无法调动学生的积极性。[1] 导致这一结果出现的原因是非常复杂的，但最核心的是学生在专业的自主学习上，既缺乏清晰的目标，也缺乏长远坚持的毅力。为增进本科生在法理学课程学习当中的自主性和积极性，我们开始尝试将翻转课堂作为法理学课堂教学的辅助性教学环节来适用，尤其是将其普遍地运用于培养法科学生对原理性法理知识和法律实践问题分析的学习实践当中，甚至还延伸到少数同学对学年论文和毕业论文的选题及其写作当中。而在教学管理层面，为调动学生通过翻转课堂学习的积极性和主动性，我们设置一定的"平时分"来激励学生通过翻转课堂来实现自主学习。[2] 当然，我们这种旨在提高"教-学互动"的频次和质量而将翻转课堂教学运用于法理学的课程教学实践，实际上就是将翻转课堂教学作为课堂教学的一种辅助性教学。

　　当然，上述将翻转课堂作为课堂教学的辅助性教学的定位，也面临着一些挑战。这些挑战主要体现在：一方面，对教师而言，翻转课堂的教学实践往往是随机性或临时性发生的，主要取决于不同学生在个体化学习当中的安排和需要，从而会给教师的

---

[1] 例如，为促进"课后教学环节"的师生互动，大多数高校普遍设置了"本科生导师制"，即在每一学年当中，专业教师要负责对几个本科生在专业学习当中提供指导，以区别于既有辅导员在日常生活和思想教育当中所提供的指导。但实践证明，"本科生导师制"所带来的"教-学互动"实践，无论是在互动的频次上，还是在互动的质量上，都不容乐观。大多数教师反映：在一个完整的学年当中，大多数学生从来不会主动联系专业教师为其提供专业学习的指导或者建议，即使偶尔有学生主动联系教师，但其所需要的指导或者建议大多数是假期实习或者勤工俭学的问题，基本和专业学习无关。

[2] 例如，我们往往会在"30分"的平时成绩当中，单独设置"5分"的分值来激励学生通过翻转课堂来展开延伸阅读和小组讨论。

教学工作带来较重的额外负担。另一方面，对学生而言，翻转课堂主要是满足学生自主性学习的需要，而不能扩展到全体学生，否则学生可能会把翻转课堂的学习当作一种负担而被动地应付，从而导致毫无教学实践意义。不仅如此，对翻转课堂教学内容所可能涉及的范围和领域，也会产生很多的分歧。例如，在法理学的课程教学实践当中，法理学的课程教学不仅仅涉及对法理学学科自身的相关专业性法理知识的讲授与学习，还涉及对诸如"历史学""政治学""哲学""社会学"和"经济学"等学科领域知识的讲授与学习。尤其是在"跨学科"兴起的时代背景下，和其他部门法学的教学实践相比较，法理学的课程教学更倾向于多学科背景的教学，甚至要承担大量通识教育的使命，这无疑极大地增加了法理学课程教学的内容。在这种背景下，我们往往会努力将教学内容通过教学环节的分流来实现，即课堂教学更重视对法科学生在法理学教材范围内的教学，而大量的延伸性教学内容则通过翻转课堂来完成，以处理好"课堂教学"和"线上互动"之间的相互关系。因此，为更好地促进教师与学生之间展开有效的互动，我们应该坚持课堂教学为主和翻转课堂教学为辅的教学原则，辅助性教学是翻转课堂在法理学课程教学当中的恰当的角色定位。

第四，教师将翻转课堂运用到法理学的课程教学当中，需要严格恪守教师职业规范和伦理，坚持"课堂教学有纪律"的基本教学立场，专业性教学是翻转课堂在法理学课程教学实践当中的恰当的角色定位。在互联网时代，互联网在极大地丰富教学资源和便捷化教学手段的同时，也带来诸多诸如信息冗余甚至是信息阅读的负担等问题。因此，我们要清醒地认识到，互联网、大数据和人工智能等给我们的教学工作所产生的影响总是"一分为二"的，激情地拥抱互联网是一种盲目主义的体现。相反，我们需要加强监管和正面引导，最大限度地发挥互联网、大数据和人工智能对人才培养和教育的积极建设性作用。

相对于其他部门法学的教学内容而言，法理学的教学内容对教师在教学的专业素养上，往往会提出更高的要求。法理学的教学内容既包括法律当中的普遍性法理知识，也包括一国现有的法律知识和法治原理，甚至还包括大量关涉"公平、正义、合理和正当"等价值问题的思考，即"法律哲学并不局限于现行法范围内，而是对现行法采取超越体制的立场"[1]。因此，教师无论是在原理性法理知识的教学还是在法律实践问题分析的教学当中，要始终坚持"立德树人、德法兼修"的法学本科教学立场，在对学生进行专业教学的同时，也要积极引导学生形成正确的"人生观、价值观和历史观"。相对于课堂教学而言，翻转课堂仅仅是教学的一种途径或者一种方式，而没有从根本上改变教学的基本属性和客观规律。教师在翻转课堂的教学实践当中，需要始终恪守教师的职业规范和伦理，始终坚持"课堂教学有纪律"的基本教学立场，专业性教学乃是翻转课堂在法理学课程教学实践当中的恰当的角色定位。尤其是对我国高素质法治人才的培养而言，在法理学的课程教学实践当中努力培养法科学生形成良好的法律职业伦理素养，同样是法理学翻转课堂教学实践需要努力承担的神圣使命。因为，"法律和法院在国家中的职能，在很大程度上是理智和道德功能在个人身上的延伸。"[2]

四、结语

近些年以来，伴随着翻转课堂被普遍运用于大学本科的教学实践，人们对翻转课堂的认识经历了一个从"不了解"到"熟悉运用"的过程。伴随着互联网等信息技术的不断发展，大量的慕课和微课等教学视频资料被普遍运用，翻转课堂在教学实践当中发挥着越来越广泛的作用，包括推进个性化教学的发展和推动更

---

[1] [德]考夫曼：《法律哲学》，刘幸义等译，法律出版社2004年版，第10页。
[2] [美]罗伯特·N.威尔金：《法律职业的精神》，王俊峰译，北京大学出版社2013年版，第145页。

多优质教学资源的普及。在本科生的法学课程教学体系当中，法理学的课程教学占据着特殊性的位置，往往需要教师为学生提供更多更优质的教学资源。而在对法科学生学习能力尤其是阅读能力的训练和培养上，法理学的课程教学亦发挥着关键性的引导作用，尤其是通过大量的翻转课堂教学，可以较好地完善法科学生在专业阅读和通识阅读当中的知识体系，拓展其阅读的层次和深度。当然，在法理学的课程教学实践中，我们要正确地认识到翻转课堂在课程教学当中所可能扮演的各种角色。实际上，自从我们在法理学的课程教学实践中运用翻转课堂开始，教师和学生对翻转课堂的争论，就一直在持续着，甚至某些争论还具体到翻转课堂运用的每一个环节。从整体上而言，翻转课堂可以较好地提高法理学的课程教学实效，增强法科学生的学习兴趣，并提高了学生对法理学自主学习能力尤其是阅读能力，以及可以极大地提升法理学课堂教学的质量等，但与此同时，我们也需要看到，翻转课堂在未来的普遍运用，还依赖于我们对相关教学管理环节和教学理念的进一步改革，以及大量规范和高质的法理学课程教学资源的不断建设。而在当下，与其盲目地追捧翻转课堂的普遍运用，不如把翻转课堂看作是课堂教学的一种辅助性模式，是课堂教学的一种延伸。因为，正如钟启泉所言，"倘若教师既不明确教学的目的，又缺乏同学生的信赖关系，只会给学生的学习带来弊害。"[1]

---

[1] 钟启泉：《翻转课堂新境》，载《中国教育报》2016年5月5日，第6版。

以"立德树人、德法兼修"为视角,法科类院校研究生第二课堂建设研究

◎苏 宇*

摘 要:"立德树人、德法兼修"是习近平总书记在考察中国政法大学时对法治人才培养提出的新要求。法科类院校应坚持以"立德树人"为核心,将"德法兼修"贯穿法学教育教学的全过程,并体现在学校工作的方方面面。第二课堂作为第一课堂的补充和延伸,是培养高素质法治人才不可或缺的重要环节。但在当前研究生培养工作中,第二课堂建设非常薄弱,面临诸如制度不完善、学生参与度低等困境,尤为突出的是第二课堂的思想政治引领功能弱化。本文以法科类院校研究生为研究对象,剖析当前法科类院校研究生第二课堂建设存在的问题,并提出完善研究生第二课堂的建设路径,力求为法科类院校研究生第二课堂建设提供新思路。

---

* 苏宇,中国政法大学法学硕士学院辅导员。

关键字： 立德树人　德法兼修　法科类院校　第二课堂　研究生

一、绪论
（一）研究背景

2017年5月3日，习近平总书记在考察中国政法大学时强调："中国特色社会主义法治道路的一个鲜明特点，就是坚持依法治国和以德治国相结合，强调法治和德治两手抓、两手都要硬。法学教育要坚持立德树人，不仅要提高学生的法学知识水平，而且要培养学生的思想道德素养。"习近平总书记的重要讲话为我国法学高等教育提出了新目标，为法治人才培养提出了新标准，这就要求法科类院校在法学教育过程中，必须重视思想道德教育，并以"立德树人"为核心，以"德法兼修"为两翼，实现法学专业素养与道德素养的同步发展和提高。以"立德树人、德法兼修"作为高素质法治人才的培养标准既是中国优秀传统文化在法学教育中的体现，又是新时代中国特色社会主义的现实要求。

全面依法治国是中国共产党领导人民在新时代进行中国特色社会主义建设的基本方略。党的十九大报告将全面依法治国作为中国特色社会主义的本质要求和重要保障，明确了"建设中国特色社会主义法治体系、建设社会主义法治国家"的总目标，强调了"坚持依法治国和以德治国相结合"的基本方式。法治人才是全面依法治国的主力军，是有效推进全面依法治国基本方略的关键，因此高素质法治人才培养工作是法科类院校的历史使命和责任担当。我国已建成世界上规模最大的高等教育体系，高等教育毛入学率达到48.1%，中国即将由高等教育大众化阶段进入普及化阶段[1]。2020年全国高校应届生毕业生人数将达到874万，

---

[1] 参见《教育部：我国即将由高等教育大众化阶段进入普及化阶段》，载 https://www.sohu.com/a/298287233_175649。

在数量规模扩大的同时提升人才培养的质量才是重中之重。作为法学教育的最高层次，研究生法学人才培养具有极其重要的地位，他们将成为中国特色社会主义法治理论研究和实践中的主力军。但是，目前研究生教育普遍存在重专业教育、轻道德教育的现象，导致部分研究生价值混乱、道德失范、高分低能等，远远达不到法律职业所要求的道德水平，这对法治社会的建设是极其有害的。因此，法科类院校应当切实把"立德树人、德法兼修"的要求贯穿研究生培养的全过程，使法学专业教育和思想道德教育相结合，二者相互补充、相互促进、相得益彰。

（二）研究意义

第二课堂是提高大学生综合素质，培养大学生创新能力、实践能力、人际交往能力、心理自我调节能力的重要方式，是在教学计划之外，引导和组织学生开展的各种有意义的健康的课外活动。[1] 第二课堂作为第一课堂的延伸和补充，与第一课堂共同构成高校人才培养的有机整体。相较侧重于专业理论知识传授的第一课堂而言，第二课堂更具有灵活性、主动性、广泛性、新颖性等特点，它涉及道德、思想、学术、文娱、健身、公益等多方面，能够有效拓宽大学生综合素质提升的渠道，在大学生创新意识的培养、潜在能力的激发以及完善人格的塑造等方面发挥着不可替代的作用。因此，加强第二课堂建设必然成为提升大学生综合素质与核心竞争力的关键环节，成为构建新形势下教书育人、科研育人、实践育人、管理育人、服务育人、文化育人、组织育人的大思政格局的必然选择。

相较于本科生第二课堂建设而言，研究生第二课堂建设面临较大的困境。其一，面对严峻的科研和就业压力，研究生的主要精力集中于专业课学习、论文写作、课题研究、专业实习上，因此主观上不愿意、客观上较难分配整块时间用于第二课堂活动。

---

〔1〕 王晓如、负大强：《第二课堂与课堂教学关系研究》，载《青海民族大学学报（教育科学版）》2011年第1期。

其二，互联网技术带来的信息爆炸使得研究生的思维更活跃开放，价值观念更多元，思想状况更复杂，自我意识更强烈，如果高校无法对他们进行正确的政治教育和价值引领，他们很容易成为中国特色社会主义建设进程中的危险品。其三，法律职业对于从业人员的职业伦理道德有着比其他职业更高的要求，所以高校必须加强以职业伦理教育为主要内容的思想政治教育。其四，高校仅仅通过课堂教学是无法完成高素质人才培养工作的，必须通过内容丰富、形式多样的第二课堂来培育研究生的基本技能和综合素质。因此，本文以习近平总书记的重要讲话精神为引领，在新时代的背景下，针对法科类院校研究生群体的多元化和复杂性，以立德树人、德法兼修为视角，对法科类院校研究生第二课堂建设进行探析研究，采用发现问题、分析问题、解决问题的方法，对目前法科类院校研究生第二课堂建设的关键问题进行分析，顺应新时代对法科学生"德法兼修"的要求，结合笔者多年从事研究生辅导员工作的经验，力求为法科院校研究生第二课堂建设提供新思路，为实际的教学辅导工作提供具有针对性和可操作性的对策。

二、法科类院校研究生第二课堂建设的现状及问题分析

为准确了解当前法科类院校研究生第二课堂建设的基本情况，本文采取问卷调查的方式，对国内部分法科类院校的研究生进行调研。此次调研共发出问卷300份，回收有效问卷277份，调研对象覆盖硕士研究生和博士研究生的各个年级，其中硕士研究生答卷率达到93.14%，党员达到49.82%，团员达到43.32%；专业覆盖法学专业和非法学专业，其中法学专业答卷率达到93.5%。根据调研结果，笔者发现研究生第二课堂建设主要存在以下问题：

（一）学校对研究生第二课堂建设未给予足够重视

根据问卷调查的结果，学校对研究生第二课堂建设未给予足

够重视主要表现在，一是学校对研究生第二课堂的宣传力度不够。针对学生对研究生第二课堂活动了解情况的调研中（图1），仅有7.89%的研究生表示十分了解，63.91%的研究生表示了解一点，28.20%的研究生表示从未听说过，由此可见高达92.11%的研究生对学校第二课堂开展情况非常不了解，这说明学校在研究生第二课堂宣传工作上应当进一步加强。二是学校开展研究生第二课堂活动的频率较低。针对法科类院校开展研究生第二课堂活动频率的调研中（图2），31.95%的研究生表示经常开展，39.47%的研究生表示偶尔开展，9.40%的研究生表示从没有开展，19.17%的研究生表示不清楚，这说明法科类院校研究生第二课堂活动的辐射范围狭窄，接近10%的研究生从未参与过第二课堂活动，而且活动未能满足大部分学生的需求。三是学校对研究生第二课堂建设的资金支持力度不够。针对完善研究生第二课堂建设方式的调研中，72.2%的研究生要求"加大学校资金支持力度"，可见大部分研究生认为第二课堂活动的开展缺少足够的资金保障。

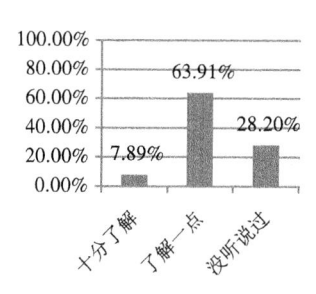

图1 "贵校研究生对'第二课堂'活动了解多少"

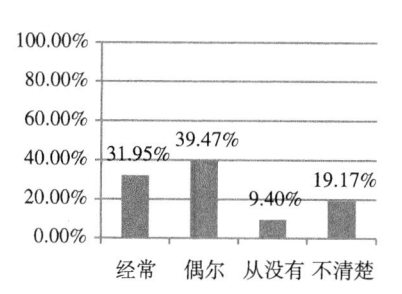

图2 "贵校对于研究生群体会经常开展'第二课堂'活动吗"

由于本科生和研究生的不同成长需求及高校人才培养的不同要求，学校在研究生第二课堂建设的支持和投入上明显少于本科生。在研究生阶段，第二课堂的指导和开展主要由辅导员、研究生会等学生组织承担,学校相关部门的指导范围和力度相对较小。目前,许多高校在校园规划和建设中大力加强本科生第二课堂活动的场地等硬件建设,建有"大学生活动中心"等建筑,但是却没有针对研究生第二课堂配备活动室、会议室等活动场所。[1] 另外,相对于教学科研支出,研究生第二课堂经费支出比例明显过低,而且在经费使用上更倾向于校园大型主流活动,对研究生党团支部、班级等小型单位活动的支持力度很小。

(二)研究生对第二课堂活动参与度不高

在对法科类院校研究生第二课堂活动参与度的调研中(图3),16.17%的研究生表示愿意积极参与,46.99%的研究生表示只愿意参加感兴趣的活动,26.69%的研究生表示较少参与,还有10.15%的研究生表示不参与。这反映出研究生对第二课堂活动的参与度不高,并且一半左右的学生对于参加第二课堂活动具有明显偏向性,只愿意参加自己感兴趣并熟悉的活动。为进一步了解,研究小组对研究生更愿意参加的第二课堂活动类型进行调研。调研结果显示,研究生更愿意参加的前六种活动形式分别是学术讲座、兴趣活动、模拟法庭、公益活动、读书沙龙、辩论赛。从中可以看出,研究生更愿意参加的活动大多是与专业相关的学习活动(图4)。为了解研究生参与第二课堂活动的动机,研究小组进一步对吸引研究生参加第二课堂活动的原因和影响研究生参加第二课堂活动的因素分别做了调研(图5)。调研结果显示,吸引研究生参加第二课堂活动的主要因素有培养兴趣开阔视野、愉悦身心、丰富课余生活,而阻碍其参加活动的因素包括学业繁重没时间、活动形式单一、内容枯燥乏味、用处不大(图6)。

---

[1] 李金山、祁婧、付军:《加强第二课堂建设提高研究生综合素质》,载《中国科教创新导刊》2008年第4期,第220页。

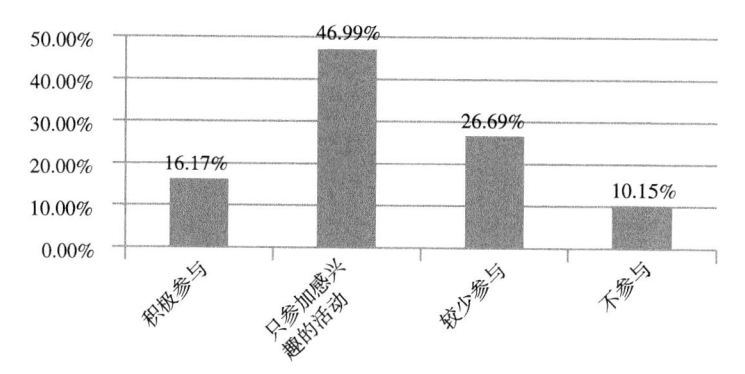

图3 研究生对"第二课堂"活动的参与度

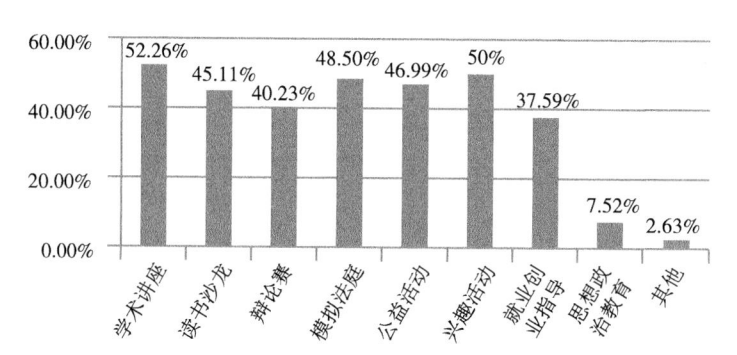

图4 更愿意参加的"第二课堂"活动类型

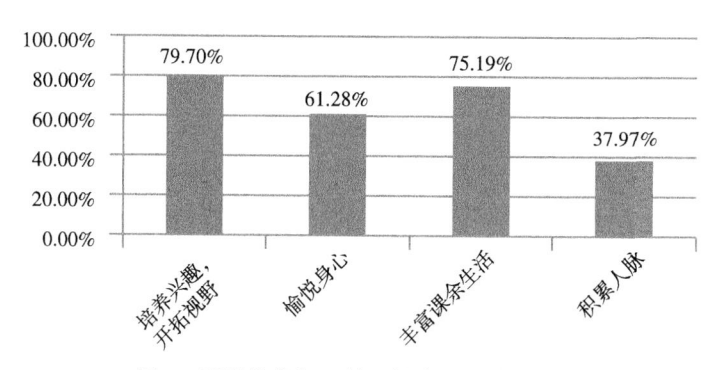

图5 吸引您参加"第二课堂"活动的原因

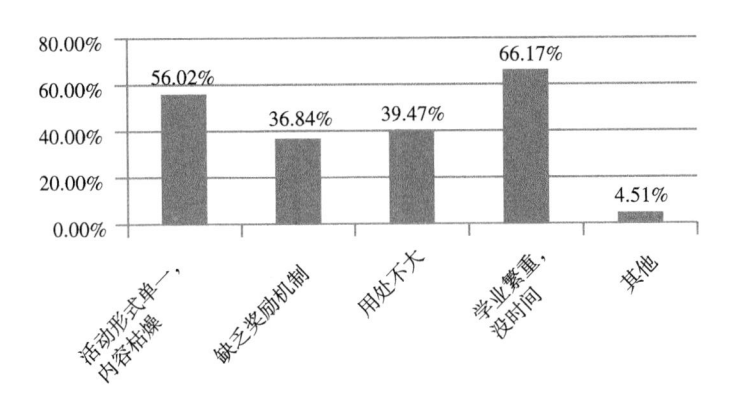

```
80.00%
                                              66.17%
         56.02%
60.00%
                  36.84%    39.47%
40.00%

20.00%
                                                        4.51%
 0.00%
       活动形式单一、 缺乏奖励机制  用处不大  学业繁重、    其他
       内容枯燥                      没时间
```

图6　阻碍您参加"第二课堂"活动的因素

目前，虽然学校、学院都有定期举办的品牌校园文化活动，但此类活动大多针对本科生需求，对研究生而言没有实际的指导意义或者参与意义，所以对研究生的吸引力相对较弱，而且在常年举办过程中很多活动慢慢流于形式，创新不足、内涵不足，活动本身的意义和价值较低。另外，因缺乏有效指导，研究生对第二课堂缺乏正确认识，忽略第二课堂对自身发展的重要性。同时，因科研任务繁重，生活、毕业和就业压力大，研究生在参与第二课堂活动中带有较强的功利主义，计算成本和短期收益，主体意识不强、缺乏规划性。这些因素降低了研究生对第二课堂活动的总体认可度，客观上削弱了研究生参与第二课堂活动的积极性。

（三）研究生第二课堂存在重专业教学轻道德教育的现象

第二课堂活动的开展形式多种多样，既包括培养研究生兴趣的社团活动，也包括与专业知识相结合的课外实习实践，还有直接体现思想政治教育内容的座谈会与研讨会等。通过调研，法科类院校研究生开展的第二课堂活动，主要涉及学术讲座、读书沙龙、辩论赛、模拟法庭、公益活动、兴趣活动、就业创业指导、思想政治教育等方面（图7）。从图中可以看出，在法科类院校研究生的第二课堂活动开展形式中，学术讲座、模拟法庭、辩论赛位居前三，而思想政治教育活动位居第七，由此可见研究生第二课堂开展的活动主要侧重于专业知识能力的提升，而忽略了研究生思想政治品德的塑造。

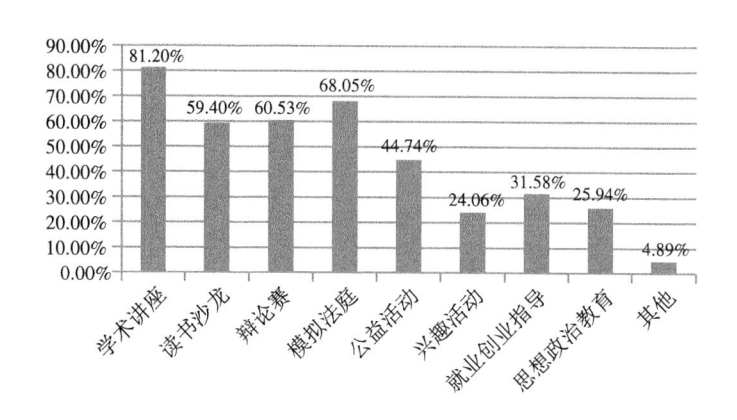

学术讲座 81.20%
读书沙龙 59.40%
辩论赛 60.53%
模拟法庭 68.05%
公益活动 44.74%
兴趣活动 24.06%
就业创业指导 31.58%
思想政治教育 25.94%
其他 4.89%

图7 研究生"第二课堂"主要活动形式

笔者认为这一现象的形成与当前社会对法科类院校的评价机制有关。学校生源率、升学率、就业率是高校质量评估的重要因素，衡量研究生能力最直接的标准通常是学术研究能力，因此为应对高压的社会竞争，高校往往会将人才培养重心放在第一课堂的专业教育上，而忽视第二课堂对第一课堂的补充和拓展作用。从研究生个人角度来说，他们为拿到更优异的学术成绩、更多的奖学金及学分奖励，往往更愿意花时间参与与专业学习、学术研究相关的活动，参加能够短时间内获得直接效果的活动。这些是导致"重专业教育轻道德教育"现象产生的主要原因，实际上学校与研究生都忽略了第二课堂的隐形教育价值，这不利于研究生的综合素质培养和长远发展。

（四）研究生第二课堂的思想政治教育作用未能有效发挥

为了解思想政治教育在研究生第二课堂中的开展情况，问卷分别就第二课堂对思想政治教育的作用、第二课堂开展思想政治教育的形式（图9）、学生对第二课堂开展的思想政治教育活动的兴趣（图8）等进行调研。26.71%的研究生认为第二课堂对思想政治教育作用很大，63.18%的研究生认为作用一般，10.11%的研究生认为没有作用。49.82%的研究生认为学校在第二课堂中更注重专业教育，11.91%的研究生认为更注重思想政治教育，33.21%的研究生认为都重视。29.32%的研究生对第二课堂中的思想政治教育活动表示非常感兴趣并会积极参加，36.47%的研究生表示没兴趣且能逃则逃，34.21%的研究生表示无所谓且没感觉。这说明70.68%的研究生对第二课堂的思想政治教育作用评价较低，对思想政治教育活动表示没有兴趣的人数多于表示感兴趣的人数，可见研究生第二课堂的思想政治教育功能未能较好发挥作用，认可度较低。

笔者分析导致此现象的原因有两方面：其一，开展第二课堂的工作思路和工作模式因循守旧，活动过程存在形式主义。在调研中，笔者发现第二课堂开展的思想政治教育活动仍然主要以主题班会、党团活动、开会集中学习的方式开展（图9），大多是党支书、团支书、班长领导学习，个别同学发言，大部分同学当听众，这种形式未能积极有效地促使大部分同学参与活动。其二，第二课堂中的思想政治教育活动内容过于枯燥乏味，忽略了对学生个体自我认识、自我发展的关注。思想政治教育的内容多以领导人讲话和文件学习为主，过于强调理论性，缺乏具体指导性和实用性，难以调动研究生的学习积极性，也无法使学生将个人成长和思想政治教育相联系。

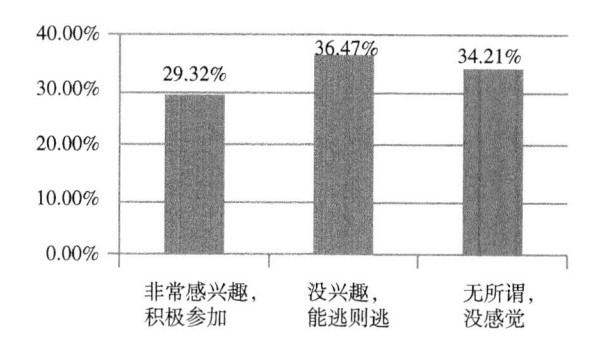

图8 对参加"第二课堂"中的思想政治教育活动是否感兴趣

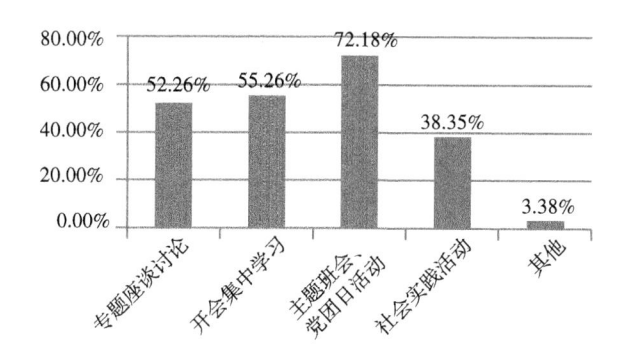

（横轴：非常感兴趣，积极参加 29.32%；没兴趣，能逃则逃 36.47%；无所谓，没感觉 34.21%）

图9 "第二课堂"思想政治教育的主要形式

（横轴：专题座谈讨论 52.26%；开会集中学习 55.26%；主题班会、党团日活动 72.18%；社会实践活动 38.35%；其他 3.38%）

（五）指导研究生第二课堂建设的工作队伍质量有待加强

指导研究生第二课堂建设的工作队伍包括研究生辅导员、研究生导师、思想政治理论专业课教师以及其他相关行政人员等，但是目前这支队伍存在分工不明确、作用发挥不明显、工作能力参差不齐等问题。究其原因主要有以下三点：

第一，研究生辅导员无法保证足够的时间和精力用于指导第二课堂建设。辅导员是研究生思想政治教育工作的主要承担者，第二课堂是思想政治教育的重要载体。但当前研究生辅导员一人身兼数职的现象普遍存在，主要的时间和精力被大量行政事务占据，真正用于指导和开展第二课堂活动的时间非常有限，导致研究生第二课堂开展困难重重，研究生思想政治工作很难获得实效。

第二，研究生导师在指导学生过程中更重视学生学术研究能力的培养，而忽略思想政治教育。研究生导师培养制使研究生与导师之间产生密切联系，导师对研究生的影响不仅仅在于学术造诣和成就，导师的言行举止、为人处世也会深深影响研究生的个人成长，因此研究生导师所承担的不只是育才的任务，更为重要的是育人任务。但目前存在的问题是部分导师往往片面理解导师的职责和作用，并没有认识到自己负有对研究生思想政治教育的首要责任。

第三，学校未能发挥思想政治理论专业课教师在第二课堂建设中的作用。思想政治专业理论课教师通常出现在课堂教学中，在第二课堂活动中鲜有其身影，他们的教学作用未能延伸至第二课堂。事实上，学校应当积极吸收思想政治专业理论课教师参与第二课堂活动的设计和开展，借助于他们深厚的专业底蕴和先进的教学方法，既能保证活动的思想性和专业性，也能使政治理论通过第二课堂往实里走、往深里走、往心里走。

三、完善研究生第二课堂建设的具体路径

虽然近年研究生的思想政治教育越来越受到重视，第二课堂建设也在逐步推进，但问卷调查结果说明，在实践中法科类院校研究生第二课堂建设仍有待加强和完善。笔者针对上文所阐述的法科类院校研究生第二课堂建设所存在的问题，尝试提出切实可行的解决方法，以期为未来的研究生培养工作提供一些参考。

（一）做好法科类院校研究生第二课堂建设的顶层设计

顶层设计指的是在统一思想的领导下，对某个项目的目标、原则、制度等的系统性、综合性的框架与制度设计。[1] 完善顶

---

[1] 王建民、狄增如：《顶层设计的内涵、逻辑与方法》，载《改革》2013年第8期。

层设计是建设好研究生第二课堂的前提条件,因此首先应明确法科类院校研究生第二课堂建设的引领思想及原则目标。

1. 以"立德树人、德法兼修"为思想引领

要完善研究生第二课堂建设,必须首要明确"立德树人、德法兼修"对于高等法学教育和高素质法学人才培养的重要性。法科类院校研究生和其他研究生相比,具有十分鲜明的学科特征,他们中的大多数人未来都将参与到司法实践中,以正义作为自己永恒的信念,以法律作为自己奋斗的武器,那么这就对法科类院校研究生的思想政治、道德修养水平提出了更高的要求。要培养出具有强烈使命感并勇于承担社会责任的法科卓越人才,仅仅专注于专业知识的学习积累是不够的,还必须将道德培养作为支点。在新形势下,必须建立大思政格局下的全员育人培养模式,改变只重视专业教育而轻视思想政治教育的观念,淡化思想政治教育与专业教育上的明显界限,强调辅导员、导师、思想政治理论课教师及管理服务人员在思想政治教育中的合力,要共同参与到研究生第二课堂建设的全过程,并将思想政治教育与专业教育结合起来。另外,对于研究生培养质量应当设立多角度、多标准、全过程的评价机制,通过第二课堂使研究生真正成为一名具有高尚品德和扎实功底的法律人。

2. 明确建设原则

原则是指行事依据的准则,明确法科类院校研究生第二课堂建设的原则能够保证第二课堂建设的正确方向。笔者认为法科类院校研究生第二课堂建设必须遵循五个原则:灵活性原则、针对性原则、创新性原则、系统性原则以及"以生为本"原则。[1]灵活性原则指研究生第二课堂建设必须能够适应外部环境和服务对象的变化,充分发挥主观能动性,以研究生实际需求为出发点开展形式多样的活动。譬如将专业学习与思想政治教育相结合,

---

[1] 贺永锋:《新时期高校第二课堂的思想政治教育功能研究》,杭州师范大学2010年硕士学位论文。

提高第二课堂活动的吸引力。针对性原则要求第二课堂的建设要结合不同学校、不同学院、不同参与群体的特征，合理地确定内容和形式，使活动符合实际需要。譬如法科类院校可以开展普法志愿活动，既帮助学生将专业知识学以致用，又培养学生的奉献精神。创新性原则指第二课堂建设要与时俱进，体现时代性、把握规律性、富于创造性，要树立全面、协调、可持续发展的理念，通过理论与方法创新，实现第二课堂课程建设理论与体制创新。譬如第二课堂活动可以走出校园、走出国门，帮助学生拓宽眼界、了解世界大势。系统性原则包括三个方面：一是要求第一课堂与第二课堂相互配合、相互衔接，二者共同构成完整的育人系统；二是应将第二课堂纳入法科类院校研究生的培养计划中；三是要求第二课堂的内容覆盖专业教育、思想政治教育、心理健康教育等多方面。[1] "以生为本"原则要求第二课堂的建设需要以学生为主体，充分考虑学生的需要，根据学生不同阶段、不同时期、不同能力水平设计不同的活动，最大化满足学生成长需求。譬如对于一年级学生应当通过第二课堂帮助他们提高适应能力，对于二年级学生应当加强学术训练，对于三年级学生应当提高就业技能。

（二）加强研究生第二课堂的工作队伍建设

1. 加强学生干部队伍建设

此处所说的"学生干部"应作广义上的解释，不仅包括班级的班委、党团支部的委员，还包括学生社团的主要领导班子。现如今，高校均通过党团班以及各种社团实现学生的自我管理、自我服务，因此学生干部在第二课堂活动开展中起着重要的组织和引领作用。要想建设好研究生第二课堂必须建立一支可靠的学生干部队伍。由于学生干部在学生群体中具有示范作用，因此他们应当具有较高的思想政治水平，在学习、生活、工作中能够引领

---

[1] 贺永锋：《新时期高校第二课堂的思想政治教育功能研究》，杭州师范大学2010年硕士学位论文。

其他同学。首先,应当定期组织学生干部开展理论学习和实践学习,加强学生干部的思想政治建设,使其能够在学生群体中辐射正能量。其次,应当为学生干部定期开展技能培训,因为在组织各类活动过程中,学生干部的个人能力高低直接影响活动开展的成效。最后,应当建立合理可行的评优方案来调动学生干部的积极性,促进第二课堂工作有效开展和顺畅进行,同时这也是对学生干部能力的肯定和信心的塑造。

2. 加强研究生辅导员队伍建设

根据《普通高等学校辅导员队伍建设规定》(中华人民共和国教育部令第43号),辅导员是开展大学生思想政治教育的骨干力量,是高等学校学生日常思想政治教育和管理工作的组织者、实施者、指导者。辅导员应当努力成为学生成长成才的人生导师和健康生活的知心朋友。新形势下,辅导员是集教育、管理、服务、教学、科研于一体的教师,辅导员的综合素质能力关系着高校人才培养的质量。其一,在辅导员素质结构中思想政治素质是首要的素质,所以应当提高辅导员自身的政治理论水平。学校学院应当通过理论学习或者培训,帮助辅导员切实用习近平新时代中国特色社会主义思想理论武装头脑、指导实践、推动工作,在深化理论武装上下功夫。辅导员只有准确把握党的理论的精神实质,才能保证研究生第二课堂建设的社会主义方向,才能为党培育符合中国特色社会主义法治建设的人才。其二,辅导员是研究生成长成才最直接的引导者,因此辅导员必须具备较强的教育学、心理学、管理学等专业知识和实践能力。在开展第二课堂建设中,辅导员必须熟悉研究生的思想和心理特征,能够面对不同对象、事情、场合等,采取不同的态度、手段和方法,使辅导员能够真正成为学生思想问题的解惑者、专业学习的指导者、人生发展的导航者和生活心理的关怀者。其三,辅导员在组织研究生第二课堂活动中,应当以发展理念为引领,立标准、建机制,坚持以学生需求为导向,以活动质量为标准,突出思想引领、强化项目支持，完善考核标准、落实工作保障，围绕立德树人的根本任务，不断丰富第二课堂的活动载体，提高活动针对性和实效性。

3. 全面落实研究生导师立德树人的职责

研究生第二课堂建设应当将研究生导师纳入工作队伍，因为导师是研究生培养的直接管理者，应当发挥师德引领和专业学术引领的功能。2018年1月17日颁布的《教育部关于全面落实研究生导师立德树人职责的意见》中明确指出，研究生导师立德树人的职责包括：提升研究生思想政治素质、培养研究生学术创新能力、培养研究生实践创新能力、增强研究生社会责任感、指导研究生恪守学术道德规范、优化研究生培养条件、注重对研究生人文关怀。[1] 可见导师的首要职责是提升研究生思想政治素质，导师参与到第二课堂建设有助于进一步提升研究生思想政治教育工作的科学化水平[2]。此外，健全研究生导师的评价激励机制是发挥导师育人作用的关键。制定研究生导师立德树人职责的考核办法，把立德树人纳入教学评估指标体系，对导师立德树人职责的落实情况进行评价；明确表彰奖励机制，将研究生导师立德树人评价考核结果作为人才引进、职称评定的重要依据，充分发挥考核评价的引导和激励功能；落实对导师工作监督检查的机制，加强监督工作，对未履行职责的研究生导师，采取严格的处理措施，保障监督作用的有效实施。[3]

（三）建立研究生参与第二课堂的激励机制

建立研究生参与第二课堂的激励机制能鼓励研究生积极参

---

[1]《教育部关于全面落实研究生导师立德树人职责的意见》，载中华人民共和国教育部网站，http://www.moe.edu.cn/srcsite/A22/s7065/201802/t20180209_327164.html，最后访问时间：2018年3月。

[2] 唐德先、彭涛：《导师参与研究生思想政治教育的内涵及实现路径探索》，载《思想教育研究》2013年第9期，第39页。

[3]《教育部关于全面落实研究生导师立德树人职责的意见》，载中华人民共和国教育部网站，http://www.moe.edu.cn/srcsite/A22/s7065/201802/t20180209_327164.html，最后访问时间：2018年3月。

第二课堂活动，引导学生不断提升综合素质能力。学校和学院可以将研究生参加第二课堂活动情况纳入评奖评优指标，鼓励学生在第一课堂和第二课堂共进步、同发展。例如，将志愿服务时长作为评比奖学金的素质加分条件，将学校学院活动的参与情况作为五四评优、七一评优的重要参考等。在建立激励机制的过程中，其一，应当明确和突出激励机制的导向性，即以促进研究生个体的全面发展和人格完善为目标，提高研究生对第二课堂的重视程度，鼓励他们积极参与除课堂学习以外的其他活动。但在实际工作中，笔者发现激励机制的育人初衷常常会在功利心态的干扰下只剩下交换价值，因此如何加强激励机制在实施过程中的正面导向性需要进一步探讨。其二，在激励机制的设计中应当完善参考指标，保证标准制定的全面性和适用的广泛性。标准可以分为多个级别，其中一级标准应当具有共性和宽泛性，二级标准可以根据不同的专业要求和培养目标进行差异性细化。其三，规范对学生参与第二课堂情况的评价和认定操作流程。一方面要保证操作流程的公开透明，保障学生的知情权和参与权；另一方面要有良好的监督和信息反馈渠道，保证认定操作过程的公平与公正。

（四）丰富研究生第二课堂教学内容

研究生第二课堂是校园文化的重要组成部分，应当充分利用学校办学优势和专业特色，紧密衔接第一课堂教学环节，延伸第二课堂范畴，丰富教学活动内容，提升研究生人文素养与专业素养。研究生第二课堂教学内容应当充分考量研究生的学习和生活特点，不能一味照搬本科生的第二课堂模式，内容应当以细而精代替宽而泛。其一，研究生已经形成较为稳定的世界观、人生观、价值观，在进行思想政治教育和引导时不能仅仅开展蜻蜓点水式的文件学习和理论座谈，应当开展专题式研讨深入问题本质，鼓励学生在思想交锋和辩论中把问题讲明白、弄透彻。同时，在设计专题时应当以研究生面临的具体问题为切入点，使第二课堂的内容与研究生产生实际联系和共鸣，使存在于书本的理论产生实际指导意义，使思想政治教育真正落实落细。其二，研究生阶段的主要任务是提高学科研究能力和实际应用能力。第二课堂作为第一课堂的补充和延伸，应当服务于研究生的人才培养目标，因此教学内容应当充分结合专业学习和实践。学校应当充分利用社会资源，努力为研究生搭建专业实习实践平台，将第二课堂与基层实务工作相结合，帮助研究生在提高专业能力的同时，深入了解国家的社情和民情。其三，第二课堂承担着提高研究生人文素养的任务，有利于培育他们的科学精神、艺术精神、道德精神等。因此，第二课堂内容除思想政治教育、专业教育以外，还应当涵盖传统文化教育、社会责任教育、艺术教育、诚信教育、心理健康教育、美育、体育等相关内容，帮助学生完善人格品质，成为全面发展的高素质人才。

（五）创新研究生第二课堂教学手段

随着融媒体时代的到来，新媒体技术促进了教育手段的大变革，从而使教学内容通过音频、视频、动画等形式以更为生动活泼的方式呈现，使教育氛围变得愈加轻松，大大促进教育者与受教育者的双向互动，使学生感受到教育的乐趣和温度。因此学校、学院应当积极利用新媒体技术将第二课堂的触角延伸至网络，打造网络第二课堂。目前，以微课、慕课为主要代表的新型教育形式能够让受教育者突破时空限制，只需一个账号就可以享受到国内外优质的教育资源。这种方式为研究生第二课堂建设提供了新的思路，一方面学习不再只是固定时间、固定地点的集体学习，学生可以自主安排学习时间，而且只需一台电脑或者手机即可随时随地进行学习；另一方面学生对于教育资源拥有更多的自主选择权，不再处于被动接受地位。因为在网络上同一门课程由不同老师讲授，学生可以根据自己的喜好和习惯选择主讲老师和课程安排。基于以上优势，学校可以根据人才培养要求、专业特色、学生实际需求，邀请专家录制课程，并放在网站上供学生随时观看学习，由此解决研究生因课业繁重难以开展集体学习的困境。另外，微信已经成为每个人沟通交流、获取信息的主要手段，微信公众号成为草根发声的主要平台。学校、学院或者学生组织可以开设集思想引领性、生活服务性、资讯娱乐性为一体的微信公众号，吸纳研究生群体作为运营团队，旨在为研究生搭建一个能够积极发声、展示青年风貌、传播正能量的平台。一方面，研究生在实际参与网络第二课堂建设的过程中，能够加强与老师的沟通交流，方便老师进一步了解学生的需求和思想状态；另一方面，通过团队合作的方式能够提高研究生的综合能力，培育人与人之间的感情。

地方财经类院校本科经济法总论教育:问题、成因与案例教学设计

◎张 玮[*]

摘 要:经济法总论的教学困境根源在于本科生社会经验的相对缺乏、对经济法总论中的思辨性内容尚停留在机械记忆的层面,较难进入到互动体验式的教学情境中。地方性财经院校的就业导向型及地方应用型的办学特色使得法学教学中存在"重实践、轻理论"的倾向,经济法总论内容与法学实践的相对隔离性加大了经济法总论教学的难度。现有的财经院校法学教育多以"法经融合"的复合型人才培养模式为导向,但该模式大多机械地将经管类课程植入法学专业培养计划中,授课教师与方式也大多基于经管专业的需求,法学教育应有的课程内容、授课时间和思维方式容易受到经管类课

---

[*] 张玮,男,安徽宿松人,法学博士,铜陵学院法学院讲师。研究方向:经济法。

程的影响，使得经济法总论的法律规范性较弱。经济法总论教学应当重视经济法总论的案例教学、互动参与式教学，从真实的经济法事件、经济法文本、经济法判决中设计案例，做到可视化、精细化、开放化的统一。

关键词： 地方财经类高校　经济法总论　案例教学　互动式教学情境

一、问题的引起：迷茫中的经济法总论教育功能定位

经济法总论与经济法分论的教学方式与教学效果差异较大。经济法总论的内容更具理论性与抽象性，并非以特定的经济法部门法或者具体的案例直接体现，其体系的完善需要学术研究成果的持续供给，经济法学研究群体是建构经济法总论知识谱系的主导力量。经济法分论涵盖的单行法较为庞杂，与总论知识点之间的对应性并不强。学生在学习经济法之前大多已经学习了法理、宪法、民法、刑法、行政法等部门法知识，在此基础上理解经济法分论的内容已基本足够，因此总论与分论的脱节是经济法教学中的难题。在案例教学层面，经济法学教材中的总论案例数量及类型要远少于分论，且大多比法院真实判决的范围要广泛。经济法总论的案例具有超越法律规范的政治、历史、经济、文化的复合性特征，这也加大了经济法总论案例教学的难度。在财经院校讲授经济法课程时还需要面对经济法的认知分化问题，经管专业学生对经济法的理解大多基于注册会计师考试中的经济法内容，学习目的侧重于通过相应的资格证考试。因此在授课侧重点及难度深度等方面，不能机械地将法学院的授课模式适用于经管专业。对于法学院学生而言，法律职业资格考试中的经济法总论内容同样处于边缘化的地位，对于没有继续以经济法专业作为研究方向的学生而言，也同样存在学习动力不足的问题。再加之经济法总论内容与司法实践存在一定的距离，本科生对经济法总论的理解更是有困难。即使是在硕士学习阶段，经济法总论的教学依

然存在问题和难度。[1] 这背后的问题根源值得深思。

(一) 经济法总论在本科法学教育中的困境

总体而言,我国现阶段的法律本科教育大多是围绕概念讲授、法条讲述、案例分析等内容而展开。本科生在学习经济法时也通常以指定课本为主,习惯接受业已稳定的知识点并加以记忆、理解与运用,而对于知识点背后的理论渊源、变迁发展、学术争议等深层次内容的理解和思考尚不能达到较高的标准。经济法总论的特点在于其由经济法学家的学术供给而形成,体系内容和观点大多存在差异,但在特定的教材中却只能基于作者或者主编的观点而展开,难以做到全面的对比分析。因此经济法总论的学习对本科教学提出了较高的要求,需要课前的大量阅读,需要课上的比较分析,需要课后的加深理解,而且在应试中也难以用标准答案的方式予以考核。这背后体现了经济法总论的理论抽象性和法学本科生培养模式之间的冲突。

1. 经济法总论知识体系的稳定性存在不足

传统的经济法总论研究多以政府与市场的关系为对象,从市场失灵的经济学现象为切入点论证国家干预的必要性。经济法总论多围绕市场经济现象及政府政策展开研究,并非完全基于具体的部门法,缺少法典或者基本法将经济法总论的内容加以稳定化。因此,经济法总论的知识主要依靠法学家不断地进行学术创新,而且学者之间的观点存在不同,这也导致了经济法总论知识的稳定性相对较差。

2. 经济法总论与具体案例之间的契合度有待提高

经济法总论与具体的部门法或者法条并没有较强的契合性,往往需要经过较为复杂的思维转化过程。除此之外,经济法总论与具体案例之间也没有较强的契合性,经济法总论的内容很难用传统的法律三段论等较为成熟的法学分析方法分析。经济法总论

---

[1] 邢会强、沈安琪、张龄方:《法学硕士研究生〈经济法总论〉课程的定位与教学改进》,载《财经法学》2017年第6期。

中的宏观调控等内容具有法学、政治学和经济学的交叉性，法律规范性并不纯粹，也加大了本科生的理解难度。教师在讲授相关内容时，难以进行精细化的讲述。比如"税收法定""公平竞争""国家干预"等理念在转化为微观制度时需要援引形象的案例才可以阐述清楚。经济法总论在个案裁判中的适用较为有限，学生也较难自行从现有的判决中抽象总结出经济法学总论知识的内容。

3. 经济法总论的互动式教学情境有限

与民法、刑法相比，经济法总论内容与本科生日常生活的具体场景相差较远，授课教师在进行案例讲述设计时难以与学生形成有效互动。学生需要在课前通过阅读大量材料才能掌握法规之外的背景知识，不同程度的学生对这些前期准备工作往往有不同的认识和积极性。此外，"段子手式""相声式""多媒体可视化"的授课风格仍然深受学生喜爱，学生在学习经济法总论知识时同样对这种授课模式有所期待。但幽默是基于共鸣和共情才能产生的，笑点大多产生在双方都较为熟悉的情景之中，经济法总论知识内容在师生间往往存在较多的信息不对称场景，即使是作为授课教师也很少有机会参与到宏观调控运行的真实场景之中，这也给互动教学的素材选取带来了难度。

（二）地方应用型高校经济法总论教学的困境

地方应用型院校的特色在于服务地方经济，也强调培养学生的实践技能。与双一流研究型大学相比，地方应用型院校的生源多来自于中小城市或者内陆农村地区，这些地方性院校的资源和平台有限，大多存在重考证实习、轻阅读思考，重就业率、轻就业质量、重实践轻理论学习等倾向。

1. 以法律实践教育为绝对主导的教育模式导致的教学困境

虽然现代法学教育的主流是职业教育，但该教育主流方向是被主流法学教育观点所摒弃的。[1] 地方应用型高校法学教育的目标主要是法律职业资格考试的高通过率及名校法学研究生的高录取率，仍以应试教育、技术教育为主要模式，对学术思维培养的积极性不高，学生在职业选择上多以律师为首选，以学术研究为业终究是少数。经济法总论并不直接体现在具体的案例和裁判之中，经济法价值、宗旨、功能等内容也并非都能直接体现，这都导致了经济法总论知识传播的困境。加之考研、法律职业资格考试中的经济法内容比例较小，总论的比例更是微乎其微，这也使学生学习的兴趣大大降低。长此以往，经济法学的学时和学分被压缩的。

2. 经济法案例资源地域分布的不均衡性导致的教学困境

经济法现象与文化与市场经济的发育程度有关。内陆欠发达地区的反垄断法案例、反不正当竞争法案例、金融监管案例数量相比发达地区较少，由此导致这些地区的经济法社会感知程度相对较低。学生们在日常生活中较难感受经济法现象的真实影响，这也在一定程度上加大经济法知识的传播难度。

3. 高水平经济法总论科研成果的短缺导致的教学困境

部分地方应用型院校缺少法学硕士点或博士点，其经济法总论的研究水平层次较难支撑高水平的教学。与此同时，地方性财经院校经济法教育更有较突出的问题：比如财税法、反垄断、金融监管等领域的案例和体会很少，授课教师也很少有从事相关实务的经历，授课的案例资料很多来自于二手的资料。

（三）经济法总论教学在法经融合模式下的困境

目前全国有655所高校开设法学院，如何寻求法学院的法学特色是各法学院十分关心的问题，目的在于实现差异化的竞争。现有的实现路径主要包括：其一，依托于学校的平台优势，将学术资源优势转移到法学专业；其二，服务地方经济发展的应用型

---

[1] 宋远升：《法学教授论》，中国政法大学出版社2014年版，第111页。

人才培养模式，主要为当地的法学职业输送人才；其三，依托本校传统优势学科而设计的交叉专业培养模式，在财经院校中法学教育的常见模式便是法学与经管专业的结合。诚然，在财经专业进行经济法学教育是有一定优势的，法学专业学生需要具备必要的财经知识和技能，财经专业学生需要有法治底线思维。但在现阶段的法经融合模式中，法学专业和经管专业的融合点仍然不够明确，存在法学依附经管专业的情形。现有的法经融合是单向度的，主要从财经专业融入法学专业，而较少从法学专业影响财经专业。现有的复合型、交叉性人才的培养模式并非是基于法学专业发展规律的，而是纯粹以就业偏好为导向的，更多的是配合与迎合之举，法经融合大多以职业技能教育为导向，其强调的"财经氛围""财经特色"往往并非全部基于学科规律本身，更多的是以迎合就业率而进行的纯粹技术性教育培养模式。此外，现有的法经融合要求学生的专业课学习体现法律和财经商科课程的复合，却很少要求教师本身的知识背景复合能力。经管类课程的授课方式并没有体现法学特色和法学专业学生的接受程度，即专门为法学专业开设的经管类课程较少，且这些课程往往沿用了经管课程的内容和考核方式，并没有真正体现法学与商科知识的融会贯通，授课教师本身也难以真正从学科交叉的背景进行有针对性的授课。经管课程大多需要数理基础，这也加大了法学院学生的学习难度，学生为了通过有一定难度的经管类课程的考试势必会占用学习法律课程的时间。以上海财经大学经济法学本科专业的培养计划为例，作为法学基础课程的民法学有 5 学分，通识教育模块里高数 3 分、西经 4 分、会计学 3 分。如此法经融合主要体现在课程内容的广度上，但在学习深度上却有隐患。诚然，跨学科的知识背景和经济人的分析问题视角很重要，但这并不能替代法学教育的目标和规律，也不是通过简单的"法律+商科"的课程体系重合就能立竿见影的。笔者认为，法经融合的本质在于吸收借鉴体现特色的同时保持自身专业的特点，法经融合的目标在于用法学的方法和视角研究经济现象，进而树立正确的市场经济法治观念和信仰。我们需要思考一系列问题，是否只能在财经特色高校内实现法经融合，综合性高校是否有其他的方式体现法经融合？法经融合是否仅仅指经济法与经济学的结合，尤其是只和应用经济学的融合？经济法就不能和历史、政治、人文等通识知识结合了吗？笔者认为，经济法总论知识中大量涉及历史、政治、经济、文化等内容，尤其是要强化近现代法制史、宪法学、政治制度、经济学说理论方面的知识。经济法总论并非直接用于法律实践的规则工具，而是培养参与市场经济所必需的法治理念及信仰的途径。但在现有的"经济学帝国主义"主导下的法经融合使得经济法总论处于虚化的地位。

二、成因反思：经济法总论案例教学的缺位与不足

经济法总论的教学风格根源于总论研究的价值取向。经济法总论的教学往往直接沿用不同学说的观点，且多为价值判断，较少有实证分析、数据支撑和案例描述内容，在讲述政府与市场关系等内容时往往是抽象化地介绍"市场失灵""政府失灵"等概念，而这些理论背后的经济学理论乃至例证却很少加以援引。不同教科书中的经济法总论知识内容不尽相同，但本科法学教育的重点仍然侧重于概念的讲述、法条的解释、案例的分析，本科生法学知识的建构和思维培养尚在初步建立之中。经济法总论的知识多体现为抽象的理论阐述，而较少在司法适用中形成稳定的及可以检验的案例分析思路。经济法总论的知识预先要求学生具有全面的法学专业知识基础，最好具有一定的哲学思维，这就需要更高层次的思维要求及学习习惯，而这在现阶段的本科生教育中较难以普遍达标。

在法学本科教育中，首先需要解决经济法总论知识的体系化与稳定化问题，之后就是经济法总论的案例化教学方法的设计。在知识点的稳定化方面已经有马工程经济法教材提供了基本内容

与框架。现有的经济法总论在教学中仍然沿用了科研的方法和思维方式，只重视展示而忽略了受体对知识的接受程度。根据本科生教学的规律与特点，案例教学仍然是较为常见的方式。但经济法总论的案例存在供给不足的缺陷，根本原因便是经济法总论内容司法适用较难的问题，比如宏观调控类经济法的第一条立法目的条款很少直接被法院或者当事人援引说理。经济法总论教学过程中并不缺少引出问题的事例，但缺少具体分析解释问题的案例。经济法在适用中的案例存在供给不均衡的情况，即在市场规制法领域有较为丰富的真实案例，但在经济法总论中缺少真实的裁判案例，大多具有虚拟化、理想化的色彩。经济法总论案例教学缺位的成因主要有以下几点：

（一）经济法总论中国家干预程序性的相对缺失

传统的经济法总论较为重视国家干预的合法性和必要性，而较少从干预客体的权利保护出发建构经济法总论体系。即便如财税法中公认的"预算法定""税收法定"等原则也在法律实践中存在一定缺憾，不能完全通过司法适用的方式得以体现。与传统的民法、刑法、行政法等部门法相比，经济法的诉讼程序独立性较为欠缺。尤其在税收法律部门、促进型经济法中体现较为明显，税收技术政策与各种促进政策仍被广泛使用，其法律转化的程度相对较低。因此在这类部门法中的法律目标实现相较于法律程序有更显著的地位，这也导致了其适用的主体仍然是各级政府部门，法院实施的作用并不明显。对国家干预程序性的忽略也容易导致经济法法律规范性较弱的特点，教学时也很难用传统的法律思维方式进行推理解释。

（二）国家干预中的政府责任的相对缺失

国家干预的强势地位导致了经济法适用过程中政府责任现象的缺失。政府规制或者干预责任的缺失也使得宏观调控行为可诉性存在质疑，这也使得国家干预难以和法律规范相关联。政府规制机构的力量较为强大，法院在一些经济法的适用中居于弱势地位。一旦经济法总论中过多强调政府干预的必要性,则容易将经济法片面理解为国家干预市场的工具,而忽视了政府自身也要受到经济法的规范和约束。政府干预责任的缺失也是经济法责任缺乏独立性的主要体现,经济法的责任往往可以用民事责任、刑事责任与行政责任加以分解,这也使得经济法在立法中体现为较强的独立性,但在司法实践中仍然被分流为民事问题、行政法问题乃至刑法问题。

(三) 经济法总论中的片面理论化造成与分论知识的脱节

经济法总论与分论的相对脱节已不是新鲜问题,这与经济法总论过于追求纯理论的研究偏好有关。经济法研究群体为了证明经济法部门的独立性,在一定时期内投入了大量的学术资源用以证明经济法的独特价值功能。这诚然为经济法总论研究夯实了理论之基,但也增加了经济法与其他法律部门之间的壁垒,使得其他部门法的最新研究成果较少供给经济法研究。我们还发现,在地方应用型财经院校中,经济法学和经济学之间存在较多的知识点混同,甚至将经济法中的税法、金融法等知识简单等同于税收学和金融学,讲课时多简单介绍相关经济现象,但对法律规范性的发掘较少,主要是在经济学的知识点上加以宏观的法律价值判断。经济法总论的纯理论性和经济法分论的纯技术性之间的分化使得教学时多倾向于将总论的内容进行压缩,而多分配时间给分论的内容,这也使得总论教学的深度存在欠缺,进而也会影响到分论的学习效果。

三、改进的突破口:经济法总论案例教学方式的引入

怀特海曾言,把技术教育和通识教育对立起来是错误的。合格的技术教育包含通识部分,通识教育也必然涉及技术内容。[1]因此,经济法总论与分论相互依存。对于法学专业学生而言,经

---

[1] [英] 阿尔弗雷德·诺思·怀特海:《教育的目的》,赵晓晴、张鑫毅译,上海人民出版社2018年版,第57页。

济法总论学习是经济法分论学习的基础，脱离总论而学习经济法的具体制度是难以持续的。再加上我国经济法学硕士研究教育的基本定位属于学术型教育，必要的经济法总论知识传授不可偏废。[1] 与此同时，脱离经济法分论作为支撑的经济法总论知识将难以存在的合理性。对于财经专业的学生而言，经济法总论学习是对市场经济法治理念认知的直观方式。从宏观而言，经济法总论为参与市场经济提供必要的法律知识基础和价值指引，也是体现法学知识价值的简便宣传路径。讲授好经济法总论的知识有助于改变传统的法学依附的地位。现有的社会主义核心价值观理念融入法治建设的实践能够弥合财经专业和法学专业对经济法的认知差异。经济法总论一方面是一种法学知识教育，可以为学生提供继续学习其他部门法或者学科的法学知识教育[2]；经济法总论另一方面也是超越法学教育的国民价值观教育，作为市场经济的参与主体可以通过经济法总论的学习树立市场经济观念、遵守正当竞争原则、捍卫消费者权利。

判例教学或案例教学法在法学教育中一直扮演重要的角色，这种教学方法符合大多数法学院教师的教学习惯与研究目标，也满足大多数学生的职业预期。[3] 经济法总论授课效果欠缺的原因之一在于理论的抽象性及案例的可视化效果较弱。除此之外，经济法总论中大量充斥的经济、社会、政治、民生事件仅能够引出相关知识点，在短时期内吸引学生的注意力，但其作为可以教学的案例仍然是不够的。正如王利明认为案例应当具有典型性和系统性、疑难性、体现推理过程，不能拘泥于现行法的框架。[4]

---

[1] 邢会强、沈安琪、张龄方：《法学硕士研究生〈经济法总论〉课程的定位与教学改进》，载《财经法学》2017 年第 6 期。
[2] 葛云松：《法学教育的理想》，载《中外法学》2014 年第 2 期。
[3] [英]罗伯特·史蒂文斯：《法学院——美国法学教育百年史：19 世纪 50 年代至 20 世纪 80 年代》，李立午译，北京大学出版社 2017 年版，第 397 页。
[4] 王利明：《什么样的案例才是教学案例》，载中国民商法律网，http://www.civillaw.com.cn/bo/t/? id=33098#，最后访问时间：2019 年 10 月 13 日。

现有的经济法学总论并不缺少可以举例的事例，但在知识点相关性、中国问题导向性、逻辑推理精细性、讨论开放性等方面仍有不足。总论知识较为抽象，若仅是由授课教师单向进行灌输则很难收到好的教学效果。笔者认为经济法总论的案例设计不能直接引用较为粗糙的法律事件，而应当根据经济法文本、结合真实的经济法的事件、用法律思维发掘案例背后的问题，并让学生成为主角而能不断从案例中找到新的研究方向。

（一）从现有的经济法文本中找到建构总论案例的真实性基础

社会主义法律体系中的经济法部门为经济法教学提供了丰富的文本样本。经济法总论的知识体系仍然应当以既有的经济立法成果为基础，着重面向中国经济法生成的历史语境，而不仅仅是对经济学概念的重复阐述，也并非单纯是对其他国家经济法理论的介绍和套用。总而言之，要在教学活动中建构师生双方可以进行对话的、彼此最为熟悉的互动场景。当然，这需要经济法总论研究提供持续不断的成果。但遗憾的是，目前高质量的法学研究期刊却很少刊发专门的经济法总论教学论文，知名经济法学总论研究学者近些年的教学方法研究成果也相对较少，经济法总论依然面临科研成果与教学成果不均衡的困境。

（二）从经济法事件与案例中提取具有规律性的经济法总论问题

经济法总论中的历史叙事视角、中外法比较视角、争议性问题引起的视角等都是引出授课知识点的较好方式，一些重复出现且具有较大社会关注度的事件是经济法案例的较好原料，具有规律性及周期性的经济事件往往可以成为较为稳定的经济法总论研究对象。比如美国金融危机[1]等问题本身就具有一定的历史维度，事件中的主体关系也较为复杂，可以从多个角度进行展开分析，具有讨论开放性的特征。教师在授课时应当从地方性财经院

---

〔1〕 周海林：《美国金融危机是经济法总论的典型教学案例》，载《福建财会管理干部学院学报》2011年第1期。

校本科生的接受实际出发,选取的经济法总论案例应当具有一定的渐近性,首先从学生熟悉的校园生活场景、家乡发展场景、日常文娱场景出发,再到最近发生的新闻热点,最后再到讲授的经济法总论案例之中。具体可以参照这样的流程:生活中的事件(学生感兴趣的事件、热点问题与本课时的内容可以联系起来)—争议问题思考—思维导图介绍知识点—经典案例分析(最高法指导案例)—内容讲解(重点难点要突出)—升华与启迪(案例背后的思政教育)

(三)将经济法总论中的知识点融入精细化的规则分析中

经济法总论内容的宏观性影响其在个案中的直接适用,因此有必要将经济法总论中的知识点融入已经存在的经济法真实判决之中。教师应当引导学生重点研究判决书中可能涉及的尤其是对经济法立法目的、经济法主体、经济法原则的相关内容。教师在讲授经济法分论内容时仍需要不断引导,比如在讲解锐邦诉强生案、3Q大战等案例时仍然要结合总论的知识。教师在最后的试卷考察中也要适当提高主观题、案例题的考察比例,使得经济法总论的知识点可以自然嵌入到考试要求中。

(四)经济法总论案例的体现形式和授课方式

有研究显示,法学学生容易呈现高度的疏离感和焦虑感,这和较为压抑的课堂气氛以及大量的课前阅读带来的强迫式参与有关。[1] 海量文字带来的压迫感是可想而知的,本科生较为感兴趣的还是可视化教学的方式,授课教师应当思考经济法总论与可视化教学、多媒体教学的融合之处,提高案例教学的趣味性和双方互动性。地方财经类院校的本科生在前期的阅读量、法学理论基础等方面可能存在一定的欠缺,但这些都可以通过授课教师利用互联网教学的方式提前分发各种可视化的阅读材料加以弥补,比如新闻报道、微信公众号的文章、网络媒体的视新闻、影视作

---

[1] 何美欢:《论当代中国的普通法教育》(第2版),中国政法大学出版社2011年版,第113页。

品片段、哔哩哔哩上的视频都可以成为载体。因此有学者认为可以利用网络资源弥补学生法学理论和经济学理论的缺陷。[1] 财经专业的学生也有学习经济法的诉求，但对于经济法总论的内容可能并非需要全部接受。因此教师在讲授经济法总论时应当区分不同的受众，并不一定需要全部讲述或者采取同样的教学深度和要求。[2] 这对教师的教学水平提出了更高的要求，需要结合更多的经管类知识点发散展开。对于经管专业学生而言，经济法总论教学的目标在于理解经济发展中的正义观念和底线思维，这也和很多经济学家的观点不谋而合。

---

[1] 郑翔、丁琪、李佩：《经济法课程教学中的问题与混合式教学模式的运用》，载《吉林省教育学院学报（上旬）》2015年第3期。
[2] 周婷婷：《经管专业经济法课程的柔性初探》，载《江汉大学学报（社会科学版）》2018年第1期。

法律职业

Legal Profession

仲裁员法律职业属性与其定位问题研究　卢钰洁

仲裁员法律职业属性与其定位问题研究

◎卢钰洁*

摘　要：随着现代商业社会的发展，仲裁日益成为一种重要的纠纷解决方式，然而仲裁员在传统法律职业观念上常被忽略，本文分析仲裁员的起源与发展，试图通过仲裁员的六个特性来揭示其法律职业的属性。同时结合仲裁员权力的来源，探究仲裁员这一法律职业的社会定位。

关键词：仲裁员　法律职业　属性　定位

一、引言

在人们传统法律职业的观念上，提及法律职业想到的是法官、检察官、律师，仲裁员是一个容易被忽略的法律职业。在日常法律实务过程中，仲裁员的法律职业

---

* 卢钰洁，北京科技大学研究生。

特征与法官有着高度的相似性，但又缺乏国家司法审判权的权力背书，使得仲裁员这一职业在法律实务中的地位处于困境。随着社会主义法治发展进程的推进，我国先后颁布了《法官法》《检察官法》《律师法》《人民陪审员法》以及《公证员考核任职工作实施办法》对相关法律职业进行规范，关于仲裁员的规范仅存在于《仲裁法》之中。由此可见，无论在实务领域还是理论与立法的研究领域，在法律职业的研究上，通常只限于对法官、检察官、律师法律职业的研究，关于仲裁员的研究尚为空白。本文将对仲裁员这一法律职业属性进行分析，从而探寻仲裁员在社会主义法治发展中的定位，并藉此对相关立法之完善提供助益。

二、仲裁员的法律职业属性研究

（一）仲裁员的起源与嬗变

仲裁是一种古老的纠纷解决机制，在公元前621年，希腊雅典城邦的执政官德拉古就将仲裁制度的内容以成文法的形式固定下来。到了古罗马时期，《十二铜表法》中也出现诸多关于仲裁的规定。当时地中海地区得天独厚的地理环境和发达的交通条件造就了繁茂的商贸交流，民商事纠纷也随之增加，为了促进商业贸易的顺利进行，当事人开始通过协商选择一个中立的第三方用裁决的方式解决纠纷，此时中立的第三方便是仲裁员角色的雏形。中世纪的欧洲打破了自然经济的桎梏，资本主义萌芽出现，为促进商品经济发展，临时仲裁制度出现，根据该制度，双方当事人在争议发生后依照约定，双方先各自选择一名德高望重、知识渊博或为人公道正派的人担任仲裁员，再由两名仲裁员共同选定第三人为首席仲裁员，以此组成临时仲裁庭，对争议进行仲裁的制度[1]。临时仲裁制度的出现赋予了仲裁员一定的角色特性，虽然仲裁员的权力来源还不是法律，但是担任仲裁员应当达到一

---

[1] 陈志春：《仲裁的起源及历史演变》，载《上海企业》1999年第2期。

定的技能、道德、品格标准；组成三人仲裁庭进行仲裁的形式也使仲裁员之间形成了相互监督，这说明仲裁员有很大的权威，权威需要监督和限制。1697 年仲裁第一次得到英国议会正式承认，之后英国于 1889 年形成《仲裁法》，1892 年率先建立了伦敦仲裁院，此后许多国家相继立法规范仲裁制度。仲裁制度的确立与仲裁机构的产生，使得仲裁员这一角色的存在有了法律依据。

新中国成立之后，我国的仲裁制度开始逐步形成与完善。改革开放后，中国开启了法制建设的征程，此时仲裁制度得到较大的发展，1994 年颁布《仲裁法》，使得仲裁机构成为独立的机构，《仲裁法》中对仲裁员的任职资格、权利义务等内容作出了规定，这意味着我国有了系统的仲裁员队伍。

（二）仲裁员的法律职业属性

法律职业的出现有其特定的社会条件和历史原因。从广义的角度来看，法律职业指直接从事法律事务的各类职业的总称，主要包括法官、检察官、律师和法学家等。有学者对其定义为：法律职业仅指受过专业法律教育、具有专门法律知识和理论与实践经验、具备职业伦理道德修养，其所属机构具有较强独立性而从事以法律工作为生涯的社会活动[1]。仲裁员作为一种法律职业，在长期的发展过程中，逐步形成自己的职业特性。

1. 专业性与专门性

仲裁员作为一种法律职业，首先应当具备法律职业基本的专业性。仲裁员应当与其他法律职业者一样，对法律知识进行系统学习从而掌握系统的法律理论知识和精细的法律技能，拥有法律职业者所需要的法律思维、法律推理、法律逻辑等能力。《仲裁法》第 13 条对仲裁员的任职条件作出了具体规定，仲裁员应当符合下列条件之一：①通过国家统一法律职业资格考试取得法律职业资格，从事仲裁工作满 8 年的；②从事律师工作满 8 年的；

---

[1] 范进学：《法律职业：概念、主体及其伦理》，载《山东大学学报（社会科学版）》2000 年第 5 期。

③曾任法官满 8 年的；④从事法律研究、教学工作并具有高级职称的；⑤具有法律知识、从事经济贸易等专业工作并具有高级职称或者具有同等专业水平的。这说明仲裁员不仅需要具备系统化的法律知识体系，还需要其在各类法律职业例如律师、法官、法学学者等中经历专业的细分化法律职业实践，并且掌握与该法律职业相关的知识和技能。

根据《仲裁法》第 13 条的规定，仲裁委员会按照不同专业设仲裁员名册。参照北京仲裁委员会和中国国际经济贸易仲裁委员会等仲裁委员会的仲裁员名册可知，仲裁员的专业在仲裁名册中的重要性。仲裁起源和发展于商贸交流的发展，如今仲裁也是处理民商事纠纷的重要解决方式。因此申请仲裁的纠纷往往具有很强的专门性，常涉及细化的法律问题和经济贸易、海事等专业的技术性问题，仲裁员具备垂直到专门领域的法律能力和专业能力，才能够体现仲裁的专业权威性。因此仲裁员应当具备专门性，由具有一定专业水平和能力的专家担任仲裁员对当事人之间的纠纷进行裁决是仲裁公正性的重要保障。

2. 道德性与伦理性

仲裁是双方当事人将异议自愿提交于中立的第三方来裁判的争议解决机制，仲裁员由当事人选取或被仲裁机构指定，因此仲裁员的职业道德就变得尤为重要。现代仲裁作为一种与诉讼并行地处理当事人之间的民商事纠纷的争议解决方式，其本意是公断，要求仲裁员秉公而断，尊重事实和法律，平等对待双方当事人进行公正裁决。然而仲裁的依据为仲裁协议，具有民间性，仲裁员不行使国家司法审判权却在裁决中起到决定性作用，仲裁员的判决行为不接受来自检察院或者监察机关的监督，而人性往往受外界环境、社会环境和自然环境的制约带有利己性，此外目前国内仲裁员多以兼职为主，缺少来自行政和人事方面的规范和约束，从而仲裁员需要拥有超越法律职业共性道德以上的道德性。因此《仲裁法》第 13 条规定，仲裁委员会应当从公道正派的人员中聘任仲裁员。《仲裁法》对仲裁员最基本的要求是道德性要求，仲裁员不仅需具有专业性还需对仲裁行为拥有品格背书，仲裁员聘任规定要求仲裁员需热爱仲裁事业，公道正派、品行高尚，坚持独立公正办案原则。然而仅仅是"公道正派"这一道德标准就在目前的法律实务中缺乏量化标准，成为难以落实的选拔标准。

法律以公正为最终的和永恒的价值追求目标，仲裁员的法律职业伦理是其在法律发展过程中获得的来自法律的期待，因而仲裁员也应始终以追求公平、正义这一最高伦理价值为目的。仲裁员在仲裁活动中代表公平正义，因此其应在内心逐步确立特殊的法律职业伦理性规范，严格掌握公平公正的尺度，居中而裁决、平之如水地遵守法律的原则、解释及规则，以法律至上、权利本位、程序正当为理念，在裁决过程中遵循实体正义、程序正义与价值正义。同时仲裁员也需克服法律职业共同的非道德性之困境。仲裁员与法官在此方面具有相似性，作为中立的裁决者，职业本身就是要解决价值冲突和利益矛盾，应当脱离于利益冲突之外只对法律负责，在个体利益诉求和社会价值追求中寻求妥协，而仲裁员是拥有多种社会身份的复杂个体，仲裁结果在符合法律价值追求的同时可能会偏离社会道德价值追求，甚至使仲裁员饱受社会的诟病或者卷入某种道德漩涡[1]。仲裁员作为由双方当事人选定、委托的仲裁人应当对双方当事人负责、保持忠诚的责任，而仲裁双方在仲裁过程中具有对抗性，仲裁结果里总有一方为"输家"，这使得仲裁员的裁决难以同时符合社会和当事人多方的价值追求，因而可能在某一方面陷入非道德性困境。但仲裁的特点在于其灵活性，是在用高效、灵活的途径解决纠纷以促进社会经济的发展，因此仲裁员的职业伦理要求其在裁决活动中做到最大限度的慎独慎行，努力寻求各方利益的平衡，根据价值位

---

〔1〕 李学尧：《非道德性：现代法律职业伦理的困境》，载《中国法学》2010年第1期。

阶原则进行价值选择,将法律职业非道德性影响减小至最低。

3. 自治性与独立性

法律职业的独立性和自治性往往是相辅相成相伴而生的,独立性是自治性的前提,自治性是独立性的保障。仲裁员的独立性和自治性是仲裁活动能够独立有效进行、实现仲裁程序正当、仲裁结果正义的重要保障。

仲裁机构独立于行政机构,仲裁机构之间也无隶属关系。在仲裁过程中,仲裁庭独立进行仲裁,不受任何机关、社会团体和个人的干涉,亦不受仲裁机构的干涉,显示出最大的独立性。仲裁机构的独立赋予仲裁独立处理案件的前提和保障,使仲裁员能够不受他人和其他机关的干涉,排除感染性因素的影响,进而从独立的法律职业者的角度出发不受个人情感和权势的影响,免于外力的干扰,公平公正地进行裁决。"有什么样的仲裁员就有什么样的仲裁"是仲裁界广为流传的一句话,因此仲裁员不偏不倚的独立性是维护仲裁公信力的基础,是保护社会对仲裁的信赖利益的保障。

法律职业的自治性往往包括两个方面:一是法律职业团体与机构自主管理本职业领域的事务;二是法律职业者自主处理其承担的法律事务[1]。仲裁委员会的自治性一定程度上决定了仲裁活动的独立性,虽然对于仲裁委员会这一团体的性质,学界尚存争论。笔者结合《仲裁法》进行分析,认为仲裁的本质并非司法行为或行政行为,而是一种双方当事人基于合意申请的法律服务活动,具有独立性和民间性的特征,仲裁机构从事仲裁活动应当依法独立进行,不受行政机关、司法机关、社会团体和个人干涉,仲裁委员会可以自主地制定仲裁规则、仲裁员的聘用标准、仲裁行业的职业规范。仲裁委员会的自治性给了仲裁员作为法律职业者从事仲裁活动的自治空间,仲裁员可排除各种外界的干涉

---

〔1〕 黄文艺、卢学英:《法律职业的特征解析》,载《法制与社会发展》2003年第3期。

以及其他社会身份的自我禁锢，以其独立的仲裁员的身份和自由的意志进行法律推理和逻辑思考等法律思维活动，以自律为前提做出自主性的判断，并且对裁判的结果负责以维护仲裁的权威性和公正性。然而从目前的社会实践来看，法律对仲裁委员会的法律属性定位不明确，仲裁委员会的行政化和诉讼化色彩浓厚，功能定位不明确，这导致仲裁委员会的活动受制于行政人事权和财政权，其价值目标与诉讼发生混同，偏离了仲裁的本质，仲裁员难以保持独立性和自治性进行仲裁，裁决的公信力和权威性减弱[1]。

三、仲裁员在中国特色社会主义法治中的定位

权力应当以法律性和正当性为基础，仲裁员的权力具有契约性和准司法性的双重属性，权力来源于当事人授权和法律授权。笔者认为仲裁最本质的性质为契约性，双方当事人基于意思自治原则选择仲裁作为争议解决方式后基于合意选择仲裁员并以契约的形式对仲裁员拥有的权利做出了规定，反之双方当事人没有通过协商选择仲裁方式则无法启动仲裁程序，仲裁员无权对双方的权利义务关系做出协调与裁决。由此可知仲裁员的权力来源于当事人的授权。同时，虽然仲裁员权力来源于私法领域的契约，但是仲裁存在的另一意义在于仲裁结果可以得到国家法律和司法机关的认可，仲裁伴随商业发展而出现，是为了缓解诉讼压力、促进商事争议迅速高效解决的带有"准司法"性质的纠纷解决方式，若仲裁员的权力没有获得法律授权，仲裁员的裁决也没有存在的意义。因此我国《仲裁法》《民事诉讼法》《合同法》《保险法》等法律都为仲裁员的权力提供了法律依据，仲裁员权力来源于法律的授权。

结合上文相关论述可知，仲裁员权力来源的双重性不同于传

---

[1] 涂卫、王晓川：《我国仲裁机构的法律定位——以仲裁管理体制改革为背景的考察》，载《中国青年政治学院学报》2012年第2期。

统的法官、检察官、律师等法律职业,仲裁员具有特殊的职业属性和法律精神,在经济贸易高速发展的今天扮演重要的角色,因此,笔者将从以下四个方面研究仲裁员的社会定位。

(一)民间裁判者

仲裁来源于商业活动的自发性,有灵活性、保密性、快捷性、经济性、国际性的特征,成为商事活动尤其是投资过程中纠纷当事人解决争议的重要途径。此外中国自古以来有"厌讼"的传统,人们对诉讼有一种天然的抗拒,因此在民间寻找公正的第三人进行裁决成为一种更易为人们所接受的纠纷解决方法。裁判者行使来源于当事人委托的权力,在仲裁的过程中需要对当事人之间的利益或负担分配做出决定,因此仲裁员最基础而重要的定位应当为公正的民间裁判者。仲裁员处于中立的地位,以事实为根据、以法律为准绳,同时按照法律评价和民间评价双重标准来裁判案件,按照法律人的良知和自己的内心确信,根据案件的具体情况,合情合理地解决纠纷[1]。

(二)法律与市场之间的调节者

经济学中常把政府和市场比喻为"看得见的手"和"看不见的手",政府调节具有强制性和规范性,市场调节具有自发性,发展社会主义市场经济要做到政府和市场的有机结合。笔者认为法律正如政府这个"看得见的手",具有公开性、规范性、强制性、可预见性,在解决争议时需遵循严格的程序和法律的强制性规定;而市场往往反映经济发展的规律和需求,具有自发性,追求经济效率。仲裁的高效性、专业性、快捷性恰恰符合现代商业社会,尤其是资本市场中的商事主体在解决其商业贸易纠纷时所关注的问题。仲裁员作为一种独立于诉讼外却又与司法手段相平行的争议解决方式的裁决者,应当扮演好法律与市场的调解者角色,运用法律知识与专业知识灵活高效地解决经济纠纷,推动社

---

[1] 傅郁林:《中国仲裁员职业群体的发展和自我定位》,载《北京仲裁》2010年第3期。

会经济与社会法治的发展。

（三）社会信用的维系者

仲裁采取自愿原则，以当事人自愿为前提，当事人享有充分的意思自治，可以自主选定仲裁庭的仲裁员，这说明仲裁是一种以当事人信赖为基础的解纷途径方式，当事人对仲裁员的选择承载了当事人对仲裁员专业能力、个人品格、法律技能的充分信赖。若仲裁员囿于个人利益或社会情感在仲裁活动中偏私枉法，将会有负仲裁申请者对仲裁制度乃至对法律与社会的信赖。因此仲裁员在进行仲裁活动时应当以公道正派为原则，遵循仲裁员的法律职业伦理与道德，保护当事人的信赖利益，做出公平正义的裁决以维系社会对仲裁制度的信赖利益。

（四）法治社会的推动者

法治社会的发展不是一蹴而就的，也不能单靠某一个群体，是在法律职业者的共同努力之下实现的。仲裁作为一种非诉的纠纷解决手段，以其自身的灵活性和高效性优势减轻了法院的诉讼压力，节省了国家司法资源，有利于国家将司法资源运用到更加需要的地方，促进社会主义法治社会进程的推进。相比于诉讼这一被动的维权手段，仲裁是一种主动的解决纠纷、维护合法权利的手段，纠纷的双方当事人选择以仲裁方式解决纠纷意味着当事人已经具有了强烈的法律意识，将被动转为主动，主动寻求法律的支持以维护合法权利，仲裁制度的发展是民众整体法律意识提高的表现，是社会主义法治秩序正在逐步建立的表现。仲裁员在仲裁活动中应当表现出法律职业者的专业、理性与正义，以公正的裁决肯定当事人主动寻求法律支持的行为与意识，以专业的法律素养潜移默化地进行法律宣传与法律普及，做好法治社会的推动者。

百花园

Spring Garden

我国法律援助经费保障制度研究
——以中央专项彩票公益金法律援助项目为例　孙道萃　王　凯
高等教育中外合作办学机构党委的理论基础及其功能定位　曾彬彬
高等学校在线教学及其评价指标建构　徐　航
高校办学工作中的思想政治工作重要性分析　王超奕
论学位撤销的时间要件和程序要件　林　华

我国法律援助经费保障制度研究

——以中央专项彩票公益金法律援助项目为例

◎孙道萃 王 凯*

一、资金保障制度是法律援助制度运行的基石

(一)法律援助的资金投入

法律援助制度是现代法治社会的一项基础性法律制度,在经历了一个"由律师自发为穷人提供法律服务的慈善活动"逐步演化为"国家为保障个人实现其合法权益的国家行为"的发展过程后,法律援助已经成为一项法治国家需承担的责任与义务。而法律援助的国家责任最主要且最直接的体现方式便是对法律援助的资金投入。

毫不夸张地说,充足的经费投入是法律援助制度运

---

* 孙道萃,法学博士,中国政法大学讲师,中国政法大学国家法律援助研究院学术部主任。王凯,中国政法大学法学博士研究生。

行的基石。首先,一国法律援助经费保障的水平将直接影响提供法律援助服务的范围。如果法律援助经费匮乏,国家往往控制法律援助服务的提供范围,降低可获得法律援助服务的适格受援主体数量,这也与大多国家的法律援助范围均是从先刑事,后民事,先重刑,后轻刑,先基础民生案件,后其他案件的扩大逻辑相一致。[1] 当然,如果一国法律援助经费充裕,其也可以为全部案件提供免费法律援助服务,成为法律援助的福利国家。其次,经费保障的水平会间接影响法律援助服务的质量。质量是法律援助的生命线,其影响因素包括援助律师水平、援助补贴高低、司法机关的配合等,但长期以来,制约我国法律援助工作的开展、影响法律援助服务质量的重要原因就是援助律师的补贴较低,也就是国家的法律援助经费保障不足。根据全国统计数据,2018 年,我国开展法律援助经费的案均经费为 883.34 元。[2] 根据国家统计局 2019 年 5 月 14 日公布的数据,2018 年全国城镇非私营单位就业人员日平均工资为 315.94 元。同时,据统计,2018 年内中国律师平均小时费率为 2792 元人民币,其中初级律师提供法律咨询服务的平均小时费率为 1576 元,高级律师为人民币 2198 元,高级合伙为每小时 3481 元,管理合伙人则达到 4054 元。[3] 法律援助办案补贴和律师私人业务收入之间的悬殊直接导致了律师从事法律援助案件不积极、不热情,对案件敷衍了事,更有甚者自掏腰包,义务提供法律援助,因此,单方强调律师义务、职业伦理的重要性,却不从根本上解决经费补贴的问

---

[1] 以格鲁吉亚为例,该国于 2004 年开始着手法律援助制度改革,2005 年开始建立公社辩护办公室为刑事案件被告人提供法律援助服务,2015 年将法律援助范围扩大到特定民事和行政案件的社会弱势群体,2018 年在此扩大范围到民事和行政案件的其他类型。参见王凯、嵇苏红:《格鲁吉亚共和国法律援助制度概述》,载"中国政法大学国家法律援助研究院公众号",2018 年 11 月 23 日。

[2] 李雪莲、夏慧、吴宏耀:《法律援助经费保障制度研究报告》,载《中国司法》2019 年第 10 期。

[3] 《2018 年中国律师事务所费率调查》,载搜狐网,http://www.sohu.com/a/286365106_650902,最后访问日期:2019 年 11 月 20 日。

题，那我国法律援助的质量也很难得到保障和提高。最后，由于缺乏资金所带来的法律援助范围过窄、质量不高的现象，最终会导致"公平正义"这一法律援助追求的终极目标的落空。1963年，美国联邦最高法院在吉迪恩案中作出了"在刑事案件中被告人获得律师的帮助是公平审判必需的基本权利""律师是必需品，而非奢侈品"等深刻影响了近现代辩护权的重要话语，昭示了如果一个被告人是否获得律师取决于其财富的多少，那么审判从根本上是不公平的。[1] 故由于经费缺乏导致法律援助范围过窄，那么一国内的司法体系也就仍逃脱不了这种不公正司法的宿命。同时，法律援助的质量较差，导致获得私人律师的案件涉诉人获得更好的案件结果，也就无从实现社会的公平正义。

（二）法律援助的资金分配

法律援助的资金保障并非一味地扩大法律援助经费投入，还需高效合理地利用资金，这就涉及法律援助的资金分配和使用。宏观层面上，国家和地方法律援助机构需合理分配资金，推动法律援助水平发展的均等化和可及化。以我国为例，法律援助的资金分配应当考虑到东西部、城乡法律援助水平的差异，来科学统筹分配资金，推动全国法律援助的均衡发展。微观层面上，各地法律援助机构需对资金的具体使用做出合理分配。例如根据不同案件类型、受援人类型、收益高低等，来对法律援助经费做出分配。

纵览世界各国对于法律援助资金的分配，普遍呈现出以下几个特点：①优先保障刑事案件。由于刑事案件涉及剥夺公民的自由，甚至是生命，因此在法律援助资金有限的前提下，往往会优先于保障为刑事案件中的犯罪嫌疑人、被告人提供法律援助。②经费主要用于办案。在法律援助的经费支出中，并非仅有办案支出，还有人员、办公等其他经费的支出，但也应当尽量控制其

---

[1] 参见吉迪恩案，Gideon v. Wainwright, 372 U.S. 335 (1963).

他费用支出,优先保障法律援助经费用于实际办案。③结合本国内不同地区经济水平、律师数量、案件数量等因素,统筹分配法律援助资金,力求做到法律援助的均等化和可及化。

二、中央专项彩票公益金法律援助项目的资金保障

中央专项彩票公益金法律援助项目(以下简称"中彩金项目")是2009年经国务院批准,以降低法律援助门槛,扩大法律援助范围,保障全体公民能够享受平等的司法保护为宗旨,中央财政安排中央专项彩票公益金予以资金保障,专门针对农民工、残疾人、老年人、妇女家庭权益保障和未成年人的法律援助项目。财政部、司法部委托中国法律援助基金会负责管理实施。截至2019年8月,已累计投入8.87亿元,资助办理涉及五类困难群体的法律援助案件51.9万件,79.3万人直接受益,为困难群众取得利益或挽回经济损失304.77亿元,投入与回报比为1∶30。中央专项彩票公益金法律援助项目有效保障了困难群体的合法权益,促进公平正义的实现,维护社会的和谐稳定,致力成为中国法律援助服务的品牌项目,通过优化整合多方资源,不断探索法律援助社会管理创新模式,对推动法律援助事业科学发展发挥了积极示范作用。

(一)资金投入情况

中央专项彩票公益金法律援助项目是从中央财政安排中央专项彩票公益金进行法律援助。2009年和2010年每年使用彩票公益金5000万元;"十二五"期间为每年1亿元;进入"十三五"时期,在财政部的大力支持下,项目资金预算在1亿元的基础上,每年额外递增1000万元,五年总计资金规模达6.5亿元。截至2018年,由中国法律援助基金会执行的彩票公益金达到9.6亿元(具体资金投入参见下图1)。

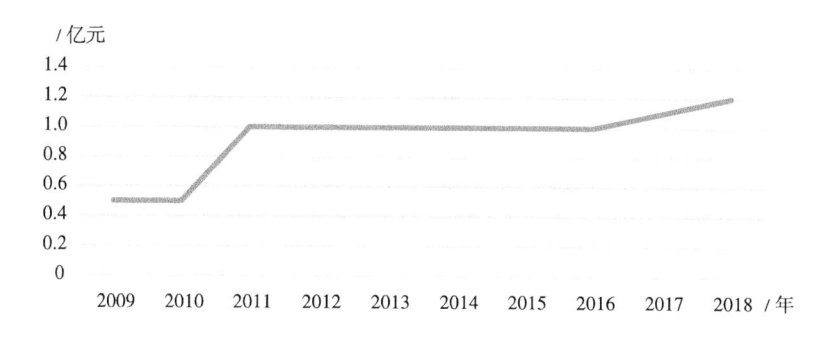

图 1　2009—2018 年度资金投入

（二）资金分配情况

1. 不同地区资金分配情况

我国国土广袤，地区之间经济发展不均衡，尤其以东部地区、中部地区、西部地区最为典型。经济发展不均衡同样带来的是律师资源的不均衡和法律援助工作开展的不均衡，这直接影响人民群众在法律援助中的获得感、幸福感和公平感，影响公平正义的实现。西部地区相对于东部地区与中部地区，经济发展水平稍低，也是弱势群体相对集中的地区，一直以来是中彩金项目保障的重点区域。同时，西部地区律师等法律工作人员缺乏，因此更面临着极大的法律援助需求。

为有效平衡地区之间的差异，中彩金项目自创立伊始，便秉承着"侧重中西部"的发展理念，《中央专项彩票公益金法律援助项目实施与管理暂行办法》（以下简称《暂行管理办法》）和《中央专项彩票公益金法律援助项目实施与管理办法》（以下简称《管理办法》）第 5 条均明确规定："项目的重点是中西部地区"。十年间，中彩金项目充分发挥了在拓展法律援助服务领域、弥补政府法律援助经费不足、培育社会法律援助服务队伍和促进法律援助社会影响方面的重要作用。在我国东中西部发展极不均衡的情况下，中彩金项目致力于东中西部法律援助服务均衡发展，在资金投入上向经济相对不发达的中西部倾斜，从资金层面保障东中西部法律援助服务的均等化。

首先，在资金的总体流向上，十年间项目资金大部分投入到中西部地区，共占比88%，累计投入8.45亿元，其中中部53%，西部35%，而只有12%的资金投入到东部地区（具体参见下图2）。

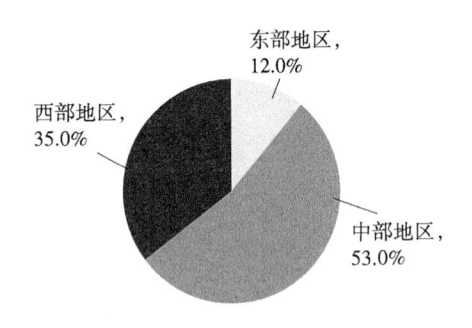

图2　总体资金投入方向

其次，从历年资金投入方向变化来看，近十年来中彩金项目对东中西地区的资金投入比例基本保持稳定。原因在于东中西地区的基本经济状况没有发生根本改变。东部地区经济发达，法律服务行业发展迅速，法律服务的供应可以基本满足人们的需求；中部地区经济发展，社会纠纷频发，法律服务行业发展滞后，法律服务的供应不足，对法律援助的需求较多；西部地区经济落后，法律服务行业发展不足，法律服务水平偏低，力量不足，法律服务的供应不能满足人们的需求，对法律援助的需求更为紧迫（具体参见下图3）。

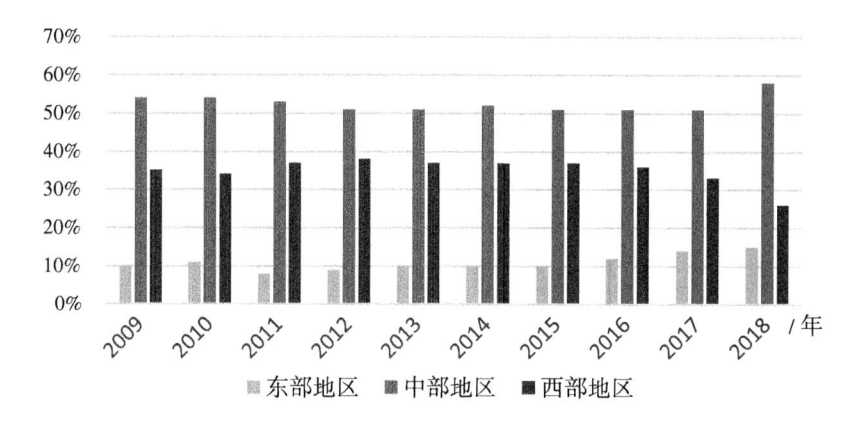

图3 历年各地区资金投入情况

最后，比较对中西部投入的资金，从上图中西部投入资金对比来看，中彩金项目对中部地区的资金投入高于对西部地区的资金投入。中彩金项目近十年来对中部地区的总体资金投入约为48 258万元，对西部地区的总体资金投入约为32 247万元，对中部地区的投资比对西部地区的投资高约16 011万元。

2. 不同人群、案件资金分配情况

中彩金项目为农民工、残疾人、老年人、涉及家庭权益的妇女和未成年人五类人群提供法律援助服务，10年间，五类人群的资金使用情况分别为4.72亿、0.64亿、1.11亿、2.22亿、0.40亿，分别占比51.93%、7.04%、12.21%、24.42%、4.40%（参见下图4）。可以看出，为农民工提供的法律援助资金超过了总投入的一半，中彩金项目在10年运行期间为解决农民工劳资纠纷、工伤保险、劳务合同等方面的法律问题提供了有力保障。

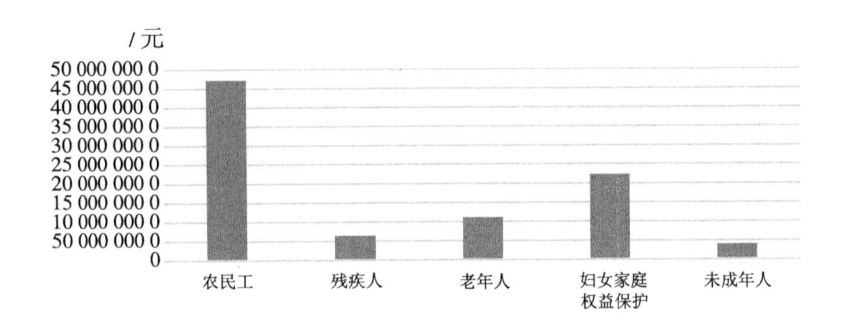

图 4　五类人群资金使用情况

按照各种案件类型划分，中彩金项目提供民事、刑事、行政、刑事附带民事、执行类案件法律援助，10 年间，这五类案件的资金使用情况分别为 8.43 亿、0.30 亿、0.07 亿、0.19 亿、0.10 亿，分别占比 92.74%、3.30%、0.77%、2.09%、1.10%。（具体参见下图 5）可以看出，民事案件在整体资金投入中占据了绝对的主导地位，五类人群的法律援助需求也集中在民事纠纷当中。

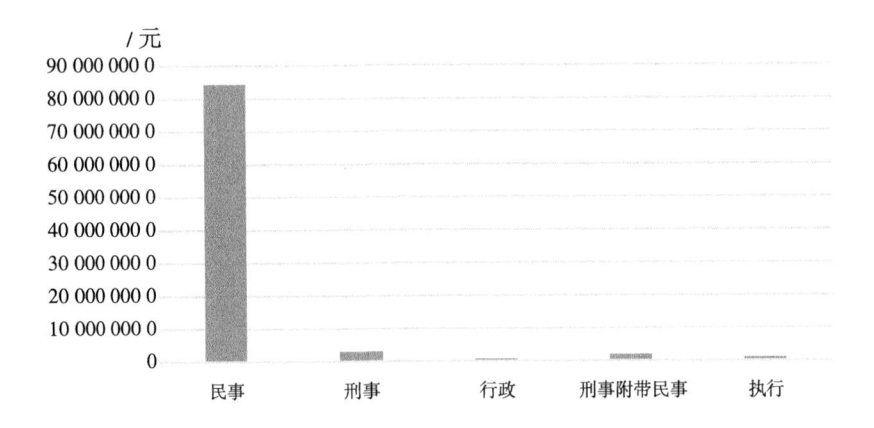

图 5　不同案件的资金使用情况

三、中彩金项目资金保障的问题与不足

（一）缺乏资金仍是法律援助面临的突出问题

《管理办法》第 4 条规定项目资助案件范围包括：①当事人经济情况和申请事项符合《法律援助条例》和本省（区、市）补充规定的法律援助事项范围，但当地法律援助经费确实存在困难的；②当事人经济状况符合当地法律援助经济困难标准，其申请法律援助的事项虽不属于《法律援助条例》和本省（区、市）补充规定的法律援助事项范围的，但属于本办法第 6 条规定的案件类型的；③当事人经济状况高于当地法律援助经济困难标准，低于当地城镇职工最低工资标准，其申请法律援助的事项符合《法律援助条例》和本省（区、市）补充规定的法律援助事项范围的；④当事人经济状况高于当地法律援助经济困难标准，低于当地城镇职工最低工资标准，其申请法律援助的事项属于本办法第 6 条规定的案件类型的。

根据《管理办法》第 4 条对于项目资助案件类型的规定，可以看出，中彩金项目在某种程度上是对全国各地法律援助资金的一种补充，这直接体现在第 1 款当中。第 3 款和第 4 款则直接将法律援助经济困难标准调整为当地城镇职工最低工资标准，旨在为这一夹心层内的群众提供法律援助服务。中彩金项目资金可以作为法律援助经费困难地区的补充，来协助和推动当地法律援助活动的开展，在一定程度上，使应当获得法律援助的当事人无需再因为当地的经费问题而无法获得法律服务，促进了公平正义的实现。

根据数据统计，10 年来办理案件的受理理由为第 1、3、4 款的相加起来达到了 68%（具体参见下图 6），这即说明了中彩金总体投入资金的 2/3 用作于对当地法律援助经费的补充，其中 20% 的经费作为直接补充体现出来。这说明，在当今法律援助制度运行中，经费的缺乏仍然是需要直面的问题之一。

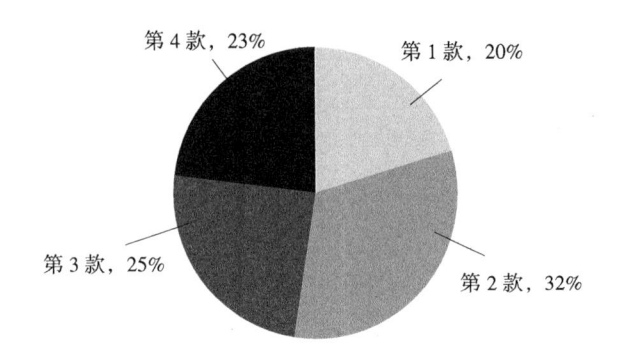

第 4 款，23%　第 1 款，20%
第 3 款，25%　第 2 款，32%

图 6　案件受理理由占比图

（二）资金分配不合理

根据《暂行管理办法》和《管理办法》第 5 条：项目资助的地域包括 31 个省（区、市）和新疆生产建设兵团，重点是中西部地区。根据各地经济发展水平的不同，分别执行不同的案件资助范围。因此，中彩金项目在创立之初就秉承着"侧重中西部"的发展理念，在我国东中西部发展极不均衡的情况下，中彩金项目致力于东中西部法律援助服务均衡发展，在资金投入上向经济相对不发达的中西部倾斜，从资金层面保障东中西部法律援助服务的均等化。

1. 地域分配

十年间，中彩金项目严格遵照《管理规定》的要求，侧重于中西部法律援助的发展。根据图 2，十年间中彩金项目对于中西部的资金投入占比为 88%，其中中部地区占比最多，为 53%，而东部地区仅占比 12%。然而，实践情况是，我国自实行市场经济、改革开放以来，海外投资进入、城市扩张和收入增长，对廉价劳动力的需求开始增加。数以百万的年轻农民离开内陆省份前往珠三角、北京和上海等地，在外资工厂、建筑公司及公共服务或当地社区服务中寻找临时工作。相应的，我国的流动人口（离开户籍县半年以上）也从 1982 年的 766 万，急剧增长到 2015 年的 2.01 亿，其中大部分均为外出务工人员（具体参见下图 7[1]）。

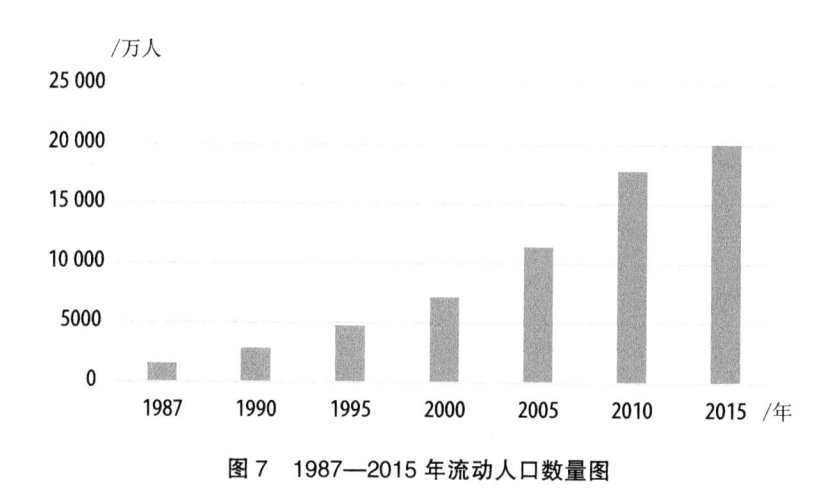

/万人

图 7　1987—2015 年流动人口数量图

这种外来务工人员的流动又以从经济落后地区向经济发达地区、中西部地区向东部沿海地区流动为标志，这种人口流动的模式实际上带来了法律援助需求的转移，以农民工为例，其庞大的法律援助需求定会主要集中在东部发达地区，而不是在中西部地区大量出现。因此东部地区实际上成了"第二个中西部地区"。而中彩金项目自设立之初便秉承着"扶持中西部"的理念，因此大部分资金也投入到中西部法律援助事业发展中去，这种资金分配方式忽视了人口流动因素，单纯以地域划分来分配资金，导致了大量来自中西部、有法律援助需求、却处于东部的人员无法及时获得法律援助，也导致中彩金项目目的的落空。

---

[1]　数据来源于马忠东：《改革开放 40 年中国人口迁移变动趋势——基于人口普查和 1%抽样调查数据的分析》，载《中国人口科学》2019 年第 3 期。

2. 案件类型分配

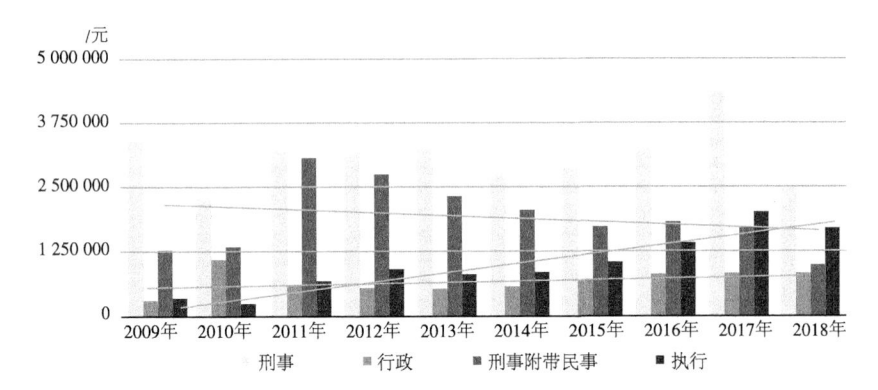

图 8　刑事、行政、刑事附带民事、执行类案件十年资金分配

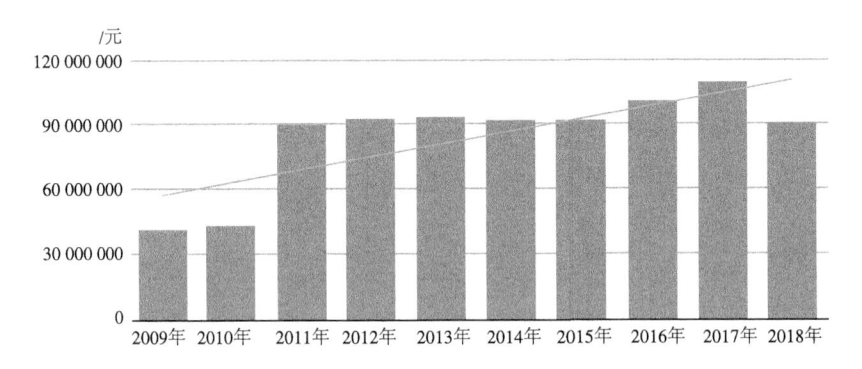

图 9　民事案件十年间资金分配

此外，根据上图 8 和图 9，按照案件类型划分，中彩金项目十年间资金分配按照从高到低排列，大致上依次为民事案件、刑事案件、刑事附带民事案件、行政案件、执行案件。其中，民事案件占比最高，累计十年占资金总额 92.74%，而刑事案件仅占 3.3%。我国法律援助历年来的资金均大部分投入民事案件中[1]，

---

[1]　自 2003 年至 2011 年，民事法律援助案件在全部法律援助案件中占绝大多数，刑事法律援助案件所占比例不到一半，而且逐年降低。参见陈永生：《刑事法律援助的中国问题与域外经验》，载《比较法研究》2014 年第 1 期。

但民事和刑事案件投入资金比例也未达到中彩金项目的悬殊程度。而反观其他国家和地区的法律援助制度，通常尽量缩减民事和行政法律援助经费，尽量优先满足刑事案件中被告人和犯罪嫌疑人的法律援助需求。

近年来，党中央和国务院高度重视法律援助制度的建设，2014年10月，中国共产党第十八届四中全会决定，进一步提出，"建设完备的法律服务体系。……完善法律援助制度，扩大援助范围，健全司法救助体系，保证人民群众在遇到法律问题或者权利受到侵害时获得及时有效法律帮助。"[1] 随后认罪认罚制度和值班律师展开试点工作，以及2017年10月11日，最高人民法院、司法部下发的《关于开展刑事案件律师辩护全覆盖试点工作的办法》[2]，规定适用普通程序审理的一审案件、二审案件、按照审判监督程序审理的案件，没有辩护人的被告人均可以获得刑事辩护法律援助。这预示着未来我国法律援助，尤其是刑事法律援助的需求将呈现爆发式的增长。然而，中彩金2018年度的刑事案件资金投入相比2017年，不升反降，未及时满足刑事法律援助需求的增长。

四、对法律援助资金保障的建议

（一）扩大资金来源

我国法律援助经费主要由两部分构成：一是财政拨款；二是社会捐助。实践中，社会捐助的占比极低，基本可以忽略不计，因此我国的法律援助经费很大程度上都来自于财政拨款。这种单一的经费来源方式不仅远远无法满足我国法律援助事业对于经费的需求，也将会使国家财政不堪重负。固然，当前我国财政资金

---

〔1〕《中共中央关于全面推进依法治国若干重大问题的决定》，2014年10月23日。

〔2〕最高人民法院、司法部《关于扩大刑事案件律师辩护全覆盖试点范围的通知》，2018年12月。

对于法律援助的投入仍然远远不足[1],学界对于财政加大投入的呼声仍然合理,但从长远角度看,单纯加大财政资金的投入势必无法满足法律援助的需求,必须拓宽资金来源渠道,从多角度、多层次解决法律援助经费需求。

1. 推动法律援助捐赠

《法律援助条例》第7条规定,国家鼓励社会对法律援助活动提供捐助。法律援助既是一种国家行为,也是一项社会公益事业,除政府投入和专项基金收益外,民间对法律援助事业的捐赠也是其重要的资金来源渠道之一。捐赠主要来自律师协会、执业律师个人和公共慈善团体、基金会及其他民间组织和个人。但是,实践中,社会捐助常年来热情极低,社会捐助在法律援助经费中所占的比例十分小(具体参见下表1)。

表1 我国社会捐赠占法律援助经费的比例

年 份	法律援助经费/万元	社会捐赠/万元	社会捐赠所占比例/%
2015年	189 100	1760	0.931
2016年	212 000	1891	0.892
2017年	235 000	2206	0.940
2018年	265 107	1898	0.715

从上表可知,我国从2015—2018年的法律援助社会捐助资金所占比例均不超过1%。相反,在域外法律援助制度发达的国家中,社会捐赠往往占据一定重要的比例,例如在美国法律援助经费总额中,民间捐赠占11%,分别来自社会发展基金、私人基金

---

[1] 我国自1999年至2011年,政府拨付的法律援助经费占财政收入的比例在0.0011%至0.0122%之间。参见陈永生:《刑事法律援助的中国问题与域外经验》,载《比较法研究》2014年第1期。

会、私人律师事务所和个人，如福特基金会从1963年起一直资助公共辩护者计划。[1] 除此之外，在我国这不足1%的社会捐助资金中，相当一部分为国有银行、中国石油、中国烟草等大型国有企业所捐。[2] 可以看出，我国的法律援助社会捐赠还基本处于起步阶段，仍然有较大的发展空间。

积极推进法律援助社会捐赠，需要从多个角度入手展开。首先，加大对法律援助事业的宣传，法律援助事业需要得到社会大众的重视，需要认识到在依法治国的今天，获得法律援助将会是一项与教育、住宅、医疗等并重的公共服务，将会与我们的生活息息相关。其次，鼓励社会捐赠并不仅是一句口号，更需要实质的鼓励。在法律援助并未深入人心的今天，对于社会捐赠就更需要积极采取措施来鼓励捐赠。例如，对于社会捐赠的企业、律所实行税收减免政策，对于捐赠的个人给予相关荣誉宣传。最后，倡导法律服务行业的奉献精神，鼓励律协、法律咨询公司等法律服务行业发挥带头作用，积极捐赠法律援助事业。

2. 推动费用分担制度

法律援助受援人费用分担制度，是指具有一定支付能力却又无力完全支付法律服务费用的受援人，就其本人所接受的法律援助服务，按照其经济状况，与由政府出资设立的法律援助机构共同分担一部分法律援助办案费用的制度。[3] 这种费用机制的直接优势便是有效分担了国家财政对于法律援助投入的压力，受援人也比较容易接受。早在20世纪90年代，我国便开始尝试费用分担机制，但由于费用分担机制在某种程度上违背了法律援助的无偿性，该制度没有在全国铺开。随后，在实践中，有的地方仍

---

[1] 梁鹏：《法律援助资金保障的理念与路径》，载《中国司法》2005年第9期。
[2] 参见中国法律援助基金会官网，http://www.claf.com.cn/h-col-139.html，最后访问日期：2020年3月20日。
[3] 樊崇义：《我国法律援助立法重点和难点问题研究》，载《中国法律评论》2019年第3期。

然积极探索费用分担机制[1]；理论界也不断涌现引入该机制的呼声[2]。

对于费用分担制度持反对态度的观点主要基于以下理由：①受援人提供的少额资金并不能真正有效缓解资金短缺的现状，最终还需要国家来承担；[3] ②我国目前未建立该制度的相应配套前提，例如明确的产权制度、经济困难标准统一等；[4] ③费用分担制度与《法律援助条例》明确规定的"提供无偿法律服务"相抵触。[5]

笔者认为，现代法治国家普遍认为法律援助是一项国家责任，因此保障法律援助的资金需求必然成为国家的责任与义务，国家对于法律援助的资金投入是资金保障的主要方式。但是，国家在承担主要资金责任的同时，如何尽可能地多渠道、多层次获得资金，减缓国家财政压力是每一个重视法律援助制度、大力发展法律援助国家的必由之路，以英国为例，其在20世纪90年代之前，对于法律援助资金一直实行上不封顶的开放式财政预算，导致本国财政不堪重负，随后自1999年起，其对法律援助进行

---

[1] 例如深圳市2009年5月1日施行的《深圳市法律援助条例》，提出辅助性法律援助，对此类案件既收取每案受理费600元，又可通过辅助性法律援助获得收益的受援人，由法律援助机构向其收取所获净收益总额的8%（调解和解结案的5%）费用。参见樊崇义：《我国法律援助立法重点和难点问题研究》，载《中国法律评论》2019年第3期。

[2] 刘晓岚：《国外法律援助的经验与中国法律援助制度的完善》，载《湖南农业大学学报（社会科学版）》2008年第1期；刘玮琍、胡晓伟：《法律援助费用分担机制的可行性研究》，载《中国司法》2019年第3期；法言：《关于法律援助受援人分担费用制度几个基本问题的研究（四）：在我国实行的可行性》，载《中国司法》2014年第7期；冯祥武：《法律援助资金保障新论》，载《云南行政学院学报》2012年第1期。

[3] 陈光中、张益南：《推进刑事辩护法律援助全覆盖问题之探讨》，载《法学杂志》2018年第3期。

[4] 樊崇义：《我国法律援助立法重点和难点问题研究》，载《中国法律评论》2019年第3期。

[5] 郑自文、左秀美：《法律援助资金筹集方式及可行性研究》，载《中国司法》2004年第4期。

了大刀阔斧的改革，其中严格控制法律援助经费预算成了改革的重中之重，采取了包括严格资格审查、附条件费用协议、诉讼保险、推进合同制法律援助等方式，来控制法律援助经费。因此，一味地强调国家财政的投入并不是有效解决法律援助经费问题的上上策，在持续加大国家财政投入的同时，必须辅之以相应配套措施，来缓解国家的财政压力，其中之一便是费用分担机制。费用分担制度一般需要具备以下基本条件：一是法律援助制度较为完善；二是法律服务的管理规范较为系统，制定了统一的法律服务收费指导价格；三是国家征信和收入财产查明制度基本完善；四是法律服务从业人员数量较多，能够充分满足法律援助的需求；五是政府财政有可能保障法律援助经费。[1] 由于我国没有建立明确的产权制度和统一的经济困难标准，所以费用分担机制无法得到实施。这种传统的费用分担模式是指根据受援人自身的经济状况，酌情地让其事先承担一部分法律援助费用，因此必然涉及对其财产和经济困难的审查。针对我国现行情况，可以尝试在涉及经济利益的案件中（例如财产类民事案件、执行案件、刑事附带民事案件），从受援人最终通过法律援助获得的案件经济利益中提取一部分作为法律援助的费用分担，如此一来，也就无需再审查其财产和经济困难情况。费用分担制度从表面上来看确实与我国法律援助制度的无偿性相冲突，但是实际上这并不矛盾。无偿意指"无代价的，无报酬的"，这种无代价、无报酬往往是指服务获得者无需给予服务提供者报酬和代价，这种报酬和代价是服务本身之外的。但在费用分担机制下，受援人所需分担的费用直接用在法律援助服务之中，并不是在服务之外需要提供的一种代价和报酬。因此，两者并不冲突。

3. 推动诉讼保险制度

诉讼保险是西欧国家用来缓解本国法律援助资金压力的方式

---

[1] 法言：《关于法律援助受援人分担费用制度几个基本问题的研究（四）：在我国实行的可行性》，载《中国司法》2014年第7期。

之一，公民可以自愿投保法律保险。由于投保法律保险的人一般都不在法律援助的范围之内，而其投保的财产险，也多不在法律援助案件和事项范围之内，[1] 所以普遍认为诉讼保险在我国没有实行的可能性。然而，如果尝试将部分法律援助经费作为诉讼保险费用为法律援助需求旺盛的群体投保，可能会减少法律援助的经费支出，也就间接增加了法律援助的经费投入。

2018年，我国法律援助的受援人次为1 517 721人次。按受援人性别划分，女性受援人为360 801人次，占受援人总数的24%，男性受援人为1 156 920人次，占76%。按受援人身份划分，农民、农民工、老年人、未成年人、残疾人和军人军属受援人（受援人身份有交叉）分别为451 439人次、515 023人次、121 863人次、136 009人次、54 138人次和3301人次。农民、农民工是受援人数最多的人群，共占受援人总数的63.68%，农民工受援人次同比上一年度增加4.14%。而其中占比最高的案件类型为请求支付劳动报酬类案件。可以看出，农民、农民工仍然是我国法律援助需求量最大的受援群体，劳资纠纷问题仍然十分严峻。

因此，可以率先尝试在农民工群体中实行诉讼保险制度，由地方法律援助机构和用人单位共同为农民工购买诉讼保险业务。当然，诉讼保险制度也需要保险公司的积极配合。

（二）调整资金分配

在保障充足的资金来源之外，合理调整资金分配，使资金高效、充分地运用在对法律援助需求最为急切的人群身上，可以使法律援助资金利用效率最大化，在当前资金不充足的背景下，这一点显得尤为重要。

传统上单纯根据地域来分配资金的方式已经暴露出不合理之处，在资金分配方面，应当坚持以下几点：

---

[1] 郑自文、左秀美：《法律援助资金筹集方式及可行性研究》，载《中国司法》2004年第4期。

1. 灵活推动中西部法律援助事业的发展

中彩金项目在设立之初，秉持着"优先中西部"的发展理念，积极推动中西部落后地区法律援助事业的发展，力求保障每一位受援人均能获得及时、高效、高质量的法律援助服务。但在实践中，由于人口大幅流动、思维模式僵化、中西部情况复杂等因素，这种美好的愿景往往落空，因此中西部法律援助事业大量资金的投入也会收效甚微。

在推动中西部法律援助事业发展时，应当综合考量实际情况和各种因素，灵活制定策略。其一，由于中西部地区大量人口作为外来务工人员流入到东部沿海经济发达地区，来自中西部地区的法律援助需求也被转移到东部地区，中彩金项目在资金分配上也应当做出变化，加大对东部沿海地区，尤其是外来务工人口较多地区的资金投入，按照历年的法律援助需求合理地配置资金，如此一来，满足东部地区的中西部外来人口的法律需求，实际上也是在满足中西部的法律援助需求。其二，中西部法律援助事业的落后并不仅仅在于一个"钱"字，更重要的在于"人"。地处偏远地区、经济较为落后、法律援助经费欠缺是长期以来我们对中西部法律援助事业的刻板印象，但实际上，"缺人"才是制约其法律援助事业发展的根本性问题所在。根据数据统计，截至2018年底，律师人数超过1万名的有18个省（市），其中广东省律师超过4.4万余人，北京市超过3.2万余人，但有的省份并非如此，宁夏回族自治区、海南省仅有2000名左右律师，甘肃省为4000名左右，西藏自治区不足500名律师。[1] 而从人均律师数量来看，每万人人均律师最高的为北京市，有14.84人，而最低的为西藏自治区，仅有1.25人，而2018年度全国每万人人均律师数量为3人，从目前已有数据显示，有包括福建、辽宁、山东等16个省（市）未达到平均水平，北京、上海、广东等经济

---

[1] 数据来源于各省、直辖市、自治区司法部门官网、律协官网等。

发达地区集中了超过40%的律师。更为严重的问题是，中西部地区的"缺人"并不是简单的缺乏掌握法律知识的人才，在西藏、甘肃、新疆的部分地区，缺乏的是既掌握法律知识，更通晓当地少数民族语言的法律人才。[1] 未来，助力中西部法律援助事业的关键应当在于培养"人"，单纯的资金投入只会缓解一时之急，不会在根本上改变中西部落后的情况，只有培养了属于中西部地区自身的法律人才，才能有效推动其法律援助事业的发展。

2. 优先保障刑事案件法律援助

刑事法律援助是法律援助制度中的核心与关键，但我国法律援助制度发展中存在的突出问题就是在民事法律援助蓬勃发展的同时刑事法律援助不断萎缩，逐渐背离了国家建立法律援助制度的本旨和初衷。[2] 无论是在传统法律援助模式和中彩金项目中，民事法律援助和刑事法律援助均呈现失衡的态势。产生这种现象的原因是多方面的，最重要的一点便是国家过多地强调法律援助制度在保障民生方面的作用，对刑事法律援助彰显和维护司法公正方面的作用重视不足，更没有充分认识到刑事法律援助在整个法律援助制度中的核心地位。[3] 以《法律援助条例》为例，其第1条规定"为了保障经济困难的公民获得必要的法律服务，促进和规范法律援助工作，制定本条例"[4]。可见我国法律援助制度构建的受援对象为经济困难的公民，虽然刑事法律援助中也有犯罪嫌疑人、被告人因经济困难而申请法律援助的情况，但是这

---

[1] 实际上，近年来我国司法行政系统已经意识到了这种问题，针对中西部地区开展了"1+1"行动。"1+1"中国法律援助志愿者行动是由司法部、共青团中央发起，每年组织一批律师志愿者、大学生志愿者或基层法律服务工作者，到中西部无律师县和律师资源短缺的贫困县服务一年，为当地的经济困难群众提供法律援助服务。但这种短期服务的方式，仍然无法为当地培养和留下专业的法律人才。

[2] 顾永忠、杨剑炜：《我国刑事法律援助的实施现状与对策建议——基于2013年〈刑事诉讼法〉施行以来的考察与思考》，载《法学杂志》2015年第4期。

[3] 樊崇义：《中国法律援助制度的建构与展望》，载《中国法律评论》2017年第6期。

[4] 《法律援助条例》，2003年9月1日实施。

种表述方式表明了对于经济、民生、民事案件的侧重。另外，由于辩护权没有深入人心，时至今日，仍然有很多人潜意识里认为刑事辩护律师在给"坏人"辩护，充当犯罪分子的保护者，来对抗国家司法机关，这种对辩护权的错误认识间接地阻碍了刑事法律援助事业的开展，直接影响便是刑事辩护律师不受认可，公民认为是对国家法律援助经费的浪费等。因此，中彩金项目在未来发展中，应当重视刑事法律援助的重要地位，侧重于保障犯罪嫌疑人、被告人的法律援助权。

3. 积极推动项目改革

近些年是我国法律援助制度的"活跃期"，无论是认罪认罚制度、值班律师制度、刑事辩护律师全覆盖的改革推进，还是公共法律服务体系的构建，都为法律援助制度的发展提供了前所未有的发展契机，中彩金项目也应当积极响应政策，对自身传统的法律方式进行改革，以符合我国法律援助制度的发展趋势。

首先，尝试在刑事辩护中设立面向特定五类人群的值班律师，以缓解当今值班律师数量不足、补贴较低的尴尬境地；其次，加大对刑事案件的资金投入，积极推进刑事辩护律师全覆盖的改革；最后，积极参与公共法律服务体系的建设，基于本项目仅面向五类人群，尝试建立针对五类人群的专业法律服务网络，提供高效、专业的法律援助服务。

高等教育中外合作办学机构党委的理论基础及其功能定位

◎曾彬彬[*]

摘　要：在高等教育中外合作办学机构设立党委，不仅是我国深化党建工作的要求，它的现实存在还具有坚实的理论基础。本文剖析其政治理论基础、法律基础和党内法规基础三个向度。通过分析中外合作办学机构内外部矛盾，本文认为中外合作办学机构党委对内应成为政治方向的掌舵者。通过对比中外合作办学机构与普通二级院系的差异，本文认为在中外合作办学机构应着重强化党委在《中国共产党普通高等学校基层组织工作条例》第13条项下的两种功能：党政联席会功能和思想政治引领功能。而在对外关系上，中外合作办学机构党委应成为统战工作的执行者。

---

[*] 曾彬彬，中国政法大学中欧法学院教师。

一

依据《中华人民共和国中外合作办学条例》（2019 年修订，以下简称《中外合作办学条例》）第 2 条规定，中外合作办学机构，是指外国教育机构同中国教育机构在中国境内合作举办以中国公民为主要招生对象的教育机构。《中外合作办学条例》第 11 条规定，中外合作办学机构应当具备法人资格；但书规定，由外国教育机构同中国实施学历教育的高等学校设立的实施高等教育的中外合作办学机构，可以不具有法人资格。该条文的但书明确：实施高等教育的中外合作办学机构，可以不具有法人资格。教育部中外合作办学监管工作信息平台显示，截至 2019 年 12 月 18 日，实施本科教育以上的中外合作办学机构（含与港台地区合作办学机构）81 个，其中，72 个不具有法人资格，9 个具有法人资格。[1]

本文拟探讨的高等教育中外合作办学机构，是指实施本科教育以上的非独立法人中外合作办学机构，以下统一简称"中外合作办学机构"。自 2003 年国务院颁布《中外合作办学条例》以来，我国加强教育的对外交流和合作，鼓励引进优质外国教育资源，鼓励中外合作办学，中外合作办学进入快速发展期。社会普遍认为，中外合作办学是教育特区，表现在：国家颁布专门的行政法规予以规范和支持；地方政府给予土地和财政扶持；母体高校则在教育国际化的浪潮下，为本校中外合作办学机构和项目提供人事、财政和管理上的支持。因得这些支持，中外合作办学机构和项目可以获得特别权益，或在义务和责任承担上得以豁免。那么，中外合作办学的党建工作是否存在特区？

二

当前，我国直接规范中外合作办学的规范性法律文件有：国

---

［1］ 参见中华人民共和国教育部中外合作办学监管工作信息平台：http://www.crs.jsj.edu.cn/index/sort/1006，最后访问日期：2019 年 12 月 18 日。

务院颁布的《中外合作办学条例》,性质上属于行政法规;教育部颁布的《中华人民共和国中外合作办学条例实施办法》(以下简称《中外合作办学条例实施办法》),性质上属于部门规章。笔者梳理其中条文,发现《中外合作办学条例》及《中外合作办学条例实施办法》在组织与管理上,对党委设置和党建工作未做硬性规定。那么这是否意味着中外合作办学可以不设置党委、不开展党建工作?

并非如此。2017年7月,中共中央组织部、中共教育部党组《关于加强高校中外合作办学党的建设工作的通知》(中组发〔2017〕13号,以下简称《通知》)下达各高校。《通知》对党建工作提出了明确要求:中外合作办学的机构和项目需要做到党的建设"三同步",即应坚持党的建设同步谋划,党的组织同步设置,党的工作同步开展。如何将"三同步"落到实处?厦门大学中外合作办学研究中心主任林金辉认为,要把党的建设作为中外合作办学的必备条件,作为申报、年检、评估考核、管理监督以及学校年度考核的必查内容;要创新党建质量考核评价方式,确保党建工作做到"人员到位、机构到位、活动到位";要加强队伍建设,培养一支高素质党建工作队伍。[1] 谁是承担中外合作办学党建工作的责任主体?《通知》明确指出,按照谁举办、谁主责的原则,中方院校党委是合作办学党建工作的责任主体,领导和指导合作办学党建工作。

《通知》是在全方位调研的基础上形成的。我国自2003年颁布《中外合作办学条例》以来,中外合作办学获得大发展,具有以下特点:质量有较大提升,监管亦同步跟上。但是,中外合作办学在党建工作方面具有较多弱点,如一些中外合作办学机构、项目举办多年,未设置党的领导机构;一些中外合作办学单位的师生数量逐年增多,党员数量相应增多,但党组织设置未能根据

---

〔1〕 位林惠:《新形势下,中外合作办学的发力点在哪》,载《人民政协报》2019年7月3日,第9版。

师生数量的增加而调整优化；一些中外合作办学单位党建工作力量明显不足，名义上党委书记、党委委员等领导班子配备齐全，但没有专人抓党建工作；还有一些中外合作办学机构和项目，师生党员频繁出国交流，党的基层组织建设涣散，党内组织生活无从开展……针对这些弱点，《通知》进行了强有力的规范和指导。

2013年5月27日，中共中央发布《中国共产党党内法规制定条例》（以下简称为《条例》），《条例》中规定，"党内法规的名称为党章、准则、条例、规则、规定、办法、细则。"中共中央组织部、中共教育部党组《关于加强高校中外合作办学党的建设工作的通知》的名称为"通知"，非为党内法规。从《通知》的发布主体来看，中共中央组织部是党的重要职能部门，中共教育部党组是党在教育部设立的领导机构，均不是我国规范性法律文件的制定主体，且《通知》所调整的内容是中外合作办学党的建设工作，故《通知》不属于规范性法律文件。本文认为，《通知》属于中国共产党规范性文件。2012年由中共中央批准、中共中央办公厅发布，后于2019年修订的《中国共产党党内法规和规范性文件备案审查规定》第2条第2款规定，"本规定所称规范性文件，指党组织在履行职责过程中形成的具有普遍约束力、在一定时期内可以反复适用的文件。"2017年发布的《通知》，制定主体为中共中央组织部和中共教育部党组，结合《中国共产党党内法规和规范性文件备案审查规定》第5、6、11条，本文推定，《通知》已经向制定主体的共同的上级党组织——党中央报备，且后者已对《通知》进行了政治性审查、合法合规性审查、合理性审查和规范性审查。因而，本文认为，《通知》是中国共产党的党组织在开展高校中外合作办学党建工作中，所发布的具有较高位阶效力的规范性文件，它具有普遍约束力，在当前一段时期内可以反复适用。

具体来看，《通知》所调整的对象包括中国所有举办中外合作办学机构和项目的高校。也就是说，中国内地高等学校，不论公办还是民办，只要举办了中外合作办学机构和项目，就受该《通知》调整。对于正在筹备的中外合作办学机构和项目，《通知》有关党建工作的规定为它们提供了行动准则。根据《通知》要求，设立党组织是中外合作办学机构和项目得以成功申报或顺利开展的必备条件。《通知》印发后第二年，党的建设实际上成为申报、年检、评估考核等必查内容。"党建工作情况说明"成为中外合作办学机构和项目申报、评估的重要内容，包括是否设立了党组织，有关党组织设立的内容是否写入了中外合作办学章程，等等。根据《通知》要求，正在申请成立的中外合作办学机构需自证设立党委交教育行政部门审批，否则会因形式要件不符合要求而导致申请失败。已成立运行但尚未设立党委的中外合作办学机构，需设立党委，否则会导致年度评估不通过，甚至面临机构被撤销的风险。《通知》为中外合作办学机构党委的设立设置了硬性条款，但对中外合作办学机构设立党委作出硬性要求的，不仅仅是该《通知》，本文认为，在中外合作办学机构设立党委，还具有其他理论基础。

三

（一）政治理论基础

从《中外合作办学条例》第2条有关中外合作办学的定义、第3条有关中外合作办学的性质的条文中，我们可以了解到，中外合作办学是在中国境内举办的，主要招生对象是中国公民，是中国教育事业的组成部分。简单来说，中外合作办学培养中国公民、服务于中国社会发展。不能因为引进了外方教育机构和教育资源，就否认其立足于本土、服务于本土的根本性质，也就是说，中外合作办学不能偏离社会主义办学方针。在2018年全国教育大会上，习近平总书记发表重要讲话，讲话中指出，教育要坚持"社会主义办学方向"，"加强党对教育工作的全面领导，是办好教育的根本保证"。有论者认为，加强党对教育工作的全面领导,是坚持社会主义办学方向的根本保证。[1] 于高校而言,坚持贯彻党委领导下的校长负责制,又是加强党对教育工作全面领导的根本保证。自党的十八大以来,习近平总书记有关文化教育和思想政治工作的讲话,都明确地指出,必须坚持和加强党对教育工作的全面领导。

本文认为,作为社会主义教育事业当然组成部分的中外合作办学,其立足于社会主义社会、服务社会主义社会的根本性质,决定了其应当处于党的全面领导之下。只有正确坚持了党对中外合作办学的全面领导,中外合作办学才不至于偏离社会主义办学的轨道,才有可能在服务于本土实践中做出成绩。在中外合作办学机构中设立党委,是坚持党对教育工作全面领导的基本体现和应有之义。

(二)法律基础

《中华人民共和国高等教育法》(以下简称《高等教育法》)第 39 条中明文规定,"国家举办的高等学校实行中国共产党高等学校基层委员会领导下的校长负责制"。《高等教育法》属于法律,效力位阶仅次于宪法,它规定了高校党委哪些领导职权?首先,统一领导学校工作,支持校长独立负责任地行使职权。其次,作为中国共产党在高校设立的基层领导组织,要坚持贯彻实施党的路线、方针和政策,要坚持贯彻社会主义办学方向。具体来说,为了保证以人才培养为中心的任务顺利完成,高校党委应当"领导学校的思想政治工作和德育工作,讨论决定学校内部组织机构的设置和内部组织机构负责人的人选,讨论决定学校的改革、发展和基本管理制度等重大事项"。可见,《高等教育法》以法律的形式规定了党委领导下的校长负责制,明确了高校党委的法定职权,是坚持和加强党对教育工作全面领导这一政治理论的

---

〔1〕 刘书林:《坚持社会主义办学方向 办好人民满意的教育——学习习近平总书记在全国教育大会上的重要讲话》,载《思想理论教育导刊》2018 年第 11 期,第 14 页。

具体化。

根据《高等教育法》，党委是高校的全面领导机关，高校内不具有法人资格的中外合作办学机构当然受其领导。但《中外合作办学条例》和《中外合作办学条例实施办法》在组织和管理规定中仅提及理事会或董事会、联合管理委员会、主要行政负责人等职权主体，对党组织的设立和活动只字未提。《中外合作办学条例》的制定主体是国务院，属于行政法规；《中外合作办学条例实施办法》的制定主体是教育部，属于规章。两者效力位阶均低于由全国人大常委会制定的《高等教育法》，而两者关于组织和管理的规定，仅涉及中外合作办学内部的行政管理和治理，未涉及外部领导关系。《中外合作办学条例》于2003年实施，经过2013年和2019年两次修订，也没有就中外合作办学与党委的关系进行阐述。本文认为，在外部领导关系上，中外合作办学机构和项目受《高等教育法》约束。即下位法无规定者，从上位法。从顶层设计和领导体制来看，中外合作办学机构受高校党委的领导。在中外合作办学机构设立党委，是学校党委工作的延展和支撑，是保证党组织发挥政治核心作用的必要手段。

（三）党内法规基础

2012年经中共中央批准发布、2019年经中共中央政治局会议修订的《中国共产党党内法规制定条例》第3条第1款明确，"党内法规是党的中央组织，中央纪律检查委员会以及党中央工作机关和省、自治区、直辖市党委制定的体现党的统一意志、规范党的领导和党的建设活动、依靠党的纪律保证实施的专门规章制度。" 1996年制定、2010年修订的《中国共产党普通高等学校基层组织工作条例》（以下简称《工作条例》）是中国共产党历史上第一个关于高校党的建设的党内法规。《工作条例》第3条阐明，高等学校的领导体制"实行党委领导下的校长负责制"，这无疑与《高等教育法》所规定的领导体制是一致的。第7条规定，院（系）级单位根据工作需要和党员人数，应设立党的委员会，或总支部委员会，或直属支部委员会。第 11 条对院系党组织的职责进行了阐述，其中明确了建立和完善院系的党政联席会议制度，发挥好院系党组织的政治核心作用。

各省、自治区、直辖市党委，还可在工作中根据实际情况针对《工作条例》制定"实施细则"。"实施细则"亦属党内法规无疑。

综上，在党员达到规定人数的中外合作办学机构设立党委具有坚实的党内法规基础。[1]

四

（一）外部矛盾

在中外合作办学机构设立党委的实践中，第一道考验便来自外方合作者。2017 年以后新设立的中外合作办学机构的外方合作者，因考虑到设立党委是成立中外合作办学机构的必备条件，相信会在此问题上适当妥协。在谈判过程中，中方合作者所遇到的阻力也会小一些。《通知》印发之前业已成立且运行多年的中外合作办学机构，设立党委或许不难，但若对外方合作者的权力比例构成影响，如中方意欲在联合管理委员会体制中增设党委书记一个席位，谈判将变得艰难。外方合作者对中方党委的警惕之心，或许从来都没有松懈过。但是，在中外合作办学过程中，不能因为外方不赞成或不支持设立党委，中方就可以在此原则问题上妥协。相反，我们需要正视来自外方的压力或不合作态度，并试图理性探索中外合作办学机构党委的功能和定位，以期论证：中外合作办学机构党委本身与外方合作者利益无冲突，党委能够促进中外合作办学机构在中方高校的利益，促使中外合作办学机构提升治理水平。

---

〔1〕 根据《中国共产党普通高等学校基层组织工作条例》第 7 条规定，高校院系党员 100 人以上的，设立党的委员会。

(二) 内部矛盾

党政联席会是我国高校院系组织的基本议事制度,《工作条例》第 11 条对此已予明确。如上所述,《工作条例》属于党内法规,效力位阶仅次于党章和准则,对所有由国家举办的高等学校具有约束力。中外合作办学机构也不例外。但党政联席会制度在实际操作中,并非尽如人意。与高校普通院系党委多年丰富的运行经验相比,中外合作办学机构党委算得上新生事物,党委书记和行政负责人如何相互配合,党政联席会如何发挥作用,无章可循。此外,中外合作办学机构具有异于普通院系组织的特点,比如师生西化倾向更为明显,自由主义更为严重,不论是教师群体还是学生群体,党员人数占比较低。这些都为中外合作办学机构的党委发挥其功能和作用构成现实挑战。同时面临内外矛盾的中外合作办学机构党委,究竟如何找准其功能和定位,以助中外合作办学事业一臂之力?

探讨中外合作办学机构的功能和定位,应当掌握"以我为主,为我所用"的中外合作办学方针,区别对待中方和外方。在中方内部,党委是政治方向的掌舵者,应牢牢把握政治核心作用,发挥组织力和领导力优势,切实支持中外合作办学机构的行政负责人全力开展中外合作办学各项事业,顺应中外合作办学机构师生特点,做好思想引领,落实党的建设工作。对外方的总体战略应本着互利合作共赢的态度,坚持以统战为主,以宣传和沟通为辅,团结外方力量,同步推进中外合作办学事业。

(三) 政治方向的掌舵者

中外合作办学机构党委应审时度势,密切关注中外合作办学过程中的风险,在风险防范中实现其作为政治方向掌舵者无可替代的功能。中外合作办学机构能够获得批准成立,并不意味着今后永远不会被撤销取缔。认识到中外合作办学的政治风险和社会风险,是中外合作办学机构党委发挥其政治核心功能的第一步。

如何防范和化解政治风险,事关中外合作办学机构生死存亡。党的十八大以来，习近平总书记多次强调要防范政治风险，告诫全党时刻牢记"安而不忘危，存而不忘亡，治而不忘乱"。[1]政治风险也不只是来源于政治领域，而可能来自于经济、文化、社会、军事等方面。[2]中外合作办学机构处于中外文化冲突的前沿，最重要的表现是中外教学文化冲突，而教学文化冲突又具体表现在教学方式、教学内容和教学观念等方面。[3]这些文化冲突极有可能引发政治风险。另外，中外合作办学机构学生群体比较缺乏政治敏感度，师云亦云，较易被鼓动和利用。这些政治风险不容小觑，中外合作办学机构党委应当全面掌握师生的思想动态，引领师生的政治思想，在师生群体中着重强调坚定共产主义理想信念、四个意识、四个自信。中外合作办学机构党委的政治核心功能，在此彰显无遗。

社会安全风险是中外合作办学机构党委应当注意的第二种风险，党委在日常工作中应时刻明察秋毫，防患于未然。首先，中外合作办学机构不可避免地管理着外国留学生群体。学费低、中国声望在提高、中国社会安全，我国吸引越来越多的外国留学生。[4]随着前来中外合作办学机构求学或交流的外国留学生增多，中外合作办学机构党委应将外国留学生纳入特别的学生管理范畴，对该群体保持高度敏感，防范他们在中国求学期间利用学生身份从事间谍活动等违法犯罪行动。其次，中外合作办学机构中的学生，长期被动接受以西方价值观念为代表的教学方式和教学内容，缺乏中国特色社会主义理论自信和文化自信，思想和行

---

〔1〕 习近平：《增强推进党的政治建设的自觉性和坚定性》，载《求是》2019年第14期，第8页。
〔2〕 思力：《时刻防范政治风险》，载求是网，http://www.qstheory.cn/wp/2019-07/23/c_1124787521.htm，最后访问日期：2020年2月22日。
〔3〕 孟中媛：《中外合作办学中的文化冲突与超越》，载《中国高教研究》2008年第11期，第73页。
〔4〕 何路曼：《越来越多外国留学生选择中国这些亮点吸引人！》，载中国新闻网，http://www.chinanews.com/hr/2019/04-24/8818413.shtml，最后访问日期：2020年2月22日。

动极易被蛊惑,从而酿成群体事件。中外合作办学机构党委应牢牢把握政治核心作用,在政治风险和社会安全风险降临之前,筑起坚固的防御之堤。

(四) 中外合作办学机构党委需要强化的职能

笔者将《工作条例》第11条所规定的高校院系党组织的主要职责概括为:监督职能,议事职能(党政联席会制度),党建工作职能,思想政治引领,党员管理工作和群众组织工作职能。接下来,笔者试图以高校普通院系组织为参照,对比中外合作办学机构的特点,从而论证《工作条例》第11条规定的党组织职能以及哪些职能项需在中外合作办学机构着重强化。

首先,中外合作办学机构党委及党建工作最大的弱点,是基础差、底子薄。表现在:①在2017年中组部和教育部党组联合印发《通知》之前,部分中外合作办学机构未设置党委,该部分中外合作办学机构党建工作挂靠在高校其他学院(系)。②已设置党委的部分中外合作办学机构,无专人从事党务工作。③部分中外合作办学机构,虽设置专人专岗负责党务工作,但该工作人员极有可能同时从事其他行政工作。概括来说,缺人缺制度,极大影响中外合作办学机构的党委发挥功能和作用。

其次,中外合作办学机构的行政事务繁杂,行政负责人内事外事双肩挑。就履职中外合作办学机构行政负责人而言,一般地,他们在之前就已积累了较为丰富的外事工作经验。但面对中外合作办学机构这种新事物,面对层出不穷的新情况,中外合作办学机构的行政负责人既要抽时间处理事关内部行政管理和学院发展大局的校内工作,也要投入大量精力与外方周旋、协商和谈判。这就相当于一个行政负责人,需行一个普通院长和一个外事主任的双重职责。

再次,中外合作办学机构中的教职工大多具有海外背景。在人生观和价值观的可塑期,他们在海外求学,较多接触西方文化和西方价值观念。中外合作办学机构教职工的海外背景是一把双刃剑，用得好能够帮助师生拓宽国际视野，用得不好也可能引人误入歧途。这一点在设置人文社科专业的中外合作办学机构上表现得尤为突出。海外背景不仅影响该批教职工的人生观和价值观，而且在极大程度上影响着在青年教职工当中发展党员。在海外获得博士学位的青年教师，思想已成型，他们在中外合作办学机构入职后，基本难以被发展成党员。

最后，中外合作办学机构的学生群体具有以下特点：①学习任务繁重。中外合作办学机构的教学语言为双语，学生在进行专业知识学习的同时，要开展外语学习。学生大部分时间被学习占据，无暇参加党组织活动。②学生时间无保证。大部分中外合作办学机构的学生会利用一段时间到外方合作者高校学习和生活，有些中外合作办学机构的学生，甚至会到不同的高校去学习和生活。这给党委持续开展思想政治教育活动造成了现实困难。③学生认知能力有待提高。一些在外方合作者高校经历短时学习的学生，肤浅地认为"外国的月亮比中国圆"，对西方价值观、西方人的行为方式顶礼膜拜。这样的情况屡见不鲜，笔者认为主要原因在于学生的认知能力有待提高，他们不仅对中国本国的认识不到位，缺少基本的文化认同和文化自信，对外国的认知也是一知半解，容易迷失在表象中。

针对中外合作办学机构自身所具备的以上特点，或者说是弱点，本文认为应当首先强化中外合作办学机构党委的议事职能（党政联席会制度）和思想政治引领功能。中外合作办学机构党委还应当通过党政联席会制度，对内讨论和决定本单位重要事项，对外应全力支持行政负责人在其职责范围内独立负责地开展工作，尤其是敏感度较高的外事工作。此外，中外合作办学机构党委应充分发挥其思想政治引领功能，切实提高中方师生员工的思想政治水平。

《中外合作办学条例》开篇谈道，国家实施中外合作办学的方针，是为了加强教育对外交流与合作，促进教育事业的发展，力争培养通晓中外规则、具有整体学科思维和完备技艺的国际型人才。在教育的对外交流与合作中，我国鼓励引进外国优质教育资源；鼓励中国高等教育机构和外国知名高等教育机构合作办学。回到实践中，外国哪些教育资源是我国暂不具备但亟待发展培育的？哪些教育资源堪称优质？引进来之后如何在本土高校运行和开展？运行过程中的问题该如何解决？围绕外国教育资源引进的各种问题，都离不开外事。在中外合作办学机构运作的实践中，解决这些问题最常见的方法是由行政负责人出面同外方磋商、谈判。行政负责人不仅需要具备专业头衔，比如某学科的教授，同时需拥有丰富的外事工作经验。与外方进行磋商和谈判，贯穿中外合作办学事业的始终，而不是一劳永逸。这就需要中外合作办学机构党委对内能够在党政联席会上参与事关学院发展的重大事项的讨论和决定，对外能够全力支持行政负责人独立负责地开展外事工作。需要特别指出的是，中外合作办学机构的中方和外方在进行磋商和谈判之前，中方党委和行政负责人的意见应当毫无保留地一致。此为笔者认为中外合作办学机构党委需着重强化的第一个职能：通过党政联席会制度深度参与学院重要事务，对外全力支持行政负责人独立开展外事工作。

中外合作办学机构党委需要着重强化的第二个职能是：切实提高师生思想政治水平。通过上文的分析比较，本文认为，较之同一高校的普通院系组织，中外合作办学机构师生自由主义更甚，西化倾向更为严重，因而有必要加强思想政治引领。习近平总书记高度重视高校思想政治工作，在2014年第二十三次全国高等学校党的建设工作会议中，他首次指出，"牢牢把握高校意识形态工作领导权"。后来在党的十九大报告等多个场合，习近平总书记多次强调，要强化思想引领，牢牢掌握意识形态工作领导权。中外合作办学是我国教育事业的组成部分，如何才能有针对性地开展思想政治工作？有研究指出，应当开展具有中外合作办学特色的大学生思想政治教育，"教育他们坚守住中国立场、传承好中国文化、培育好中国情怀、塑造好中国形象是中外合作办学院系思想政治教育的重点"。[1] 曾任宁波诺丁汉大学（首批中外合作办学大学之一）党委书记的华长慧认为，中外合作办学的思想政治教育工作，沿用西方的教学方法显然行不通，而坚守中国高校的传统做法也是不够的，需要与中外合作办学的实际相适应。因此，需要创新中外合作办学的党校教育、思政课程和育人模块。[2] 本文认为，中外合作办学机构党委在此议题上大有可为。

（五）统战工作的执行者

以上探讨了中外合作办学机构党委在中方内部的功能和定位，并指出在《工作条例》第11条所规定的高校院系党组织的主要职责范围内，中外合作办学机构党委需要着重强化的职能。毫无疑问，高校院系党委的大部分工作围绕中国师生展开，而中外合作办学机构党委在日常工作中不可避免与外国师生存在交集。本文认为，在对外工作中，中外合作办学机构党委应发挥统战优势，本着互利合作共赢的态度，通过宣传传播和协商沟通方式，尽可能团结外方力量，共同推进中外合作办学事业。中外合作办学机构党委应如何把握统战工作的执行者这一定位？

首先，中外合作办学机构党委在面对外国教师和学生时，应牢牢掌握国家有关外事工作的方针政策。时常保持更新，了解中外合作办学机构所在地外事工作政策，尤其掌握所在高校外事工作重点。对待外籍师生的态度，不应过分持重，也不应故意冷落，以保持不卑不亢、谦虚自信为宜。在处理具体的涉及外籍师生的事务时，一般事务向行政负责人通报，重要事务应事先与行政负责人协商，党政达致统一意见。

---

[1] 茹莉：《中外合作办学模式下高校院系党建工作研究》，载《学校党建与思想教育》2019年第6期，第35页。
[2] 华长慧：《探索中外合作大学党建工作新模式》，载《中国高等教育》2013年第5期，第31页。

其次，在中外合作办学事业中，党委常常以相对隐形的角色出现在外方面前。笔者认为，中外合作办学机构应变被动为主动，利用中外合作办学平台，讲中国故事，传播中国文化，弘扬中国文化；利用中外合作办学平台，搭建与外方理解和合作的机制，沟通中国和世界的联系。西方国家的教育资源可能更具优势，西方与中国在意识形态和文化历史之间存在鸿沟，但我们同时不能否认，双方存在普遍共性。如果以普遍共性为基础，中外合作办学机构党委借中外合作办学平台，主动适切向外籍师生宣传中国文化，将起到以一带百、以点传面的效果，最终达到弘扬中国文化、沟通中国与世界的联系的效果。

具体来讲，笔者认为中外合作办学机构党委可以通过提供适当帮扶和举办活动来开展外事统战工作。外籍师生初来乍到，对中国文化和中国人的行为方式会感到陌生，因语言障碍和饮食文化差异，生活安排上也较容易遇到问题。中外合作办学机构党委因此可提供适当帮扶，以助外籍师生较快融入当地教学、学习和生活。在外籍师生逐渐适应当地环境后，中外合作办学机构党委可择机适时开展形式各样的文化活动，以拉近中外师生关系，增进双方友谊，从而增进理解与合作。

高等学校在线教学及其评价指标建构

◎徐 航*

摘 要：高校教学评价是政府与教育主管部门推动高校建设、确保教学效果的重要路径，也是高等院校不断提升人才培养质量的重要方式。自改革开放以后，在高校教学评价理论与实践方面取得了不错成效。但是，当前存在许多发展瓶颈，"教"评得较多，"学"评得较少，不能真实反映高校在线教学的具体情况。所以，如何突破高校教学评价的局限性，实现教学深化改革，是本文研究的重点。在高校在线教学中，要以学生为中心开展教学评价，促进学生的全面可持续发展。高校教学评价的目的，是推动高校教学的发展，提升人才培养质量。学习结果是高校教学评价的关键部分，教学评价要注重全面性，看其是否适应学生的全面发展。接下来，

---

* 徐航，中共河南省委党校（行政学院）法学教研部副教授，法学博士。

本文就高等学校在线教学及其评价指标建构，展开具体分析，以期为高校教育改革提供参考借鉴。

关键词： 高等学校　在线教学　评价指标

20世纪80年代以来，在线教学开始受到教育工作者的广泛关注。以互联网为依托的在线教学逐渐发展成为学校教学信息化的重要内容。特别是基于互联网的在线教学成为学校教学信息化研究的关键。近些年来随着大数据、移动互联网等信息技术的应用与课堂教学的融合，在线教学得到迅速发展。"互联网+"时代，网络技术的变革极大促进了课堂教学的智慧化发展，课堂教学已经进入全新的在线教学阶段。

一、在线教学：信息化时代的教学模式

网络的诞生为人类社会生活带来了全新改变，直接影响着学校教育教学的改革发展，目前，以互联网为依托的信息技术在世界教育领域内得到普遍应用，彰显了信息化教学的重要优势，它打破了传统教学模式的局限性，为师生提供了丰富的在线学习资源，满足了学习受众的个性化学习需求，形成了网络化在线教学模式[1]。互联网在线教学，也称作在线教学，是信息化技术背景下的实践产物。其主要是应用互联网为依托建构教学平台，师生可以在网络虚拟教室开展教学活动。这种在线教学主要以网络信息技术为支持，教学内容丰富、学习交流方便，这相对传统教学模式来讲，具有不可替代的技术优势。

二、在线教学发展起源及分类

从国内外在线教学发展历程可以看出：互联网在线教学主要

---

〔1〕 王珂、杨秋英、王洪等：《在线考试系统在医学院校计算机课程教学中的应用》，载《中国医学装备》2019年第8期。

经历了四个发展过程，这是客观实践背景下的产物，具有自身的发展特点，在教学创新中具有重要意义。

（一）在线学习资源管理与服务阶段

网络在线教学开始于应用计算机辅助教学的阶段。20世纪80年代中期，网络计算机在校园普及应用后，美国许多大学开始使用计算机辅助教学（CAI），并研发了辅助教学系统并应用于教学活动中，这个阶段大量教育软件蜂拥而至。后来美国大学在早期教育课件应用前提下，开始开放课件运动（OCW），在线学习资源管理与服务进入重要发展时期。我国在1994年开始普及互联网，迎来了教育领域的信息化时代。以此为契机，许多学校开始创建数字化课程、多媒体课件等网络教育资源[1]。20世纪初，政府大力倡导发展国家精品课程建设项目，在线教学资源建设得到了很好发展。

（二）学习管理的网络化教学阶段

2000年以后，在线教学理念由原来的"以资源为中心"转化为"以学生为中心"，由资源管理转化为学习管理，从网络课件向网络化学科教学不断转型，建构了网络化的课程教学平台。这个时期通过研发在线教育平台对学习过程实施管理，突出学习管理与交流的互动功能，广泛应用于学科教学实践中[2]。同时，国外大学开始积极尝试研发功能比较完整的网络教学平台，比如Black-board、Sakai等平台，我国高校也开始积极研发各种网络教学平台，网络化教学在国内外高校广泛应用。

（三）任务化在线开放课程学习阶段

21世纪以来，网络在线教学进入全新发展阶段，由提供网络学习平台转化网络课程任务，在线课程学习开始向校外开放。以

---

[1] 刘辉、蒋奕狄、刘舒等：《在线课程的混合式教学模式研究》，载《教育现代化》2020年第6期。

[2] 王兰玲：《在线开放课程下思政教学模式研究——评〈解码MOOC：大规模在线开放课程的教育学考察〉》，载《领导科学》2019年第18期。

开放交互式学习平台为基础,开放在线课程(MOOC)快速占领在线教学的新热点。其中美国高校上线了 2300 多部教学视频,免费向世界范围内提供高素质教育[1]。我国开始积极应用国外先进 MOOC 平台,并自主研发了"好大学在线"等平台。借助在线开放课程的优越性,将 MOOC 与学习者课程学习任务有效结合起来,形成了全新的在线课程学习模式,受到高校管理者与学生的喜爱。我国政府出台了许多关于强化高等学校在线教学的政策,对在线开放课程学习进行规范化管理。

(四) 线上线下结合的智慧课堂阶段

近几年来,伴随国内外对 MOOC 的开发应用和研究的深入,在线开放课程学习逐渐进入全新的 MOOC 时代。我国许多高校开始应用小规模限制性在线课堂(SPOC)实施线上线下混合式教学模式,积极探究在线教学与线下课堂衔接的问题,应用云端智慧课堂教学活动的开展,建构互联网在线教学平台,实现信息技术与教育教学的深化改革,进入智慧课堂发展阶段[2]。

三、高等学校在线教学评价指标建构

以学生为本的高校在线教学评价,要积极转变评价价值取向、方法等,还要在实际执行过程中建构相应机制以进行保障。其中,建构良好的反馈机制、元评价机制,是保障高校在线教学评价顺利实施的关键因素。其可以构成相应的配套机制,为以学生为本的高校教学评价奠定物质基础[3]。

(一) 建构良好的反馈机制

在线教学评价结果的反馈机制是评价成败的重要因素,有些

---

[1] 张海云:《在线课程教学中的教师反馈研究》,载《创新创业理论研究与实践》2019 年第 19 期。

[2] 李菊花、殷苏苏:《"大学英文经典原著导读"在线精品课程教学实践探索》,载《当代教育理论与实践》2019 年第 6 期。

[3] 高洁:《聚焦在线开放课程建设助力音乐教育教学改革——"高等学校音乐在线开放课程建设与教育教学改革研讨会"述评》,载《人民音乐》2018 年第 4 期。

评价虽然耗费了大量精力，但是效果并不明显，有的还会激起学生的不满。究其原因，这主要是因为"重评价、轻反馈"，并没有将评价反馈结果应用到教学深化改革方面。教学评价反馈相对匮乏，亟需建构以学生为本的高校在线教学评价反馈的长效机制。

1. 反馈机制的组成

教学评价信息反馈机制是教学评价中的关键步骤，也是对教学进行评价的重要因素。反馈机制主要由反馈主体、反馈对象、信息等要素组成，反馈主体主要有学生、高校教学管理部门、企业等；反馈对象有学生、院校、高校行政管理部门等；反馈信息主要指评价结果或者经过处理的教学信息，不同的反馈主体可以将搜集到的评价结果向不同对象进行反馈[1]。

2. 反馈机制的运行

在以学生为本的在线教学评价反馈机制中，反馈主体主要包括教师和高校教学管理机构。高校教学管理部门通过处理相关信息，将其反馈至相关对象。学生反馈对象主要包括自己、教师或者学生同伴等，目前在线教学评价中存在的明显问题就是学生没有充分参与到评价过程，没有充分践行"以学生为中心"的教学理念[2]。以学生为本的在线教学评价反馈机制，主要指学生对自我评价信息的反馈以及对同伴评价信息的反馈。这样学生可以充分认识到自身的优势及不足，对后期需要改进的目标进行明确，这有利于学生评价能力的提升。学生对教师反馈的信息主要指课堂教学信息以及课程教学意见等，教师通过搜集这些信息便于后续教学目标的调整，可以有效调动学生的学习兴趣，让其认识到自身学习中的不足。在以学生为本的高校在线教学评价反馈

---

[1] 解华、胡方慧：《基于省级在线开放课程建设的混合式教学模式构建与实施——以大学英语课程为例》，载《医学教育研究与实践》2019 年第 6 期。

[2] 季文心：《"互联网+"时代下高等学校基础德语课程混合式教学模式研究》，载《高教学刊》2019 年第 22 期。

机制运行过程中，要把握反馈内容的科学性、交互性等。只有对评价反馈的内容进行明确，才可以认识到教学目标、教学内容等方面的不足，便于后续教学计划的调整[1]。

3. 反馈机制的调整

通过教学评价反馈信息调整大学教学计划，制定适合学生发展实际的教学目标，开展课程与教学改革，对于教学质量的提升具有重要意义。学习目标主要是指学生要达到的高度，学习结果是为教学效果评价提供科学向导。反之，借助教学评价评估教学目标是否适合学生的发展，为高校专业课程调整提供重要参考。此外，评价指标的建构为高校人才培养方案提供了更多信息，促进高校为社会培养更多高素质的应用型人才。并且，在线教学评价是高校课程教学改革的关键方式，以学生为本的教学评价可以推动高校课程改革发展，以帮助学生获得更好的学习体验，有利于学生学习效果的提升[2]。借助教学评价反馈信息可以为大学管理提供重要参考，体现在大学改进学习服务质量、学习资源分配等方面，并有利于确保大学自身的办学特色。高校教师发展中心可以结合教学评价结果信息，有针对性地开展对教师知识、技能方面的培训活动，继而制定更加人性化的教师职业发展规划。学生学习服务部门可以根据评价结果，掌握学生学习中存在的问题，以便为学生提供更好的学习服务。

（二）构建有效的动力机制

新形势下，高校教学评价在内部需要与外部问责的共同发展下开始进入全新的发展时期。以学生为本的高校在线教学评价在发展中依旧存在许多问题，这需要发挥政府的主导作用，调动全

---

[1] 展金梅、陈君涛、王觅：《在线教学背景下教师信息化教学能力与运用水平提升策略》，载《湖北开放职业学院学报》2019年第16期。

[2] 王艳林、陈本旺、吴欣芮：《在线开放课程教学模式下〈轨道交通信号基础〉课程的成绩评定方法探索》，载《电脑知识与技术》2019年第32期。

社会积极参与，共同促进以学生为本的高校教学评价的发展[1]。

1. 政府的引领

政府及相关部门制定的政策，对高校发展具有重要引导作用。外部问责对高校在线教学评价强调对学生学习的关注，具有促进作用。就我国目前的高等教育管理现状来讲，政府制定的评价政策与标准，对高校具有重要引领价值。所以，要充分发挥政府的推进作用，确保以学生为本的教学评价活动顺利开展[2]。政府要积极转变自身的职能，明确自身在评价中的监督职责，并在这个基础上不断改进。政府开展的评价主要是检查高校是否明确自身的学习目标，学生是否达到预期的教学标准。基于这种观念的引导，高校要强化对教学的评价，为学生是否实现预期学习目标提供重要参考。与此同时，高校要为学生学习创造良好的环境，以此提升教学质量。

2. 社会的参与

高等教育学术型组织协会，直接影响着高校教学及评价实践。高等教育学术界要积极开发新的教学评价工具，为以学生为本的教学评价提供技术方面的支持[3]。目前我国对学生学习结果进行检测的方式主要以考试为主，学生综合课程等评价手段仍需加强。全国统一的学生学习结果评价工具比较少，比如四六级考试、各种职业资格证书考试、计算机考试等。

3. 高校的自觉

我国高等教育进入内涵建设的转型时期，高校在教学评价方面要肩负起自身的职责。在高校院系教学评价过程中，要统筹考虑教学组织的整体情况，要对学生预期实现的学习成果进行明

---

[1] 段宁：《基于"慕课"思想对高等学校课堂教学改革的探讨》，载《高教学刊》2019年第19期。

[2] 牟谷芳、黄宽娜：《基于在线课程平台的混合式教学模式的构建——以地方高等院校"高等数学"教学为例》，载《乐山师范学院学报》2019年第8期。

[3] 童晶：《论在线课程与高校教学融合的发展与运用——评〈大规模开放：慕课怎样改变了世界〉》，载《中国科技论文》2019年第9期。

确，评估高校院系教学活动是否能达成学习目标。在在线课程教学评价中，要突出学生对教学的体验、自我能力提升方面的评价；要从学校、课程、专业等方面对学生学习成果进行评价，建构校内教学自我评价体系。

（三）建构有力的保障机制

以学生为本的高校在线教学评价，要不断提升评价者的专业素养、为其提供充足的制度支持、营造良好的评价氛围，为评价活动的顺利开展提供物质保障。

1. 深化评价者专业素养

以学生为本的高校在线教学评价在执行过程中，要将教学、学习与评价有机结合起来，应用多元化的评价方法[1]。高校评价工作人员的专业化素养直接影响着教学评价的成效性。所以，要不断提升评价者的专业化素养，为高校在线教学评价活动的开展奠定物质基础。以学生为本的高校在线教学评价，要从学生出发展开评价教学，这需要教师的积极参与。所以，高校要强化对教师评价工作的引领，并为其提供重要的技术支撑，指导教师借助评价结果调整教学计划，确保在线教学评价活动的有效开展。

2. 强化评价的制度建设

建构健全的制度保障体系，为以学生为本的高校教学评价奠定基础。高校要积极建构以学生为本的教学评价体系，这需要外部力量的支持。相关高校要强化教师评价制度的完善，以此调动教师工作的积极性。此外，要积极建构有效的校内教学评价制度，确保评价活动的规范化开展；健全学生评价制度，要注重学生学习方面的情感体验；引导教师关注学生的学习活动，为其营造良好的学习环境，实现高校在线教学模式的深层次改革发展。要统筹改进各种评价结果，以此提升高校在线教学的质量。

---

〔1〕 范颖、刘梦：《基于云平台的在线教育课程资源共享设计与研究》，载《现代电子技术》2020年第1期。

3. 建构良好的评价文化

以学生为本的高校在线教学评价要想取得良好效果，就要营造良好的评价氛围，倡导全员参与。学生的学习是全校共同的职责，评价是履行这个职责的重要方式。教师是高校开展教学评价的关键力量，学生在专业、课程等层面的学习成果主要借助教师在教学中不断评价、反馈等[1]。学生是在线评价教学的主体，其对在线教学的感知是评价内容的关键。教学管理人员与学生工作人员要积极参与到在线教学评价活动中。以学生为本的高校在线教学评价并不是简单的管理方式，而是以学生为本、不断改善教与学的重要工具。要形成良好的评价氛围，让教师乐于参与评价，彰显其对学生学习与教师教学的积极影响。

综上所述，高校教学评价的目标会促进高校"教"与"学"的更好发展。学习结果，是高校教学评价的重要组成内容，高校要强调在线评价的全面性，看其是否适合学生的可持续发展。要想提升高校在线教学评价的效果，需要社会、高校、政府等充分参与，形成教育评价的合力，为后续教学计划的调整提供重要参考。此外，高校要全面提升评价管理人员的专业化素养，及时解决教学评价中出现的问题，为学生营造良好的评价氛围，确保评价结果的科学性与真实性，以此实现高校教育内涵建设的转型。

---

[1] 萧潇:《以在线开放课程体系支持高校教师信息化教学能力构建》，载《中国大学教学》2018年第9期。

高校办学工作中的思想政治工作重要性分析*

◎王超奕**

摘　要：进入 21 世纪以来，在高校办学工作中，其思想政治工作获得长足发展，对大学生形成正确的三观与健康成长，促进国家和谐发展、安定团结等起到关键思想保障作用。但是，基于当前极速发展的全球化市场，大学生思想政治教育工作呈现出复杂多样的面貌，不断受到冲击和挑战。本文主要分析探究思想政治工作在高校办学中的关键作用及实施情况，首先指明思政工作在新时期的特点，通过结合高校办学工作中思想政治工作的关键性，分析高校思政教育工作存在的弊端，最终详细地阐明思想政治工作在高校办学工作中的重要性措施，以期促进高校可持续化发展。

---

* 本文项目：中国政法大学科研创新项目"思想政治工作是学校各项工作的生命线"的内涵与践行（项目号：100-10820464）。

** 王超奕，中国政法大学法学教育研究与评估中心讲师，法学博士、博士后。

关键词： 思想政治　重要性　高校　办学　工作

我国高等学校思想政治工作，自从改革开放以来，大大地促进了对中国特色社会主义接班人和建设者的培育，在创新中加强，在加强中创新，但是仍有很多问题存在其中，因此要深入贯彻党中央下发的重要文件，按照建设中国特色社会主义总体要求，加强及创新高校思政工作，进一步统一思想、提升认识，提供坚强有力的思想保证，坚持过程控制、协同创新、目标引领、深化改革，共同为培养社会主义建设者和接班人提供支持[1]。

一、高校思想政治工作的特点

（一）实现连续性和阶段性的统一

在具体的发展过程中，高校思想政治工作受很多因素影响，新时期表现出阶段性、连续性的特点，这正是由工作改革总体趋势所决定。高校思政工作不断提升的发展水平，可经连续性和阶段性反映出来。

（二）统一改进、创新、加强

高校在新时期应重视学生和职工在生活、学习上的缺陷，做到从实际出发、踏实做事，实施相应思想上的正确引导和宣传，关注细节问题，做到从小事抓起、从点滴做起。而改进是加强的条件，加强是改进的前提，创新极其关键[2]学校踏实具体的工作，能够充分调动高校中学生和教师的主动性、积极性，加强其团结和凝聚力，契合新时期的新要求和新形势。

（三）大众利益和思想政治工作的统一

马克思主义指明要坚持思政工作和大众利益的统一。基于此

---

[1] 杨建欣：《新经济形势下高校思想政治教育管理探究》，载《人文之友》2019年第11期。

[2] 马悦：《地方高校中外合作办学专业学生资助工作困境及其对策研究》，载《四川省干部函授学院学报》2018年第1期。

背景条件，要积极借助伟大革命的热情，实现共产主义的目标。而实现政治权利的关键手段，就是经济利益。因此，要站在人民的立场上，充分调动群众的积极性，获得人民的爱戴和拥护，同时照顾他们的个人利益。

二、高校办学工作中思政工作关键性

（一）高校素质教育关键组成元素

在思想政治教育工作中，教学方针居于素质教育之前，同时是最有效素质教育体现。在科教兴国的战略中，用于实现社会建设的高素质、综合型人才，应当通过高效输出实现，其肩负着重大的历史使命。需激发学生学习动力和积极性，创造出良好的成长环境，宣传党的方针政策，提供理想动力和无限的信念，积极重视思想政治教育[1]。另外，还应当通过结合悠久的历史文化，了解当今社会政治发展情况，帮助大学生形成具有优良素质、开拓进取的同时能够实事求是的创新精神，在教学中开展师生思想互动活动，为全面提升思想政治水平奠定基础。

（二）帮助大学生走出思想困境

高校大学生刚摆脱学习紧张的高中生活，属于尚未稳固的特殊群体，要完全转变之前的学习方式、生活，需充分发挥自我的主观能动性独立完成。但是我国融合了很多西方文化观念，并处在经济文化快速发展阶段，面对这种复杂的社会环境，大学生这一特殊群体可能产生心理、信仰、道德危机等思想情况[2]。基于此，高校应当向大学生有效传递党的政策情况，提升大学思想政治教育工作，树立正确思想观念，积极开展有关教育活动，帮助大学生成为服务于社会的人才，从各种思想危机中摆脱出来。

---

〔1〕 金颖、蔡敏夫：《高校思想政治教育工作中存在的问题与解决对策》，载《辽宁工业大学学报（社会科学版）》2019年第2期。
〔2〕 李树玲：《中外合作办学高校书院制体制下思想政治工作的探索——以郑州大学西亚斯国际学院住宿书院制为例》，载《环球市场》2018年第5期。

(三) 积极贯彻实施政策、方针

要实现高校可持续发展，需提供强大的思想保证和精神动力，提升其全面素质的发展。在高校中通过积极加大思想政治教育力度，坚持崇高的理想、信念，正确把握方针路线政策，有效传递给大学生以大局为重的责任心和责任感。不仅如此，更应当积极地坚持以党的各核心领导为依据，坚持以马克思主义为指导，积极团结高校中的师生思想，提供坚实的后盾促进高校发展[1]。

(四) 实现高校持续深入改革

对于高校而言，应当让学生和教职工了解其未来发展目标和有关文化，迎合高校的发展方向，提升学生和教职工心理素质，积极统一教职工的思想，从而实现高校统一管理。职工整体素质提升，也会促使高校更好完成自我工作任务，产生工作上的积极和主动性。

(五) 实现高校协调发展

高校的思想政治工作，能够加强其内部建设，协调和促进教师内部工作，促进政治、物质和精神文明。观念要求高校做出一定的调整，积极地适应现在社会思想观念，保证教职工和高校学生被其文化所打动，逐渐推陈出新，为高校创造极大的价值，适应高校固有的文化。

(六) 促进高校校园和谐发展

在高校思想政治工作中，化解存在于内部的不必要的矛盾，提升教职工整体素质，加强其内部思想政治工作，减少不和谐因素，创造出和谐、温馨的工作环境。除此之外，要提升学生政治素养，积极加强大学生的思想政治工作，为其今后工作奠定良好

---

[1] 工业和信息化部党组：《切实履行对所属高校的管党治党责任》，载《党建研究》2019年第11期。

的基础，创造出和谐、温馨的氛围[1]。

三、高校思政教育工作存在的不足

在当前的社会中，高校思想道德呈现多样化的面貌，面临极大的挑战和冲击，存在下述几点不足：

在高校中不免会存在一些整体能力不强且无较强责任心的教师。备课之前一些教师不认真，自然整体上体现出的教学效果欠佳，课堂上认真听课的学生也寥寥无几。另外，有些教师把提纲和答案在考试之前告诉学生，这可能令学生误认为日常不需认真学习，在最后的考试中便能够顺利通过，同时取得较高的期末考试成绩。

随着社会主义市场经济发展，经济、组织、就业、分配方式甚至社会利益关系等呈现出多样化的状态。市场经济在具体的发展过程中，极易产生负面影响，且极易诱发出像拜金、利己、自由主义等情况，可能形成错误和正确思想交织的局面，加上腐朽落后思想文化的存在，不免出现多重思想道德并存的，以及价值观念多种取向的情况[2]。如继续沿用灌输和说教方式，将难以取得不错的教育效果。管理者通常不自觉突出自己角色定位，而选择灌输式的"我讲你听，我命你行"的模式，且通常是从自身出发选择和应用工作方式；而学生对教育内容一知半解，通常是被动接受，出现形式主义和主观主义色彩。

在高校思政教育工作中科学管理体系较为缺乏，有效化的督导、评估、检查机制并未在很多高校中形成。面对各种检查，通常学校领导可能会选择应付了事，仅仅准备大量看起来比较完善的资料，总想着蒙混过关，故而形成了一些"伪君子"，降低了

---

〔1〕 冯刚、严帅：《新中国成立70年来高校思想政治教育的成就、经验与展望》，载《教学与研究》2019年第9期。

〔2〕 徐海鑫：《新时代高校思想政治工作的理论基础、内在逻辑与实践遵循》，载《四川大学学报（哲学社会科学版）》2019年第4期。

思想政治教育的有效性，整个校园追求表面的东西，仅仅是为了形式主义而产生的[1]。

四、思想政治工作在高校办学工作中的重要性措施

高校德育教育在近些年受到普遍关注。在高等学校人才培养工作中，应坚持对学生思想道德的培养，坚持以学生思政工作为核心。

（一）学生思想政治工作是重点

青年兴则国家兴，因此青年是高校思政工作的重点。当代大学生代表着整个群体的发展方向，是青少年群体中较优秀的部分。要积极加强思想政治工作，才能顺利推进青少年思政建设系统工程。另外，思政工作的特殊作用使得学生成为其重点教育对象。整体上高校教育者对大学生思想观念的判别能力、自我教育能力塑造发挥重要作用[2]。大学生处于发展的特殊阶段，三观未完全定型，但是同时接触国外各种不同思想观念，大学阶段是青年学生形成不好的习气和思想意识的危险期，同时是其良好思想道德素质、正确思想意识易于塑造的有利时期，因此要切实加强思想政治工作，把学生思想政治工作作为高校重点。另外，他们还缺乏接受各种思想观念的经验，但是受其影响，能动性进到空前的活跃期。

（二）保证我国高校社会主义办学方向

在高校中要能够培育出对祖国有用的、新型化的、有创新性和助推作用的优秀人才，所以思政工作具有鲜明的政治特征，直接体现出其性质和主要方向性。其一，要努力坚持社会主义办学方向。要在高校中做好教师队伍建设工作，从而实现办学这项重

---

〔1〕 徐海鑫：《新时代高校思想政治工作的理论基础、内在逻辑与实践遵循》，载《四川大学学报（哲学社会科学版）》2019年第4期。

〔2〕 康秀云、郝厚军：《新中国70年高校教师思想政治工作的历程与经验》，载《贵州省党校学报》2019年第6期。

要任务。我国当前有在校大学生约 3700 万，各类高校 2852 所。青年学生是实现中国梦主力军，教师将成为打造"梦之队"的筑梦人。习近平总书记强调自觉做到"四个相统一"，所以曾经在全国思想政治工作会议上，指明要坚持教书和育人相统一，坚持宣传和身教相统一，坚持潜心问道和关注社会相统一，坚持学术自由和学术规范相统一，引导广大教师以德立身、以德立学、以德施教。对教师队伍建设来说，有更高的要求标准，有利于建设社会主义现代化、教育强国。因此高校教师需具备热爱教育的定力，严格要求、不断完善自己，执着于教书育人，坚持奉献祖国、锻炼思维、做好学生、学习知识等，把思想政治工作做到个人[1]。其二，正确坚持社会主义办学方向，落实好党对高校思想政治工作领导情况。我国的高校应当体现社会主义本质要求，坚持以马克思主义为指导，同时其作为社会主义性质、党领导下的高校，要坚持把思政工作摆在第一位，深深地根植于中华文明的沃土，加强领导和指导，坚持扎根中国大地办教育，形成积极有效的党委统一领导的工作格局。习近平总书记在全国教育大会上，要求各级学校党组织，在学校工作各方面，深入贯彻党的教育方针，抓好学校党建工作。同时要自觉提高思想政治工作能力，积极坚持政治原则、道路、立场等情况，发展创新体制机制。

（三）是高校人才培养的中心环节

人才素质规格内在结构的存在决定学生的整体素质，基于静态的角度体现。而逐渐增强的集体、社会、爱国主义思想，就是素质教育的灵魂，是从学生和群众的基础出发。关系到整体提升学生素质的动力强弱，学生科学文化素质高低和性质，有鲜明的价值性的思想道德素质。思想素质决定在学生思想政治工作核心地位。所以，学生思政工作占有核心性的地位。

---

〔1〕 康秀云：《习近平高校思想政治工作重要论述论纲》，载《东北师大学报（哲学社会科学版）》2019 年第 2 期。

（四）中国共产党重视高校思政工作

由我国高校的根本任务以及国家性质所决定，作为一项极端重要工作的高校思想政治工作，经历了由个别到一般、由浅到深的过程，公众才完成对这一工作重要性的认识。邓小平同志在改革开放之初表示，积极坚持"党领导一切工作"生命线思想，强调把思政工作放在第一要位，毛泽东同志强调在日常工作中应当踏实认真、切实做好，坚决不能放松，时刻保持警惕、同时要积极地按照个人成长中品德和才能差异，积极结合业务教学和思政教育情况，坚决反对资产阶级自由化，用事实说话，进行区别对待，最终实现向共产主义和社会主义前进。当代大学生要坚持投身社会实践和学习书本知识、进行艰苦奋斗和树立远大理想相统一，成为全面发展的人。深入细致地做好思想政治工作，促进人的全面发展，以及社会各项事业的进步。同时，坚持证明主课堂、渠道和阵地工作在高校思政工作中的关键性，全面贯彻党的教育方针，坚持德智体美、德育为先，多方面促进大学生全面发展。除此之外，还应当实现教育和管理、解决思想和实际问题、教育和自我教育的结合等。

高校思想政治工作关系高校培养什么样的人，如何培养人以及为谁培养人等根本问题，是习近平总书记所提出的（在全国高校思想政治工作会议）。基于此，应当努力开创高等教育新局面，在教育教学全过程中，实现全方位、全程育人，把思想政治工作贯穿其中，开创高等教育新局面，积极地将立德树人作为中心环节。习近平总书记在谈及思想政治工作时，指出意识形态工作是党的一项极其重要的工作，同时基于新历史条件下根本任务等情况，实现对党中央的经济建设工作。因此，要确立高校中思政工作战略性地位，与时俱进，找准时代脉搏，紧紧把握时代节奏。

（五）加强高校党建工作教育针对性

机制保障和高校党建工作存在密切关联性，在思想政治上，高校党组织应当对学生实施引导、培养和教育，充分发挥自身优势,通过加强思想政治教育,努力实现好学生的先锋带头作用。例如:在高校日常思政教育课程中,积极加强其政治修养,同时坚持把党的教育纳入其中。另外,在开展思想政治教育时,高校不可实施空泛化的教育,要坚持针对性教育,否则最终实际效果会大打折扣。例如,面对良莠不齐网络信息对学生的影响,在高校的工作中,要做到加强思想政治教育,开展有效化的网络主题教育活动,切实性解决学生实际生活中的问题。

(六)努力巩固马克思主义指导地位

意识形态工作能够直接体现思想工作既定目标,且在高校中应当牢牢掌握其具体的管理、话语、主导和领导权,突出其新的历史特点。在当前社会极速发展的阶段,我国高校意识形态存在多变性,且在复杂的市场环境中面临极大的挑战。因此针对高校师生思想活动情况来说,面对其意识形态的紧迫、复杂和严峻性,以及呈现出的独立、多样、多变、差异性等特点,树立中国特色社会主义思想,积极应对许多新情况新问题,引导大学生坚定马克思主义信仰。全面贯彻党的教育方针,为学生的一生奠定科学思想基础,同时要致力于坚持通过积极的方式,办好我们的高校,抓好马克思主义理论教育。在高校的教育工作中,应当促进青年明是非、正方向,充分应用媒体渗透、网络社交等方式,在科学技术飞速发展的今天,坚持把马克思主义基本理论融入大学生的日常生活中。

五、结语

很多矛盾和问题可能会出现在高校思政工作中,所以在当前极速发展的社会条件下,在我国高校办学工作中,应当坚持把加强高校党建工作作为关键,帮助广大党员干部努力地完成提升。所以想要积极地实现其长效机制,应当在思想政治工作中积极应用上述思路,不断巩固马克思主义的地位,遵循教书育人的规律,促进高校办学工作的良性发展。

论学位撤销的时间要件和程序要件[*]

◎林　华[**]

摘　要：根据《中华人民共和国学位条例》第17条规定，学位撤销的构成要件包括主体要件、时间要件、事由要件和程序要件。时间要件和程序要件是学位撤销构成要件体系的重要内容，但是学界对它们的制度内涵及其法律适用缺少必要的厘清和解释。对学位撤销时间要件和程序要件的解释和适用不应只停留在《中华人民共和国学位条例》第17条的单一规范上，而应将其放置于教育法律体系的整体框架之下并进行体系性的法律解释。学位撤销的时间要件包括两个面向，一是针对已经授予的学位，二是撤销事由只能发生在学位申请

---

[*] 本文是国务院学位委员会办公室委托课题"研究生学位论文公开制度研究"的阶段性成果。

[**] 林华，中国政法大学法治政府研究院副教授、法学博士，教育部青少年法制教育研究基地研究员。

的过程中;学位撤销的程序要件则包括学位撤销的法定程序和学位撤销的正当程序。

关键词: 学位撤销 时间要件 程序要件 体系性解释

一、问题的提出

近年来,教育部持续推动研究生教育的重心由"数量扩张"向"质量控制"转向,着力提高研究生培养质量,严厉查处学位授予中的学术不端行为,特别是随着"于艳茹案"[1]和"翟天临事件"[2]等学位撤销案件(事例)的广泛讨论与舆论发酵,学位撤销及其法律问题逐渐成为教育界、法学界关注的热点问题。学位撤销构成要件是学位撤销法律问题的核心,也是学位撤销争议中各方当事人争论的焦点。根据中国裁判文书网、北大法宝、无讼等法律数据库的检索,虽然目前我国法院公开发布的学位撤销案件仅有 8 个(共 16 份裁判结果),[3]但是学位撤销构成要件不仅是案件双方当事人争论的实质问题,[4]也成为学界

---

[1] "于艳茹诉北京大学撤销博士学位决定案",北京市第一中级人民法院行政判决书(2017)京 01 行终第 277 号。

[2] 《翟天临事件全梳理,他究竟犯了多大的错,为何会这样触动众怒?》,载搜狐网,https://www.sohu.com/a/293966477_120005481,最后访问日期:2020 年 6 月 1 日。

[3] 关于这些学位撤销案件检索方法和过程的具体介绍,参见林华:《学位撤销案件的样态与图景(1998—2018)》,载《学位与研究生教育》2019 年第 9 期,第 30 页。

[4] 参见"翟建宏诉郑州大学撤销学位案",河南省郑州市中级人民法院行政判决书(2015)郑行终字第 42 号;"于艳茹诉北京大学撤销博士学位决定案",北京市第一中级人民法院行政判决书(2017)京 01 行终第 277 号;"李涛诉华南理工大学教育行政管理案",广东省广州铁路运输中级法院行政判决书(2017)粤 71 行终第 2130 号;"徐剑诉东北大学撤销博士学位决定案",辽宁省沈阳市中级人民法院行政判决书(2019)辽 01 行终第 1019 号;等等。

研究和讨论的重要命题。[1]

《中华人民共和国学位条例》（以下简称《学位条例》）第17条规定："学位授予单位对于已经授予的学位，如发现有舞弊作伪等严重违反本条例规定的情况，经学位评定委员会复议，可以撤销。"基于该条款，学位撤销的构成要件至少包括主体要件、时间要件、事由要件和程序要件等内容。现有学术文献多关注学位撤销的主体要件和事由要件，而时间要件和程序要件也是学位撤销构成要件的重要内容，但是学界对它们的制度内涵及其法律适用缺少必要的厘清、检视和解释，实践中，针对这两个要件的适用也引发不少的争议。于是，本文尝试运用法释义学的方法，将学位撤销的时间要件和程序要件放置于教育法律体系的整体框架之下进行体系性的法律解释，试图厘清学位撤销时间要件和程序要件的制度内涵和法律适用界限。

二、学位撤销的时间要件

根据《学位条例》第17条规定，学位撤销针对的是"已经授予的学位"，即学位撤销决定作出的时间发生在学位授予之后，这是学位撤销条款中关于时间要件的明确规定。表面来看，学位撤销的时间要件与主体要件一样，似乎都非常明确，不像"舞弊作伪"的事由要件会涉及不确定性的法律概念，但是在整体教育法律体系的视野下，学位撤销时间要件的法律适用界限仍然值得进一步的厘清与解释。

（一）决定作出时间与事由发生时间的双重逻辑

《学位条例》仅仅针对学位撤销决定作出的时间进行了规定，

---

[1] 湛中乐：《论对学位撤销权的法律规制——陈颖诉中山大学案的分析与思考》，载氏著：《大学法治与权益保护》，中国法制出版社2011年版，第327~350页；林华：《人民法院在学位撤销案件中如何进行审查——基于司法审查强度的裁判反思》，载《政治与法律》2020年第5期；《北大终审败诉后法学院开会研讨：撤销于艳茹博士学位是否合理》，载搜狐网，http://www.sohu.com/a/151135122_260616，最后访问日期：2020年5月15日。

那么学位撤销的时间要件与学位撤销决定作出的时间相等同吗？除了学位撤销决定的作出时间，是否还需要考虑其他的时间因素？如果结合学位撤销事由要件的发生时间进行体系性的解释，我们则会发现学位撤销的时间要件其实存在着两种不同的解释进路。

第一种观点认为，学位撤销与学位授予存在着必然的关系，学位撤销针对的是已经授予的学位，同时撤销事由也必须发生在申请人学位申请的过程中，换言之，学位撤销的事由发生在学位授予之后的，就不能撤销学位，学位授予以后（学生获得学位证书后）出现的撤销事由不能发生学位撤销的法律后果。"学位撤销要以学位授予为基本前提。只有合法授予的学位才可能存在学位撤销问题，学位尚未授予的情形下如尚在学位评定委员会审议中等情况产生的学位争议都是属于学位授予争议而非学位撤销问题。"[1] 尽管是已经授予的学位，但如果撤销事由不是发生在学位申请的过程中，而是在学位证书获得之后出现，也不构成学位撤销。这种观点实质上对学位撤销事由的发生时间进行了严格限制，在很大程度上限制了高校学位撤销权的行使，使得学位授予的法律效果相对安定。如果认为大学和学生是基于合同的关系，高校一般不能根据学位证书获得之后出现的撤销事由而去撤销学生的学位。[2]

第二种观点认为，学位撤销与学位授予有联系、但并不完全依赖于学位授予的过程，学位撤销针对的是已经授予的学位，但是与撤销事由发生的时间无关，无论是学位申请过程中发生的撤销事由还是学位证书获得之后存在的撤销事由，高校都可以撤销学位可被撤销事由的。美国一些法院就判决认为，基于对大学自

---

[1] 李川：《学位撤销法律规定的现存问题与厘清完善——以〈学位条例〉的相关修订为例》，载《学位与研究生教育》2018年第11期，第24页。

[2] William H. Sullivan, "The College or University Power to Withhold Diplomas", *Journal of College and University Law*, 15, 1989, p.336.

治权的尊重，学生在学位获得之后如果发生了相关学位可被撤销事由的，高校也将其纳入撤销事由的，高校也可以撤销学位。[1]因此，就这种观点而言，学位撤销的时间要件实质上包括两个面向、呈现双重逻辑：学位撤销决定的作出时间和学位撤销事由的发生时间。[2]这种观点实质上是对大学自主权的认可，学位撤销及其行使（如何规定学位撤销事由、学位撤销事由的发生时间等内容）都是大学自主权的重要内容，除非高校是恣意地行使权力，否则法院也予以尊重。对比两种观点，对于学位撤销决定的作出时间（针对已经授予的学位）已无争议，学位获得之后发生的撤销事由能否产生撤销学位的法律后果就构成了学位撤销时间要件争议的关键。

（二）撤销事由发生时间的限缩解释

《学位条例》第17条并未针对学位撤销事由的发生时间作出明确规定，表面看来呈现出开放的结构，既包含了学位申请过程中的撤销事由，也涵盖了学位取得之后的撤销事由，那么应该如何对此进行解释？对该问题的解释也需要结合教育法律体系的整体框架。

取得学位的学生包括两种情形：一是取得学士学位后直接工作的情形（只有一个学位），[3]二是取得学位后在境内高校继续攻读后续学位的情形（拥有两个或两个以上学位）。其一，就取得学位后直接工作的学生而言，《中华人民共和国高等教育法》（以下简称《高等教育法》）第22条规定："国家实行学位制度。

---

[1] Mary Ann Connell, Donna Gurley, "The Right of Educational Institutions to Withhold or Revoke Academic Degrees", *Journal of College and University Law*, 32, 2005, pp. 51-74.

[2] 严格而言，学位撤销的时间条件还包括第三个面向，相关主体行使学位撤销权的时限，即高校应当在什么时限内有权撤销学位，抑或学位撤销权的行使没有期限的限制。目前我国的教育法律体系对该问题完全没有涉及，由于篇幅的原因，本文暂不予讨论。

[3] 理论上也存在着学生在境外取得学士学位或学士硕士学位，再在境内高校获取后续一个学位的情形，但是这种情形在实践中微乎其微，暂不做讨论。

学位分为学士、硕士和博士。公民通过接受高等教育或者自学，其学业水平达到国家规定的学位标准，可以向学位授予单位申请授予相应的学位。"该条款所规定的学位制度调整的是学生接受高等教育或自学到学位授予单位授予学位这段在学的期间，并未包含学生获得学位、离开学位授予单位之后的学位处理制度。从《高等教育法》的适用范围来看，也是如此，其第2条规定："在中华人民共和国境内从事高等教育活动，适用本法。本法所称高等教育，是指在完成高级中等教育基础上实施的教育。"该条款也明确了该法的适用范围，学位制度作为高等教育制度的重要部分，也应适用从事高等教育活动的时间范围。[1] 其二，对于接受高等教育的学生而言，其从事境内高等教育活动的时间范围始于招生录取，结束于学位授予，进入社会后的活动就不属于《高等教育法》《学位条例》的调整范围了。[2] 因此，对《学位条例》第17条中撤销事由发生时间的开放性结构应该采取限缩解释，学生在学位获得之后出现相关学位撤销事由的，学位授予单位就不能撤销学位。对于取得学位后在境内高校继续攻读后续学位的学生，先前学位攻读期间发生的撤销事由会产生双重影响，一方面会影响先前学位自身的是否撤销，同时另一方面，如果先前学位被撤销，学生就无法满足后续学位的先决录取条件，即属于不符合招生条件或入学资格的情形，后续学位也可能会被撤销，[3] 不同学位之间存在一定的"违法性继承"；至于后续学位攻读期间发生的撤销事由影响的仅仅是后续学位自身以及对其他

---

〔1〕 "作为国家高等教育基本制度的学位制度部分核心内容，已经一定程度地被《高等教育法》所覆盖"。秦惠民：《〈学位条例〉的"立""释""修"——略论我国学位法律制度的历史与发展》，载《学位与研究生教育》2019年第8期，第5页。

〔2〕 对于学位授予单位而言，从事高等教育活动的时间范围更广，与其存续的时间基本上相一致。

〔3〕 《普通高等学校学生管理规定》第37条：对违反国家招生规定取得入学资格或者学籍的，学校应当取消其学籍，不得发给学历证书、学位证书；已发的学历证书、学位证书，学校应当依法予以撤销。对以作弊、剽窃、抄袭等学术不端行为或者其他不正当手段获得学历证书、学位证书的，学校应当依法予以撤销。

后续学位的是否撤销,不影响先前学位的法律效力状态。

至于美国部分法院支持高校对于学生在取得学位后的相关行为作出撤销学位决定的做法,是否可以解释出我国也存在相应的制度空间,这需要结合不同国家的学位制度来认识。在美国学位撤销纠纷中发生过多起并非学位授予过程时的效力瑕疵而引发的撤销案例,如 2000 年的"古德鲁案"与 2004 年的"柳案",前者撤销事由是"私吞学生组织公款",后者为"不当致人死亡",两者都超出了"授予时"这样的时间基点,被称为"非学术事由"。[1] 但需注意的是,美国是大学学位制度,学位授予条件、学位撤销条件的设定属于大学自治事项,只要高校没有恣意或滥用权力、侵犯公民的基本权利,法院原则上对学术自治予以尊重与支持。[2] 我国实行的是国家学位制度,学位授予条件、学位撤销条件由国家法律创设,并非高校的绝对自主权限,高校可以在上位法的基础上对学术性标准进行细化和具体化。[3] 如前述及,目前我国的教育法律体系并未吸纳高校对学生在学位获得之后发生撤销事由的学位撤销情形,基于国家学位制度的逻辑,学位撤销事由的发生时间只能局限在学位申请过程中,否则还可能涉嫌违反法律保留原则。因此,我国学位法律制度在学位撤销时间要件上实行双重限定,一是针对已经授予的学位,二是学位撤销事由发生在学位申请过程中。

三、学位撤销的程序要件

在教育法律体系中,只有《学位条例》第 17 条明文规定了

---

[1] 范奇:《论高校学位撤销的权限设定与行为定性——基于行政"组织+行为"法的分析框架》,载《学位与研究生教育》2019 年第 8 期,第 20 页。

[2] Regents of the University of Michigan v. Scott E, Ewing, 474 U.S. 214, 225 (1985).

[3] 石磊:《〈何小强诉华中科技大学拒绝授予学位案〉的理解与参照——高等学校在学术自治范围内有依法制定学术评价标准职权》,载《人民司法》2016 年第 20 期,第 23 页。

学位撤销的程序内容，即学位授予单位作出学位撤销决定时需要"经学位评定委员会复议"，这是法律规范层面的法定程序。如果学位授予单位在作出学位撤销决定时没有经学位评定委员会复议的程序，这属于违反《学位条例》的明文规定，当然属于违反法定程序的情形。在实践中，一些高校根据《高等学校学术委员会规程》赋予学术委员会处理相关学位争议（包括学位撤销）的权限，难免会与学位评定委员会的职权发生一定的冲突，[1] 但是无论如何不能突破学位撤销决定需要"经学位评定委员会复议"的法定程序。

需要注意的是，法定程序并非学位撤销程序要件的全部。在学位撤销案件中，法院对高校在作出学位撤销决定时需遵守正当程序原则提出了明确要求，比如在"于艳茹案"中，法院指出"北京大学在作出被诉《撤销决定》之前，应当遵循正当程序原则，在查清事实的基础上，充分听取于艳茹的陈述和申辩，保障于艳茹享有相应的权利。本案中，北京大学虽然在调查初期与于艳茹进行过一次约谈，于艳茹就涉案论文是否存在抄袭陈述了意见；但此次约谈系北京大学的专家调查小组进行的调查程序；北京大学在作出《撤销决定》前未充分听取于艳茹的陈述和申辩。因此，北京大学作出的对于艳茹不利的《撤销决定》，有违正当程序原则。"[2] 在"陈颖案""李涛案"等学位撤销案件中有着同样的裁判规则，这实际上也是延续"田永案"以来适用正当程序原则的司法逻辑。[3] 因此，学位撤销的程序要件包括两个方面：一是学位撤销的法定程序，即学位撤销要经学位评定委员会复议的程序；二是学位撤销的正当程序，即作出学位撤销决定时

---

〔1〕 徐靖：《高等学校学术委员会与学位评定委员会的法律关系》，载《高等教育研究》2019 年第 2 期，第 53 页。

〔2〕 "于艳茹诉北京大学撤销博士学位决定案"，北京市海淀区人民法院行政判决书（2015）海行初字第 1064 号。

〔3〕 周佑勇：《司法判决对正当程序原则的发展》，载《中国法学》2019 年第 3 期，第 27 页。

要遵守听取意见、说明理由、回避等正当程序的要求。法定程序是法律、法规、规章明确规定的程序要求；正当程序是行政法的基本原则，是最低限度的程序正义，即使相关法律规范没有规定，行政主体仍要遵循听取意见、说明理由、回避等正当程序。"正当程序与法定程序的法制关联在于：如果正当程序已经由相关法律规范所规定，那么它就成了法定程序，法院直接适用法定程序进行审查即可，法定程序优先于正当程序而适用；如果正当程序没有被相关法律规范所规定，由于其是最低限度的程序正义，是行政法的基本原则，法院仍然会运用正当程序原则对相关程序是否合法进行审查。"[1]

《学位条例》制定于1980年，对于学位授予和学位授予的程序规定相对单薄，对于《学位条例》有关正当程序规定的疏漏，一些学者主张通过修改法律增加听取意见、说明理由、回避等程序规则。[2] 这种做法固然能够增加法律规则适用的明确性，减少法律适用的争议，增强当事人行为的预期和期待，但是通过对现有学位撤销案件的梳理，实践中关于学位撤销程序的主要争议不在于有没有听取意见，而在于应在哪个阶段听取意见。目前，一些高校在作出学位撤销决定前确实履行了听取意见的程序，但是法院认定高校违反法律程序的最主要事由在于高校只在调查阶段听取了学生意见，而未在作出决定时听取学生意见，[3] 其简单套用对行政机关的审查标准，并严格区分调查阶段的听取意见和作出决定阶段的听取意见，但是这种做法忽视了听取意见在行政决定和学位撤销决定中的不同功能，同时正当程序原则并非区

---

[1] 林华：《内部学位授予程序的法律效力》，载《学位与研究生教育》2018年第3期，第39页。

[2] 李川：《学位撤销法律规定的现存问题与厘清完善——以〈学位条例〉的相关修订为例》，载《学位与研究生教育》2018年第11期，第21~22页。

[3] "于艳茹诉北京大学撤销博士学位决定案"，北京市第一中级人民法院行政判决书（2017）京01行终第277号。

分调查阶段的听取意见和作出决定阶段的听取意见。[1] 因此，关于学位撤销的程序要件，显性的法定程序与隐性的正当程序的复合结构已形成完整的程序要件，在实践中，学位撤销程序要件法律适用问题的关键不在于要不要通过修改法律增加正当程序规则，不论正当程序有没有成文化，其都需要得到遵守和适用，[2] 而是在于要完善法院对学位撤销程序的司法审查强度，对高校学位撤销要件的审查要兼顾保障相对人的程序权利和高校的大学自治权，防止"程序空转"和"虚置诉讼"。

四、结语

综上所述，从法律文本上看，基于对教育法律规范的体系性解释，学位撤销的时间要件包括两个面向，一是针对已经授予的学位，二是学位撤销事由只能发生在学位申请的过程中；学位撤销的程序要件则包括显性的学位撤销法定程序和隐性的学位撤销正当程序。从司法实践来看，基于学位争议的专业性，学位撤销的不同要件在法律适用层面还存在差异，不同的法院还有不同的司法态度与立场，需要进行必要的裁判标准和尺度统一。在2020年新近公布的最高人民法院2020年度司法解释立项计划中，《关于审理高等教育行政案件适用法律若干问题的规定》也被列入了第二类（2021年上半年完成）计划[3]，这凸显出最高审判机关试图平衡学术自由与司法审查之间的内在紧张关系、统一教育行政案件裁判标准的司法努力，学位争议案件是高等教育行政案件的主要类型，该司法解释的出台也将对厘清学位授予案件和学位撤销案件的法律适用标准多有裨益。

---

〔1〕 林华：《人民法院在学位撤销案件中如何进行审查——基于司法审查强度的裁判反思》，载《政治与法律》2020年第5期，第102页。

〔2〕 周佑勇：《司法判决对正当程序原则的发展》，载《中国法学》2019年第3期，第28页。

〔3〕 《最高人民法院办公厅关于印发〈最高人民法院2020年度司法解释立项计划〉的通知》（法办〔2020〕71号）。